汪幼海 / 著

软创新与全球竞争力

SOFT INNOVATION AND GLOBAL COMPETITIVENESS

上海社会科学院出版社
SHANGHAI ACADEMY OF SOCIAL SCIENCES PRESS

目 录

第一章
软创新，文明对话新生态

在构建新型国际文化关系中，让软性创新要素起主导作用，在国际传播、跨国传播过程中，为国家发展营造良好的国际环境，推动文化“走出去”，推进国际传播能力建设，真实、立体、全面地展现中国故事，以中国智慧的独特魅力和制度的优势活力，增进国际社会的理解认同，以相交促相知，以相知促相亲，强化文化的软创新能力，提高国家文化软实力，提高国际影响力，在国际竞争中赢得主动的地位。

文化既是对外传播的很好内容，也是民心相通和文明对话的重要渠道。文化是创造性的工作，也是创造性的成果，贯彻新理念，激发文化创新活力，实现跻身创新型国家的目标，统筹推进全面创新，促进文化经济发展向更多依靠科技进步、品牌质量提高、管理创新转变，把创新作为文化经济发展转型升级的第一动力，依靠结构优化和技术进步等软性创新要素为主，建设创新强国，创造力的增强被置于首位，创造力最根本的体现，就是创新能力，软性创新的要素结构，成为可持续发展的驱动力。

一、引领式软创新开启转型发展

在对外开放领域不断拓展新视野，重视文化改革的体制机制创新，进行全方位、深层次的制度创新，营造良好创新环境，能聚集和激活创新资源，需要形成强大的文化创新能力。制度创新不仅是一个系统工程，更是一个基础工程，“制度”这手棋牵动全局，推动科技创新、管理创新以及其他各方面的创新，使创新驱动持续深入，有力带动了经济转型和产业升级。

（一）文化创新力做大话语权

文化创新创造巨大财富，源源不断地创新提升文化影响力和综合竞争力，赢得国际竞争的主导权和话语权。将人类命运共同体理念载入2017年联大一委决议，是联大一委历史上的首次，体现了国际社会对中国理念的广泛支持，有利于构建新型国际关系，推动经济全球化朝着更加开放、包容、普惠、平衡、共赢的方向发展，在国际舞台上，中国越来越自信，世界也用新的眼光打量这片热土，例如，俄罗斯人民友谊大学教授尤里·塔夫罗夫斯基是一名"中国通"，他创作了《习近平：正圆中国梦》，也是《大国之翼——"一带一路"西行漫记》作者，完整呈现外国人眼中的"一带一路"经济特色。

（二）制度设计引领创新

文化建设面向世界，实现包含了丰富价值内涵与制度体系的"文明的崛起"，将开放包容与共享作为转型升级的出发点，建设创新强国，使其成为推动世界经济增长的关键力量。在对外关系领域，形成了具有较强传播力影响力的对外运营体系，在国际事务中发挥了重要的作用，从中东到非洲、中亚，都发挥了非常重要的作用。

深入参与各项国际事务，推进大国协调和合作，构建总体稳定、均衡发展的大国关系框架，中国的大事，也是世界的大事，因为全球第二大经济体的动向关乎整个世界，作为联合国常任理事国，中国在国际事务中扮演着至关重要的角色，即捍卫世界和平，促进共同发展，这一发展趋势继续下去，再过几十年，中国将在国际经济、政治中发挥更为重要的作用，其发展模式也值得学习借鉴。

二、创新能力是国家文化竞争力提升的重要标志

加大创新文化建设和国际传播，形成开放型经济新格局，促进文化创新，提高文化本身的竞争力，提升文化发展力，借此提高本国文化在国际社会中的地位和话语权，在国际社会，各国文化互学互鉴、交流交融，同时，也融入国际经济、政治、意识形态等领域的博弈之中。

国家经济实力的提升，为文化的国际交流和传播提供扎实的物质基础。

但是，丰富的文化资源没有转化为“走出去”的文化优势，文化的有效供给不能满足国际受众的需求，缺乏对不同国家和地区、不同文化背景和文化习惯的了解，一定程度上影响了国际受众对中国故事的理解和兴趣。

（二）“软知识”“微创新”新理念展现创新发展图景

知识是社会生产力，是生产发展的根本动力。而层次越高的“软知识”，从长远和全局来看，对“硬物质”的影响会越大。例如，日本汽车工业，借助“微创新”能力，改变了世界汽车市场的竞争格局。知识的“概括性”和“抽象性”越高，它的“软化”程度越高，各层次的“软知识”对社会经济的各种有形的物质运动都会产生重要影响。

文化通过“走出去”，呈现独特魅力，突出文化内涵，彰显创新价值。越南国家话剧院排演的话剧《红楼梦》，极富感染力的演绎、巧妙的歌舞编排、精致的舞美道具，让越南观众再次感受到古典名著的艺术魅力。话剧《红楼梦》选取了戏曲与话剧版本的精华，并加入歌舞场面，让国际社会的观众能享受红楼作品的美学呈现。

深入展开与其他文化交流互鉴，创新发展，优秀传统文化可以成为向世界传播的载体。创新是一个民族进步的灵魂，是一个国家兴旺发达的不竭动力。人类社会从低级到高级、从简单到复杂、从原始到现代的进化历程，就是一个不断创新的过程。不同民族发展的速度有快有慢，发展的阶段有先有后，发展的水平有高有低，究其原因，而民族创新能力的大小是一个主要因素。

（三）全球视角勾画　“一带一路”全方位、立体化呈现

注重全方位外交布局“走出去”，开放合作，加强创新能力，形成陆海内外联动、东西双向互济的开放格局。发挥智慧的独特魅力、制度的优势活力，让世界各国更多更好地理解、了解、认可中国。通过联合国讲台、达沃斯世界经济论坛等重要多边舞台，积极宣介构建人类命运共同体重大倡议，强调坚定不移推进经济全球化，引导好经济全球化走向，打造富有活力的增长模式、开放共赢的合作模式、平衡普惠的发展模式。

“一带一路”倡议是很好的合作框架，这一倡议具有广阔前景，通过在各国之间乃至各大洲之间加强贸易、投资、基础设施建设和人民之间的联系，深

化了经济一体化进程,为世界开辟了一条多边合作的新路径。包容有效的多边主义,可以从不同层面触及并影响着世界,拓展和加强各领域的合作,为全球共谋美好未来,实现合作共赢,使国际社会投来更多的关注。

(四)"一带一路"共建文化繁荣

为了开创对外开放新格局,"一带一路"倡议倡导共同担当、同舟共济、共促全球发展,赢得了国际社会赞誉,联合国秘书长古特雷斯称赞:"一带一路"倡议展示出推动全球发展带来的新远见。"一带一路"建设的创举,能够促进包容、共享福祉、共赢合作、共同发展,既造福相关国家,也推动全球贸易发展,聚焦了世界的目光。为了密切国际人文领域交流合作,充分发挥好教育、文化、旅游、卫生、地方、青年等合作机制的作用,深化中欧国际创新合作,我国围绕丝绸之路文化产业带探索支持的新路径,设立了16+1文化协调中心。2016年是16+1人文交流主题年,中国同中东欧国家举办了丰富多彩的活动,中方支持尽早邀请中东欧国家青年来华培训,希望中东欧国家出台更多面向中国游客的签证便利化措施和特殊安排,中方还支持2017年举办16+1媒体年。

"一带一路"既是经贸之路,也是文化之路。我国专门制订《文化部"一带一路"文化发展行动计划(2016—2020年)》,密切与沿线国家的交流合作,以文明交流超越文明隔阂、文明互鉴超越文明冲突、文明共存超越文明优越。当下,中国与"一带一路"相关国家签订的政府间文化交流合作协定以及相关执行计划已有300多项,上合组织、中国与中东欧国家、中国与阿拉伯国家、中国与东盟等框架下的多边文化合作机制已经建立起来,"走出去"与世界携手共进,共建文化繁荣的新丝路文化生态。

国际艺术"朋友圈"也在扩围。"丝绸之路国际艺术节联盟"作为第一个由几十个丝绸之路相关国家和地区的艺术节和机构共同成立的国际艺术节联盟,它的诞生能够推进民心相通、人文合作,惠及"一带一路"沿线的艺术繁荣,密切连接全球艺术节网络,激发创作新活力。为了鼓励创作、促进贸易、孵化创新,促进沿线各国在艺术领域多样、自主、平衡、可持续的发展,应紧紧把握"一带一路"国家和地区艺术节的多样性,孕育更多文化创新资源。

三、和谐共生,建设开放型世界经济

走开放发展之路,推动建设相互尊重、公平正义、合作共赢的新型国际关系,打造人类命运共同体,可以获得更多与外来文化平等交流的机会,共同在世界舞台上大放异彩,实现经济全球化再平衡,促进互联互通和经济一体化,通过合力打造新的全球价值链,服务各国民众,而交流带来的碰撞与融合,又可以显著提升国家的综合国力。

一边是欧洲;一边是亚洲,横跨乌拉尔河的哈萨克斯坦阿特劳,曾经是古丝绸之路的重要驿站,是一个东西文明交汇的城市,1000 年前,这个地方还叫“萨莱楚克”,这里流传着令人向往的丝路传说。1000 年后,就是在这个世界上最大的内陆国,在这片土地上,习近平首倡“一带一路”,使政策沟通、道路联通、贸易畅通、货币流通、民心相通,唤醒了这座城市尘封的“丝绸之路”记忆。

哈萨克斯坦是中亚诸国中实力最强的国家,油气资源丰富,但经济结构单一。在中国提出“一带一路”倡议后,哈萨克斯坦也提出了“光明之路”新经济政策与中国相呼应,希望分享中国“一带一路”倡议的红利,促进本国能源行业转型,提升了我国“走出去”的国际传播效果。至今,阿特劳炼油厂项目首次实现中国炼化工程设计技术整体出口中亚市场,打造了中国炼化技术的国家“新名片”,带来企业海外项目国际化能力提升,中国团队得到合作方的承认。

在“走出去”过程中,中国项目团队逐步提高知名度和受市场尊敬程度,团队信心提高,承担起向当地项目业主推介施工企业、设备制造商、供应商等工作,为中国制造商出口中亚地区提供了机遇,带动中国成套装备和材料出口,逐渐承担起带动整个民族产业“走出去”的社会责任,推动国际产能合作。中国制造商成功进入中亚市场,中国石化集团早在 2004 年就已经进入哈萨克斯坦油气勘探开发领域,而国际石油勘探开发有限公司哈萨克斯坦公司是中石化最早“走出去”的海外项目之一。为中国制造走向中亚、独联体国家赢得了国际声誉。

(一) 同行者同道者越来越多,提高互联互通和贸易水平

迈向创新型国家,以积极的姿态参与国际体系,参与世界上众多重大事件,成为全球治理的主要领导者之一,在全球化过程中,日益走近世界舞台中央,发挥引领作用。主场和重大外交活动富有成效,提出很多国际倡议,主办多场大型国际活动,无论是二十国集团峰会还是金砖国家领导人会晤,中国都为全球治理贡献出中国方案和中国智慧。践行多边主义,为各国提供和谐相处、共谋发展的全新思路和选择,在合作中寻找共赢,力求与周边国家建立"亲诚惠容"的友好关系。

(二) 为世界发展提供新公共产品

创造全面开放的新格局。"一带一路"倡议为各国实现合作共赢搭建起新的平台,倡议对接了新丝路开放行动,惠及世界,为落实 2030 年可持续发展议程创造了新机遇。各国致力于更好利用中国搭建的这一发展平台,在这一进程中,文化也更加深刻地融入国际经济、政治、意识形态等领域。各国对华交流合作密切,位于美国东北部城市波士顿市中心的马萨诸塞州议会大厦迎来"中国日"活动,2017 年的主题是"新时代、新起点——互利共赢的中美合作",由于对外开放水平的提高,给美国各州带来重要机遇,中美双方成为互利共赢的伙伴。

一带一路优先考虑全人类的共同利益,发展全球伙伴关系,扩大同各国的利益交汇点,让世界从中国的发展中获得益处,展现了广阔视野。"一带一路"建设与东盟"互联互通总体规划"、哈萨克斯坦"光明之路"、土耳其"中间走廊"、蒙古国"发展之路"、越南"两廊一圈"、英国"英格兰北方经济中心"、波兰"琥珀之路"、沙特阿拉伯"2030 愿景"、欧洲"容克计划"等一一对接,其构建人类命运共同体和全球治理理念,得到世界各国的广泛认同。

"一带一路"倡议对未来世界将产生积极作用,中国参与全球治理成效显著,"中国智慧""中国方案"的深度和广度、生命力和独创性,值得世界认真借鉴。中国道路为埃及提供经验,中国的发展对于巴基斯坦是一个极好的教程。中国的崛起令人印象深刻,科技实力令世人刮目相看。秉持正确义利观和真实亲诚理念,同发展中国家团结合作,加强与东盟国家地缘相近、人文相亲,并保持世界经济增长的引擎地位,China 渐成高频词。

四、新丝路文化走出去，讲好"中国方案"

以相交促相知，以相知促相亲，心手相连，共奏跨海和声，加强创新能力开放合作，创新文化内容，加强中外人文交流，对接开放、共享的新发展理念，将和平、发展、合作、共赢以及创新、活力、联动、包容世界经济等价值理念，通过仁爱、正义、和合的传统思想表达出来。吸收外来、面向未来，我国 2016 年专门制订《文化部"一带一路"文化发展行动计划(2016—2020 年)》，密切与沿线国家的交流合作，共享共建"一带一路"文化，得到越来越多国家的响应。

2013 年，习近平在访问中亚和东南亚时，分别提出建设丝绸之路经济带和 21 世纪海上丝绸之路的倡议，倡导的"共商、共建、共享"理念，为世界注入活力。围绕"中国与乌克兰文化交流"议题，丝绸之路国际总商会面向乌克兰发起共建"一带一路"机制与合作发展——"乌克兰丝绸之路论坛"大会，就基础设施、物流、电子商务、法律咨询、科技、文化、旅游等方面展开讨论，论坛期间，举办投资项目推介会以及与投资方会谈等活动。首届"乌克兰丝绸之路论坛"于 2016 年 11 月在基辅举行，来自 60 余个国家代表达成投资意向近 1 亿美元。国际论坛平台的建设推动更多的国家成为共同建设新丝路的参与者。

"一带一路"文化发展，开创新局面，加强与各国媒体的合作，积极发展对外文化贸易服务，从而支持和鼓励中国文化走出去，在建设 21 世纪丝绸之路大格局中，讲好中国故事。全面开放新格局，构建总体稳定、均衡发展的大国关系框架，积极推进大国协调和合作，从联合国、世界贸易组织到二十国集团、金砖国家，再到亚太经合组织、上海合作组织、亚信会议、东亚"10＋3"机制、博鳌亚洲论坛等，按照亲诚惠容理念，与邻为善、以邻为伴周边外交方针，倡导深化同周边国家关系，成为共建"人类命运共同体"得到国际社会的认同。

五、世界向东看，致力共建，推动共享"强起来"

创新是引领发展的第一动力。那么，何谓创新？创新是以新思维、新创作、新发明和新描述为特征的一种概念化过程，最初起源于拉丁语，它原有含义包括:(一),创造新的东西;(二),更新;创新活动的核心是“新”,它或者是产品的结构、性能和外部特征的变革,或者是造型设计、内容的表现形式和手段的创造,或者是内容的丰富和完善。文化创新的目的是培养世界级竞争力,所以,文化创新力主要是围绕发展和竞争而阐述的。创新力是知识社会时代发展的源动力,是竞争制胜的秘诀。

(一)“向东看”的热潮

创新能力的高低,直接关系到国际竞争力的强弱。优化创新,不断改进,就是从有到精,追求极致。创新是人类特有的认识能力和实践能力,是人类主观能动性的高级表现形式,创新能力强,其竞争力也强,反之亦然。习近平指出,抓住了创新,就抓住了牵动经济社会发展全局的“牛鼻子”。“一带一路”倡议贯彻新发展理念,是推动构建人类命运共同体的重大决策部署,深入贯彻创新、协调、绿色、开放、共享的发展理念,不断适应、把握、引领经济发展新常态,以创新引领经济发展,成为各国的跟踪视角。

根据世界知识产权组织等发布的“2016年全球创新指数”显示,中国首次跻身世界最具创新力的经济体25强,为世界贡献了智慧与力量,这是对中国新发展理念的高度认可,让世界向东看,中国逐渐能够成为世界目光的习惯性视角。有英国媒体指出,向东方看、向中国学习,在西方是一个正在兴起的概念。由于中国经验对埃及具有“兼容性”,埃及著名政治理论家、马克思主义者安瓦尔·阿卜杜勒·马利克,他在20世纪60年代就提出“向东看”;早在20世纪50年代,埃及各中小学校统一播放和学习中国人民反对西方殖民主义斗争的纪录片。中国的成功经验深深吸引和鼓舞埃及人民,近年来,埃及政界和学界再次掀起“向东看”的热潮。

(二)“软创新”构建特色话语体系

所谓“话语权”,简而言之,就是说话权,即控制舆论的权力,可以细分为科技话语权、经济话语权、舆论话语权、文化话语权等。在当代社会思潮中,话语权指影响社会发展方向的能力,话语权掌握在谁手里,往往决定了社会舆论的引导走向。国家话语权,是一个国家在世界上“说话”的影响力,话语权就是说话权、发言权,同人们争取权益的表达密切相关,法国哲学家福柯认为话语不仅是思维符号，而且能直接体现为“权力”。

构建特色话语体系，要进行对外话语体系的创新。文化“软实力”实质上是源自“创新力”。例如，一些国家文化资源丰富、文化底蕴深厚，人们的智商不低于美国人，为什么偏偏美国形成强大的“软实力”？关键在于其富有活力的创新内核，在汇集世界文明成果的基础上，顺应时代特点而大胆创新，把现代科技、市场经济、社会管理等众多成果融汇其中，适应现代人的精神文化需求，表现出较强的吸引力、影响力。创新文化的培育和形成，是多方面因素综合作用的结果。

六、国际竞争力的主导权和话语权提升

有国际人士提出的观点认为，“一带一路”是建设中的新“全球大桥”。新丝路极富人性化优势，它的独特之处在于，将几千年的历史文化沉淀与高度的现代化结合起来，以国际视野制定发展任务，在历史进步中实现文化进步，在实践创造中进行文化创造，面对时代要求担负起新的文化使命，因而在国际舞台上发挥的作用与日俱增。

（一）“全球大桥”独创性，新丝路世界引导力

对外文化交流是重要的国际舞台，加强了世界范围内的经济社会和文化的发展和联系，如北京 APEC 会议、杭州 G20 峰会、“一带一路”国际合作高峰论坛等交流活动，彰显了文化外交的独特优势。为了在相互合作基础上，与其他国家实现共同的文化繁荣，加强与“一带一路”沿线国家和地区的文化交流合作，上海国际艺术节成立了“丝绸之路国际艺术节联盟”，来自“一带一路”沿线 32 个国家和地区的 124 个艺术节和机构携手加入。捷克、奥地利、以色列、南非等国家的艺术作品汇聚上海艺术节，其中，捷克布尔诺国家歌剧院的《马克普洛斯档案》作品，体现了“一带一路”建设参与国家的独特音乐风格。

（二）构建全球伙伴关系网络，深化国际合作交流

在国家的发展达到一定经济总量以后，最能代表其高度的一定不是经济总量，而是文化的高度和文化的影响力，它彰显一国在世界上的国际地位。

为了全面推进“一带一路”沿线机制化合作，我国成立了丝绸之路剧院联盟、博物馆联盟，开创了敦煌国际文化博览会等品牌活动，海外文化中心总数达30多个，使对外文化交流合作品牌逐步树立，高级别人文交流机制向更高层次发展，促进了民心相通。

构建全方位、多层次、宽领域、高效率的国际文化交流格局，中国文化年（节）等活动成为促进政府间文化交流合作的常态化机制，众多大型文艺活动的影响遍及全球。中埃文化年、中拉文化交流年等成功举办。在2017年，“欢乐春节”在140个国家和地区的500多座城市举办了2000多场活动，海外受众突破2.8亿人次，成为在各国主流社会具有广泛影响的中国文化品牌，成为展示中华文化精粹和国家形象的重要平台。我国与157个国家和地区签署了文化合作协定，加强与联合国教科文组织的合作，深度参与文化领域国际规则的制定，使政府间文化交流合作不断深化，多边文化交流合作更加深入，我国的国际文化话语权不断提升。

七、服务国家战略需求，启动国际化创新工程

站在对外开放新的历史起点上，适应全球经济合作新趋势，以全球视野、世界胸怀，引领潮流，勇于担当，积极作为，在国际事务中开始从规则的遵从者向规则的制定者转变，主张构建以合作共赢为核心的新型国际关系，为世界提供发展红利，打造人类命运共同体，成为带动世界经济发展的重要引擎。

围绕多边领域议程设计和规则制定，中国在与世界各国携手创造人类美好未来的征程上，推出一系列中国理念，并向世界表明，中国有智慧和能力推广这项全球性倡议，即“公平、开放、全面、创新”的发展观，“共同、综合、合作、可持续”的安全观，“共商、共建、共享”的全球治理观，“义利相兼、以义为先”的正确义利观，主张“和平、发展、公平、正义、民主、自由”的全人类共同价值。中国道路成为一种新的现代化方案，为解决人类问题贡献独特智慧，也有利于世界各国实现合作共赢，受到了国际社会的广泛认同。

（一）创新发展，话语海外传播与世界认同

话语权是指一种信息传播主体的潜在的现实影响力，体现为文化领导权

或话语权。伴随着世界对中国价值的进一步认同，围绕在更大范围、更广领域、更高层次上，建立有利于创新的制度，提高对外开放战略谋划水平，在国际社会中的地位不断提升，有能力和条件为世界和平与发展作出更大贡献，"共商、共建、共享"的和平发展理念，共谋和平、共护和平、共享和平。作为世界上最大的发展中国家，我国经济社会的发展如一道美丽彩虹，为全世界的和平与发展增添了新的色彩和能量，创造了举世瞩目的独具特色的"中国奇迹"新路。

世界"渴望了解中国"，加深与世界各国的互信，在中东欧地区多边合作，"16＋1"合作框架加强和这个地区国家间的经济文化交流。这16个中东欧国家中，很多都是欧盟成员国，通过开展经济合作，将共赢和和平发展的理念推广到这些国家。不断借鉴吸收各种先进的规律，与国际社会的共同探索、相互借鉴，中国道路的"相与相随"效应有着"世界价值"，为全球性的可持续发展找到一条道路，埃塞俄比亚向中国"取经"，得到渴望"走自己的路"的国际同行者的认同。

扩大同各国的利益交汇点，"一带一路"建设有利于促进国际和区域经济合作，是相关国家跨入社会与经济发展新时期的黄金机会。秉持正确义利观和亲诚理念，加强同发展中国家团结合作，得到更多沿线国家和国际组织机构的支持与响应。中巴经济走廊是"一带一路"倡议的旗舰项目，这一超大规模发展项目反映了中国促进世界共同繁荣的美好愿望。在旁遮普省乃至整个巴基斯坦，人们普遍认为，中巴经济走廊是改变命运的全新工程，事实上，它也改变着中巴两国的社会经济格局。按照与邻为善、以邻为伴的惠容理念和周边外交方针，深化同周边国家关系，合作共赢，共同繁荣，开展跨国互联互通，沿线国家越来越多地了解并积极响应"一带一路"的倡议。

（二）创新对外传播效果质量

话语权是指产生传播效果的潜在的现实影响力，话语权控制，隐含一些有倾向性的价值观，话语权是一种潜在的现实权力，通常掌握在拥有经济权的人手里。西方意识形态的强化，它所倡导的品位、志趣、时尚、生活方式等，全部都有西方化倾向，例如，在世界地球日，所有的苹果分店都行动起来，全球苹果的12万员工，所有的人参与其中，设法让客户意识到他们能做的事情，这样做可以产生更大的国际影响。现代经济学家发现，其实，价值并不是物品包含的劳动量，而是人们对它的主观评价。很显然，价值并非是客观的，经济学是一种人生哲学，在经济学中，人性是共同的。

话语权就是说话权，即为了表达思想、进行言语交际而拥有说话机会的权利。大国话语权的增强，与经济保持较快的平稳发展速度同行，中国道路的探索和成就，激荡起世界的新思考，增强在国际经济金融领域的话语权，在达沃斯论坛等国际场合，发出中国的声音，从富起来到强起来的飞跃，中国道路在跑"接力赛"，为世界发展提供更佳选择，共同发展才会双赢、多赢、共赢，随着中国与国际社会越来越紧密的交流，综合国力逐渐被世界所认识和认同，树立了良好的国际形象，逐渐建立强势地位的话语权，赢得国际舆论的主导权。

（三）国际传播引发社会效益和经济效益

创新是推动世界经济增长的根本动力。国际影响力新的发展格局，如果经济保持快速增长，就会为国际社会带来市场机遇，深化国际合作和交往，继续"国际化布局"，深度融入全球产业链、价值链、物流链，开放作为转型升级的必由之路，推动国际体系中完善的"中国角色"，重视与"一带一路"沿线国家建立紧密的经济和文化联系，并向这些国家提供资金支持，助其完善基础设施建设，世界上越来越多的国家对我国的发展模式、发展道路、发展成就越来越认同，合作的愿望越来越强烈。

倡导打造周边命运共同体，泰国加紧调整自身的经济结构等，适应中国的新一轮发展，分享中国发展带来的红利；而阿富汗巴米扬省，是著名的丝绸之路的要地，有着众多与甘肃省共通的文明和文化价值，两省签署发展友好关系的谅解备忘录，但实际上，巴米扬省和甘肃省的友好关系早在1000年前就已经奠基。

构建"丝绸之路经济带"和"21世纪海上丝绸之路"，寻求更大范围资源和市场合作，从资源动员机制、国际合作机制等方面下功夫，努力编织互利共赢的合作伙伴网络，在这个意义上，中国成为世界经济的重要贡献者。成为经济大国，中国经济发展推动全球经济的发展。"一带一路"倡议与土耳其的"中间走廊"战略高度契合，两国合作空间巨大。投入运营的巴库—第比利斯—卡尔斯铁路连接土中两国，中国产品从此可以通过铁路运输，经过土耳其，在14天内到达英国伦敦。“一带一路”倡议有助于增加土中两国之间的贸易，同时也对全球化发展作出贡献。

八、包容性全球化，话语议题的广度和深度

倡导“新型国际关系”，构建相互尊重、平等协商的全球发展模式，世界经济创新、活力、联动、包容发展，进一步扩大国际市场份额，提升国际影响力和国家软实力。全球化倡议，体现大国智慧和担当，“一带一路”建设离不开各参与国政府和人民的共同支持，“一带一路”被称作世纪大战略，是近200年来首次提出以中国为主导的洲际开发合作框架，打造政治互信、经济互利、文化互赢的“利益共同体”“命运共同体”“责任共同体”，丝路文明互鉴互融，国际“朋友圈”越来越广，保持并发展紧密的经济贸易关系。

立足本土、面向世界，深刻洞察世界发展态势和国际格局变化，中国梦与其他国家的梦想紧密联系在一起，2008年北京奥运会“同一个世界，同一个梦想”、2010年上海世博会“城市，让生活更美好”的口号，表达了各国人民共同的心愿。在文化交流领域建立一种富有活力的关系，一切合作的基础也是文化和文化沟通。开创对外开放高水平的新局面，如丝绸之路（敦煌）国际文化博览会，将关注点集中到文化合作和文化共同利益上。

世界级论坛使各方思想激情碰撞，太湖世界文化论坛第四届年会，以“合力建设人类命运共同体的新文明”为主题，由“和而不同——人类命运共同体与全球共识”“只有一个地球——人类生命共同体的生态哲学基础”“合作共赢——建设新型国际关系的重要理念”“‘一带一路’——开拓人类命运共同体的新路径”等议题组成，非官方高层次的国际文化论坛，利用特有的国际交流平台，在全球范围内构建不同内涵的伙伴关系网络，奏响合作共赢的时代强音。

（一）找到创新发力点

文化创新显现话语影响力，国际人文交流方式创新，在全球经济竞争、创新、开放的大背景下，将自身发展融入世界发展大潮，中外关系多方合作，从政治、经济和贸易的层面深入人文领域，人文交流被视为国际关系的地基，实

施创新驱动发展战略，提升国际文化交流水平，文化软创新建设升级，提升文化整体的国际竞争力和话语权，文艺是铸造灵魂的工程，最负盛名的最高荣誉的诺贝尔奖，文学领域含金量高的奖项，莫言获得诺贝尔文学奖，让全世界看到了中国文学的成就。

文明因交流而多彩，文明因互鉴而丰富，在社会现实生活中，国际文化信息的传播过程，意识形态的内容也会有形无形的隐含在文化信息内容之中，那么，意识形态就会有意无意地随之传播出去，现代批评家伯顿(1990)认为：意识形态附加着对世界和人、集团之间权力关系的独特看法的一系列信仰，受到文化因素的影响，服从于取舍选择和艺术审美，占支配地位的意识形态，起到了话语权的现实作用。

（二）"丝路精神"的引领力，全面拓展文化外交布局

开启大国文化外交新征程，走近世界舞台中心，准确把握时代大势，走特色大国的文化外交之路，有怎样的大局观、战略观，决定着创新能走出多远、抵达何处。以丝绸之路经济带为例，历史上多民族、多文化、多语言的密切接触及频繁的商贸活动，"一带一路"千年时空交汇，古代丝绸之路就是增进当时世界人民合作和交流的重要渠道，它不仅是连接世界各国的一条经济走廊，更是一条促进各国人民相知相交的人文之路。"一带一路"倡议将2000多年来东西方合作建设持续推进，扩大开放背景下的文化和贸易需求。

第二章
多平台战略选择，创新创造的国际引领作用

软实力是指一种能力，它能通过无形的文化的感染力、吸引力达到目的，20世纪80年代，由西方学者首先提出了“软实力”(Soft Power)概念，人文交流紧密。提升国际文化影响力；把新型国际政治文化理念落实到人文外交之中，为多彩多样的文明搭建了交往的平台，经济全球化扩展了国家间交往，搭建国际合作新平台，文化建设增添共同发展新动力，美国中西部艺术联盟年会，在这个美国最重要的区域性表演艺术年会之一的主流平台上，通过承担午餐赞助、进行民乐表演等方式传播营销，与美国方面达成超过数十个商业演出模式的合作意向。

一、互鉴共进，打造生态丝路文化

开放型经济载体，文化对外贸易保持相对较快增长速度，推动中华文化走出去，提升软实力的国际影响力，文化领域成为软实力较量的重要领域，文化系统坚持政府统筹、社会参与、官民并举、市场运作，努力构建全方位、多层次、宽领域、高效率的国际文化贸易大格局，2016年中国电影海外销售收入为38.25亿元人民币；2016年全国共输出版权11133种；截至2016年底，我国在海外共建了30个文化中心，成功举办北京APEC会议、杭州G20峰会、“一带一路”国际合作高峰论坛和领导人出访等组织文艺演出和文化交流活动，展示中国形象，传播了中国价值。

(一) 多边合作平台契机

配合“一带一路”建设，加强与沿线国家和地区文化交流合作，制订实施

发展行动计划，开创敦煌国际文化博览会、丝绸之路国际艺术节、海上丝绸之路国际艺术节等品牌活动，促进了“民心相通”，对外文化工作深耕厚植，在国际传播中不仅有交锋，更有交流交融，中国商务部与美国加利福尼亚州政府支持的“中国周暨中国省与美国加州经贸峰会”系列活动。

坚持“以文促情、以文化人、以文建信、以文聚心”，面向青少年、面向基层的文化交流活动不断拓展，“艺海流金”“情系”系列等活动逐步融入当地文化生活，成为联系港澳台同胞亲情的重要纽带。文化经济蓬勃发展的生命力成为新的发展增长点产业升级与否、如何升级，并不是由产业本身决定的，根本的还是由市场来决定，注重政府交流与文化贸易并举。如今，我国已与157个国家和地区签署了文化合作协定，中俄、中美、中欧、中阿、中非等文化交流合作机制向更高层次发展，多边国际文化交流合作不断深化，国际文化话语权不断提升。

文化艺术的对外传播不是只有一条路，应该开辟不同的路径，丰富完善会展平台、公共事务平台，进一步推动本土文化走向世界，依托“一带一路”走出去，“一带一路”构想将上海合作组织、欧亚经济联盟、中国-东盟(10+1)、中日韩自贸区等国际合作的整合升级，主场外交为国际社会带来信心，APEC北京峰会、G20杭州峰会、“一带一路”国际合作高峰论坛、金砖国家领导人厦门会晤，推进多边跨境贸易和国际交流合作。

（二）亲诚惠容传统友好

贯彻亲诚惠容周边外交理念，与周边国家携手摹画构建人类命运共同体的美好图景。尤其是与“同饮一江水”的东南亚国家建立全面战略合作伙伴关系，在政治、经济、文化、卫生等领域的合作。“一带一路”倡议与老挝提出的“变陆锁国为陆联国”战略实现有效对接，在“好邻居、好朋友、好同志、好伙伴”精神下，友谊源远流长，世代友好，共同发展，推动老中全面战略合作伙伴关系持续稳定发展。

国际经贸领域合作不断深化。中国已经成为对老挝第一大投资国，中老铁路、老挝一号卫星项目、赛色塔综合开发区等项目都取得重大进展。老挝是中国、越南、缅甸、泰国等国家间的重要陆路交通枢纽，双方多项合作推动老挝交通、旅游、服务业、经贸、基础设施等方面发展，逐步提高老挝的工业水平，改善老挝的投资环境，为老挝社会经济发展作出重要贡献。

推动构建以合作共赢为核心的新型国际关系，倡导推动“一带一路”建设，提出丝绸之路沿线国家合力打造平等互利、合作共赢的“利益共同体”和构建“人类命运共同体”的新理念。在革命战争时期，很多越南技术人员都曾到中国留学，学成回国后在各自岗位上为越南国家建设贡献力量。加强两国的友谊与合作，促进两国经济共同发展。新丝路描绘出一幅从波罗的海到太平洋、从中亚到印度洋和波斯湾的交通运输经济大走廊，其东西贯穿欧亚大陆，南北与中巴经济走廊、中印孟缅经济走廊建设相连接的新蓝图，一系列方略赢得世界响应。

（三）文化创新在国际话语权建设中的作用

创新力是用文化的民族特色，为包括文化产品在内的各种产品赋予文化意义和文化价值的能力，国际文化交流之路激活创新力。2013 年，随着“一带一路”倡议的提出，沿线国家共享机遇，实现共同发展、共同繁荣，构建命运共同体，成为全球第二大经济体，且消费市场庞大，工业发展，生产潜力巨大，也为整个文化创意产业转型升级带来新的发展机遇。创意是创新的特定形态，创意背后，彰显的是人们创新的用心。那些精彩的创意，让一件产品具有了新的价值，因为创意之上，凝结的是人们创造的智慧。智慧的独特性，让这些创意变得独一无二，与众不同；让创意能够层出不穷，生生不息，由于制造业发达，就能够迅速实现创意的产品化，意识的新发展是人对于自我的创新。

创意拥有丰富的文化元素，创意的丰富呈现，有巨大的魅力和作用。相当火爆的故宫文化创意产品，如与故宫有关的图案、形象、元素等，被巧妙地、艺术地融入日常用品里。北京故宫出品的朝珠款式的耳机、故宫所藏名家画作为伞面的雨伞，以有了印着故宫角楼图案的领带等文创产品也受到消费者热捧。人们购买的，更多的是故宫文创产品里的创意。世界性的博物院致力于国际文化交流，北京故宫博物院认识到创意的魅力，启动“紫禁城杯”故宫文化产品创意设计大赛，加大对故宫元素创意设计产品的研发投入。

二、面向世界，从创新迈向领跑

溢满创新的气息，顺应变革的创新思维，不断为全球提供意义非凡的公共产品，“一带一路”倡议、亚投行，给沿线国家经济发展带来新希望，其中，亚投行为全球基础设施建设和多边金融体系的完善注入新动力，给世界带来新的机遇。中国现在已经成为全球第二大经济体，“一带一路”建设的提出，进一步鼓励中国企业“走出去”，将“中国制造”与“中国创造”带向世界，加之人民币国际化步伐的加快，带来了大量的跨境资金结算需求。

（一）“一个市场一个政策”

采取“一个市场一个政策”的差异化发展策略。在欧美等银联卡受理环境有较大提升空间的地区，主要是加大受理网络建设；在港澳台、日韩、东南亚等受理环境已基本全覆盖的市场，加大发卡力度，在“一带一路”沿线国家和地区，积极帮助这些国家和地区完善银行卡受理环境，开展银联卡技术合作，并在有条件的国家和地区进行支付系统基础设施的建设，让银联卡成为中国与这些国家和地区交流合作的重要纽带。

（二）跨文化品牌的国际传播

许多国家把提高软实力作为文化外交战略的重要环节，国与国之间竞争的一个显著特点是文化的地位和作用越来越重要，跨文化传播的品牌化——提升传播效果的作用，诸如举办波兰华沙之秋国际诗歌节、荷兰阿姆斯特丹国际诗歌节、德国柏林国际诗歌节、哥伦比亚麦德林国际诗歌节、意大利圣马力诺国际诗歌节等，提高国际影响力。马其顿斯特鲁加国际诗歌节，是国家级的官方行为，地方政府提供各种资源，还有企业赞助，媒体报道考察、翻译、印刷、出版等一应会务全部免费提供。

欧洲大陆各类音乐节星罗棋布，上演当代的各国歌剧、话剧、交响乐和艺术歌曲，包括奥地利的因斯布鲁克传统音乐节、布雷根茨音乐节，意大利佩萨罗的罗西尼歌剧节，维罗纳的露天歌剧节等。而最具规模、艺术水准最高的拜罗伊特歌剧节和萨尔茨堡音乐节，促进了举办国的文化软实力的国际传播。文化软实力日益成为综合国力竞争力重要因素。

第三章 创新体系构建迈向"升级版"

文化创造的引领作用，产生文化创新引导效果，"话语体系建设"被放在重要位置，文化国际竞争力强大，创新力是其中根本。文化创新为讲好中国故事、传播中国声音提出更高要求。随着经济实力的显著增强，国际文化交流大步发展，打开新的工作面和突破口，为推进"一带一路"建设，迎来活跃时期。

文化创新首先是一种强大的精神力量和理想构建，创造本国特色的话语体系，争取国际话语权，持续推进具有特色、风格的话语体系，是"有文化有格调有内涵"的大国话语权建设需要，新兴市场国家和发展中国家对全球经济增长的贡献率已经达到 80%，全球经济治理体系虽然作出了一些调整和变革，但仍然主要反映发达国家的利益诉求，国际市场和国际规则的话语权仍然掌握在西方国家手里，致使发展中国家在国际竞争中处于不利地位。

一、创新创造的国际引领作用

坚持在开放中创新，积极融入经济全球化进程，需要把自身发展与世界发展联系起来。在 2000 年召开的达沃斯国际会议上，美国总统克林顿坚定地认为，全球化打破了国家间的壁垒，使经济运作方式发生了革命性的变革。他的论据是，过去几十年中，只有推崇国际贸易"自由化"的国家才真正获得成功，"开发市场"和"自由贸易"是促使全球繁荣的最好方式。

发掘新的发展机遇。努力为经济全球化和世界经济增长注入创新动力。对于精神引领，增强国际社会的认同感，推动知与行并进，将人文精神转化为人们的文化行为习惯。"一带一路"倡议着力推进"五通"，打通陆上贸易通道与海上运输线，推动构建以合作共赢为核心的新型国际关系，“一带一路”建设超出预期，赢得世界积极响应，得到越来越多国家和国际组织机构的认可、支持和参与。

（一）“一带一路”的话语体系建设

若能够将“中国经验”与“中国道路”上升为普遍性的概念体系和知识范式，更重要的是站在历史的新起点上，与时俱进，拓展新视野，开拓新境界，若能够为人类面对的共同问题给出中国的方案，形成新思维，发展新理论，前瞻性地谋划全局，大胆探索新途径，中国话语的世界意义必将彰显，那么，经济发展优势也终将转化为话语优势。

（二）“一带一路”国际合作新角色

“一带一路”布局中的开发区重要构成元素，受益于经济全球化，进一步融入和参与国际经济合作和世界分工。优化开发区模式，项目结构更加优化，推动落实“一带一路”构想，系列框架合作，埃及苏伊士经贸合作区，落实“一带一路”构想，需要抓住沿线关键通道、关键节点和重点工程。开发区模式走出国门，呈现出抱团出行、聚集效应、带动区域发展等特点，受到越来越多友好国家的重视。推动中国开发区模式输出将成为落实“一带一路”构想的有效工具之一。

重要共识落地，点、线、面、带是“一带一路”的重要架构，开发区模式是“一带一路”扩点为面的有效模式。开发区的基本做法是开发方征地后先行建设基础设施，将土地由生地变成熟地，或出售或出租，并出台优惠政策引进中外企业投资入园，大幅提高土地利用经济效益。作为“一带一路”落地的支撑和抓手，开发区模式走出国门，对于打造若干国际经济合作走廊、推动形成区域经济合作共赢发展新格局将发挥重要作用。中国开发区模式走出国门，主要是以经贸产业园区的形式。截至 2013 年，我国在全球共有 71 个境外园区，主要分为加工制造型、资源利用型以及商贸物流型等类，分布在亚洲、欧洲、美洲、非洲地区。其中国家级的经贸合作区共有 19 个，占总数的 27%，多数分布在亚洲、非洲及东欧等地，总投资规模达 600 亿元人民币。

二、共建“一带一路”，跨境融合开放合作

注重顶层设计与规划，包括国家级战略筹划，并通过提高有效供给来催生新的需求，“共商、共建、共享”的发展理念得到越来越多“一带一路”沿线国家和国际组织机构的支持与响应，改变在全球化过程中西方的主导地位依旧明显的现状。

（一）坚持合作共赢的大方向

置身于发展的国际大舞台，使国际资本和产品流动更加充分，服务丝绸之路经济带和欧亚经济联盟建设对接合作，融入“一带一路”建设欧洲国家。匈牙利期待为发展插上翅膀，2015 年 6 月中国与匈牙利签署“一带一路”建设谅解备忘录，匈牙利成为第一个同中国签署此类合作文件的欧洲国家。匈牙利虽然地处欧盟边缘，但位于中东欧的中心，借助于“一带一路”建设，希望成为中国同中东欧国家合作的区域中心，期待为本国经济发展插上翅膀，“一带一路”倡议宏大的战略构想，可以实现匈中关系可持续发展。

比利时在对华合作方面始终走在欧洲前列，它是最早向中国提供政府贷款的西方国家之一，对技术转让、双向投资持积极、开放的态度。比联邦、地方政府和各政党一致主张加强对华合作，中比各层次交往密切、各领域合作升级。中比政治互信、高层交往是两国关系的“稳定锚”，也是双边务实合作与人文交流的“助推器”，给两国人民带来了实实在在的利益和成果。合作不断推出新的举措，创造新的亮点。随着“一带一路”建设的推进，比利时地处西欧要冲的区位优势日益凸显，渝新欧等国际班列及多条货运包机航线将进一步拓宽两国合作的空间。

（二）巩固与世界各国的友好关系

“一带一路”建设使沿线国家建立更紧密的政治、经济联系，实现这些国家交通基础设施的互联互通，创造更加有利的贸易环境以及促进资金融通。这些都是 21 世纪世界各国协调发展的迫切要求。实现互联互通有利于在相关区域建立更为便利的投资、贸易环境，丝绸之路经济带建设不仅

能使中亚地区变为欧亚间的便利走廊，而且能拓展中亚地区与外部世界的联系。

促进制度创新与技术创新的融合互动，以道格拉斯·诺斯为代表的制度创新竞争力优势理论，认为竞争力在于通过制度创新营造促进技术进步和经济潜能发挥的环境，强调竞争力优势是制度安排的产物。在“新时代”，构建开放型经济新体制，对于推动区域全面经济伙伴关系（RCEP）和亚太自由贸易区（FTAAP）进程，及加快亚太地区经济一体化进程、实现区域共同发展和繁荣具有十分重要的意义。

带动丝路沿线地区工业化、城镇化，激活巨大的需求潜力，释放巨大的经济发展动力，促进中西部地区出口、投资结构趋于均衡，我国经过30多年快速发展，积累了比较明显的资金、人才、技术和产能优势，能够满足沿线国家发展的急迫需求。对于我国中西部地区而言，将进一步激发与沿线国家开展多领域交流合作的潜力，创造投资与消费需求，促进共同发展、合作共赢。对于全球经济而言，有利于形成沿线国家相互助推发展的动力机制，为全球经济平衡发展、良性发展作出贡献。

（三）“一带一路”建设构筑创新格局

实施“一带一路”战略，将使我国与沿线各国优势得到有效整合，激发和释放巨大潜在生产力；有利于我国成为新一轮经济全球化的重要推动力量，世界各国相互依赖和利益交融程度进一步加深。国际投资贸易格局和多边投资贸易规则正酝酿深刻调整。世界各国迫切需要开展更大范围、更高水平、更深层次的区域合作，打造开放、包容、均衡、普惠的区域经济合作架构。“一带一路”战略致力于亚欧非大陆及附近海洋的互联互通，构建全方位、多层次、复合型的互联互通网络，实现沿线各国多元、自主、平衡、可持续的发展。促进形成更加包容、公正、合理的国际经济规则，

三、用真诚合作撑起共同的梦想

“一带一路”东起发展势头强劲的东亚经济圈，西达发达的欧洲经济圈，连接起一条纵贯东西的巨型经济带，积极融入推动共建丝绸之路经济带进

程，造福亚、欧地区各国人民。欧中双方在经贸、文化等诸多领域有着广阔的合作空间，欧盟推出的“容克投资计划”，以及泛欧交通网络发展规划，与“一带一路”战略很多方面加强对接与融合，进一步深化务实合作，推动双方实现更大发展。中方支持中国西部同安特卫普铁路互联互通，希望比利时方支持中国企业参与欧洲战略投资。

(一) 国际影响，穿越时空的力量

“一带一路”倡议引起世界瞩目，大力发展外向型经济，波兰，搭上“一带一路”建设快车，中国成都，波兰罗兹，两个相距万里的城市，被振兴经济的渴望所点燃，紧密联系在一起。在罗兹市的大街上，处处能听到机器作业的声响，这个旧时的欧洲纺织工业重镇，正在兴建公路、楼房等基础设施项目。波兰罗兹市区位优势非常明显，建立了罗兹经济特区和罗兹科技园，吸引了戴尔、可口可乐等世界500强企业入驻。

“一带一路”带来更多机遇，“蓉欧快铁”双向运行后，罗兹可以成为中国商品和服务进入波兰和中东欧市场的门户，“蓉欧快铁”自2013年4月26日开通，对促进中国和波兰贸易发挥重要作用。“蓉欧快铁”成为中国到欧洲最快的铁路货运固定班列，这些集装箱是经由蓉欧国际快速铁路货运直达班列运送至波兰，“蓉欧快铁”促进中波贸易。两国开通罗兹与成都、华沙与苏州之间两条铁路运输线。此外，格但斯克与宁波之间的集装箱海运航线，成为波兰及欧盟产品进入中国及东南亚市场的桥头堡。

(二) 实现百年梦想的重要部署

波兰非常希望加入“一带一路”建设，并在其中发挥重要作用。“一带一路”建设可以给波兰企业提供更多工作机会。华沙证券交易所是中东欧地区第三大交易所，当今共有1000家上市公司，有3家中国企业在华沙证券交易所上市。罗兹市教育资源丰富，是波兰重要的教育和科研中心，拥有25所大学、30家研究所。近年来罗兹市还有针对外国人开的波兰语学校，外国人来波兰，可以在这所学校学习1年波兰语。罗兹经济特区可以为中国企业进入波兰市场提供法律咨询服务。

(三) 品牌建设实现新作为

面对海外成熟市场的客户需求,“一带一路”重大倡议,为品牌建设提供了发展机遇,在实现自身发展的同时,为世界带来更多发展机遇。共享自行车进入欧美、微信风靡全球、移动支付等创新技术的输出正在让“印度淘宝”“非洲的阿里巴巴”成为现实,成就更多的发展故事。而在更宏阔的视野中,创新发展方式、完善全球经济治理等,中国凭借经过实践检验的发展经验为世界经济带来更多红利,助推世界经济走向“新繁荣”。

(四) 战略对接、规划对接

完善“一带一路”顶层设计,“六廊六路多国多港”的主骨架建设稳步推进,勇于开拓创新,进一步提升贸易畅通,从商签贸易便利化协定做起,逐步完善区域经济合作的制度性安排。与中国之间山水相连的独特地理关系,丝绸之路两个方向,一是西北的陆路;二是东南的海路。形成的海上丝路是文化与历史联系的象征。无论是东南亚、印度次大陆,还是南太平洋,21 世纪海上丝绸之路将中国的东海岸与马六甲海峡以及地中海边缘等地的港口连接起来,促使东南亚、南亚乃至整个亚太秩序朝着和谐的方向发展。历史上,东北亚丝绸之路鲜为人知,大致从今天的苏州、江宁出发,途经渤海口、开原(丝关)、海西东水陆城站、奴儿干等地,最后到达库页岛和北海道。据考证,沿途共有驿站 700 多个,“东北亚丝绸之路”正焕发新的生机。

四、务实合作,国际文化交流与构筑命运共同体

以“一带一路”建设为契机,开展跨国互联互通,提高贸易和投资合作水平,推动国际产能和装备制造合作,通过提高有效供给来催生新的需求,自主创新,开放型经济新体制建设,随着“一带一路”、亚投行等从理念变为现实,进一步扩大资金融通,中方鼓励政策性金融机构、丝路基金及亚投行等多边金融机构加大对区域合作项目的融资支持。

“一带一路”主题全方位、立体化地呈现,使世界互联互通更加紧密。“一带一路”秉持共商、共建、共享原则,是中国为实现世界和平稳定、发展繁荣提供的公共产品。“一带一路”不仅是体现“中国智慧”的方案,也将在国际开放

新格局下提升中国的话语权。“一带一路”为发展带来了较大的机遇，与国家的战略需要紧密结合。

（一）倡议是中国的，机遇是世界的

新的对外开放战略为中国经济发展提供新舞台，为周边区域和中国自身经济发展注入新动力。岭南先民很早就开始与南太平洋诸岛屿交往，妈祖信仰等中国民间文化随着中国移民传到东南亚地区，东盟国家的语言文字也借用了许多汉语汉字，表现出中国文化的深远影响。同时，穿越西太平洋与印度洋的海上丝路还留有南传佛教文化，各国相互联系、相互依存的程度空前加深，互利互惠的工程，中蒙俄、新亚欧大陆桥、中国—中亚—西亚、中国—中南半岛、中巴、孟中印缅六大经济走廊国际智库合作网络，以及澜沧江—湄公河合作机制国际智库合作网络、“21世纪海上丝绸之路”国际合作网络，对外文化交流的国际化成为了这个时代的主旋律。

中华民族创造博大精深的灿烂文化，在5000多年文明发展进程中，形成了一套独具东方古韵的经典话语，中国话语绵延数千年，结合传统智慧和现代文明，扩大中华文化的国际影响力。例如，中文被纳入巴西州政府教育体系。2014年9月23日，巴西里约热内卢州尼泰罗伊市沿海一栋有165年历史的宫殿式建筑物，这栋古老的建筑物是巴西末代皇帝佩德罗二世送给伊丽莎白公主的礼物，以巴西著名数学家若阿金·戈麦斯·德·索萨的名字命名，已被改建成了中学校舍，中巴两国国旗高高飘扬，巴西首所中英双语理科公立中学揭牌仪式在此举行，这是巴西历史上首次专门为中英双语教学而成立的一所学校，入校的学生必须学习中文，考试合格方可毕业。为培养更多的中文人才，河北师范大学直接派出师资力量负责该校的汉语教学。

中文教育正在向巴西更基础更广泛的课程体系延伸。从基础抓起，让巴西学生从小就有机会接触中国文化，更多地同当地中学合作，中文以常规课程的形式出现在课堂中，利用本土教育体系的教育资源推广中文教育，实现中文教育的本土化，国际经贸合作急需大量通晓两国语言的人才。掌握中文的巴西学生将可以获得更好的就业机会。中国有22所大学开展了葡语教学，截至2014年6月底，已经在巴西设立了7所孔子学院和2个孔子课堂。巴西的优秀高中毕业生通过基本汉语水平和心理测试，还有机会到中国攻读本科。

(二)"一带一路"贯穿文化外交主线

作为飞速发展的新兴大国,不断走向国际化,中国创新话语,创造性地解决自己的问题。中国凭借自己的独特理论创造给人类奉献了诸多具有世界意义和独特价值的话语,走上了一条与西方完全异质的现代化道路,"中国道路""中国经验""中国模式",成为国内外学者和政治家们聚焦的中心话题。衡量国家力量的标准,政治、经济和军事能够决定话语权和影响力。

作为现行国际体系的参与者建设者贡献者,任何重要国际事务的解决都不能没有中国的参与,成为国际上的共识。自2013年以来,不断加快"一带一路"顶层设计和规划对接。2014年,通过《丝绸之路经济带和21世纪海上丝绸之路建设战略规划》。2015年,对外发布《推动共建丝绸之路经济带和21世纪海上丝绸之路的愿景与行动》,至2016年12月,已同40个国家和国际组织签署共建"一带一路"合作协议。沿线有100多个国家和国际组织机构表达了对"一带一路"建设的支持和参与意愿,积极与他们各自的发展战略对接。中蒙俄、中捷、中哈等已签署合作规划《纲要》,网上丝绸之路等领域的合作进展顺利。和国际社会的深层互动,文化外交也更大规模地走出去。

五、国际话语的新时代,搭建畅通的交流合作渠道

文化"走出去"是个古老又崭新的课题,论及古老,著名的丝绸之路汲取亚欧各国文化,同时,把包括"四大发明"在内的中国文化向各国传播;论及崭新,"一带一路"倡议为中国文化"走出去"创造了新的空间,"一带一路"主动发展与沿线国家的经济合作伙伴关系,用创新的合作模式,共同建设丝绸之路经济带,以"一带一路"国家战略为契机,为文化走出去,走向世界铺路搭桥。例如,"彩云之南"助力国家"一带一路"建设发展战略,打通向西向南开放的通道,通过全面发展来带动对外经济的发展。

(一)"中国梦,丝路梦"

艺术化地呈现"一带一路"的构想。米兰世博会的中国国家馆日,以陆上丝绸之路与海上丝绸之路为表现主题,在"世界丝绸之源"命名暨闪耀米兰世博会发布仪式上,发现世界上最早绸片的中国湖州钱山漾文化遗址被命名为

"世界丝绸之源",来自钱山漾的两件丝绸精品,随"中国梦,丝路梦"互联互通丝路行考察团,跨越亚欧万里长路,亮相米兰世博会。

创意为演出"点睛",串联起中国称得上国粹、精粹的节目,一段撷取"一带一路"沿途地域的文化形式、融合不同民族风情的舞蹈作品,大气宏阔、美轮美奂的多媒体舞蹈《丝路心韵》,以"一带一路"为主题思想,将意大利观众带回悠远的海上丝绸之路年代。中国与意大利恰好处在丝绸之路的两端,《丝路心韵》是引发各国人民共鸣的选择。这种包容、共享、互惠的本质与内涵,恰巧与"一带一路"相契合。

(二) 对外开放战略 2.0 版本

2015 年 3 月,中国政府发布了《推动共建丝绸之路经济带和 21 世纪海上丝绸之路的愿景与行动》,阐述了"一带一路"的五个合作重点和实施细节。"一带一路"致力于有效促进所有参与国的经济增长和区域合作,将惠及欧亚及非洲大陆 60 个国家多达 40 亿的人口,古丝绸之路促进了沿线各国不同文明的交流、对话与交融,"一带一路"建设作为 21 世纪中国全方位对外开放的宏大战略,实际上是中国在国际社会推动包容性发展理念的一大实践,在以经济走廊理论、经济带理论、21 世纪的国际合作理论等创新经济发展理论、区域合作理论、全球化理论,丰富人类发展的知识宝库,将给 21 世纪的国际合作带来共商、共建、共享和包容发展新理念和新模式。

六、深度参与全球经济治理

"对话而不对抗、结伴而不结盟"的主张,工商界对话平台,展现出中国的自信,助力我国深度参与全球经济治理,参与国际经济体系变革和规则制定,"一带一路"工商界对话平台,也是一种共鸣,"一带一路"是中国与沿线国家实现发展对接、优势互补的重要战略构想,不少沿线国家已经与中国签署了共建"一带一路"的合作备忘录,"一带一路"的有关项目可以融入各国政府的国家与地方发展议程,中国参与"一带一路"的机构与企业可以在当地政府的协调下,通过了解相关国家可持续发展目标中的重点与实现方式,以及社会、经济、环境、文化等方面的详细背景,更好地与本地机构合作,为其提供技术与资金，实现互利共赢。

（一）新一轮对外开放的“一体两翼”

“一带一路”向西开放战略中的门户作用，对于把中西部地区的经济发展纳入经济全球化发展之中的国家战略起到重要推动作用。改革开放30多年来，我国对外开放取得了举世瞩目的成就，但受地理区位、资源禀赋、发展基础等因素影响，对外开放总体呈现东快西慢、海强陆弱格局。“一带一路”将构筑新一轮对外开放的“一体两翼”，在提升向东开放水平的同时加快向西开放步伐，助推内陆沿边地区由对外开放的边缘迈向前沿。

（二）丝路基金建立

国家和民族创新性引领，在全球具有国际一流地位，被世界各国和地区政府、经济界所广泛熟知和认可，国际地位是指某事物在国际体系中所处的位置，一般标注在发达国家层面。

当今，国际经济治理体系出现变化。除了IMF、世界银行等之外，一些新的组织形式正在出现，如金砖银行、亚洲基础设施投资银行、丝路基金、亚太自贸区等。

（三）国际法律体系

许多“一带一路”建设参与国的产业还处于培育发展的初期阶段，中国企业走出去时应注意熟悉当地法律，适应营商环境变化和法制环境变化；相关高校应根据实际需要，培养一大批了解各参与国政治制度、法律体系等情况的专业人才。

（四）持久和平的阳光

和平，是人类文明进步最为重要的标志之一，是千百年来世界各国人民的不懈追求。美国乔治城大学教授查尔斯·库普乾在《化敌为友：持久和平之道》一书中指出，任意地使用实力会引发制衡、损害基于规则的秩序。相反，战略克制的实施培育并支撑了国际社会。持久和平是创造人类命运共同体美好未来的先决条件，做世界和平的建设者，是人类生存发展之道，失去了和平的土壤，发展、合作、繁荣就无从谈起。

第四章
全球拓展，创新开启转型发展

具有领导责任的全球大国对世界文化有引领作用，他们掌握了话语权，能够制定游戏规则和建立业界创新模式，对其他国家文化的发展起到带头和示范作用。我国作为文化大国，要成为全球产业链的主导者、行业领域的领军者，就要激活创新的优势资源，迸发创新的激情，孜孜以求持续创新，能够迅速将创新转化成文化传播力、国家竞争力。

一、国际文化合作新路径

经济和文化走出去的国际传播，恰好为西方观众提供异质文化。国际文化传播的规律是两种文化之间文化形态的互补性，对外文化传播不管内容还是形式都要让他国受众感受到一种文化上的不同。中国和瑞士两国人民都有着勤劳、淳朴、务实的优秀品格，始终相互尊重、相互帮助、相互抱有友好感情，有良好的文化交流基础，搬上荧幕的“瑞士女儿”海蒂的故事在中国引起极大反响。

当然，我国的文化“走出去”仍显弱势，滞后于经济“走出去”步伐，文化“走出去”和文化贸易在本质上与一般货物贸易是有区别的。实施文化“走出去”战略中，必须首先把展示和传播中国文化的精髓作为根本，在讲好中国故事的前提下讲求经济效益。这就要求在实施文化“走出去”的进程中要有战略意识，重视官方推广，在方式上偏重于纯文化的模式。

（一）对外传播，文化传送带提升世界影响力

注重体制创新，从推动文化“走出去”转向双重交流，提升服务水平，2017

年北京国际电影节在波兰华沙举行推介会，双方电影节加强合作，共同促进中波电影界的交流与发展。华沙电影基金会、波兰电影协会以及来自30多个国家和地区的各大电影公司、机构参加国际华沙推介会。坚持文化交流与文化贸易相融合，借助于文化贸易推动文化交流，利用文化交流助推文化贸易，是文化交流重要的品牌项目。

文化软实力建设主要依靠政府部门、非营利性社会组织等各种渠道，他们不仅仅在提升“硬实力”的过程中需要发挥主体作用，在提升“软实力”的过程中也需要发挥主体作用，不断增强我国文化的总体实力，意大利总理伦齐于2014年访问上海期间曾向中国企业家发出热情的邀请，分管米兰世博会的伦巴第大区副主席法布里齐奥·萨拉也常说：“意大利作好了准备，欢迎中国企业来到世博会，我们希望通过你们更多地了解中国。”

（二）文化创新力全球活动

文化创新力的全球活动具有国际型和洲际型两类，前者有诺贝尔奖文学奖和威尼斯双年展等，后者包括欧盟“欧洲文化之都”“亚洲文化之都”评选活动等，这些创新性引领文化活动与所在城市密切相关，两者相辅相成，相得益彰，体现出独特的城市文化风格、形象、规模、理念和氛围，蕴含特定城市文化形态，也提升城市文化形象创新性价值。在哈萨克斯坦的首都阿斯塔纳和最大城市阿拉木图，“感知中国·哈萨克斯坦行”举行系列文化活动，其任务在于深化国际社会人民的相互理解，“感知中国”系列活动走进中亚国家，浓郁地方特色的大型综艺演出《丝路情长》，给哈萨克斯坦民众带来包括京剧、川剧变脸、杂技、二胡演奏、中国功夫、豫剧表演、民族舞蹈等精彩节目。规模宏大的交流年活动，强化了国际人文交流合作。

二、海外传播平台，“走出去”新战略布局

品牌作为无形资产和重要的战略资源，在文化竞争力中举足轻重。文化品牌竞争力，是指通过品牌的影响力和号召力，有效提升该品牌文化和文化竞争的能力。“达沃斯论坛”或“冬季达沃斯”是世界经济论坛，对全球舆论具有重要影响，西方舆论称之为“非官方的国际经济最高级会议”。欧洲小城

“达沃斯”的国际地位与“世界经济论坛”构成不可或分，其创新性理念所包含的意义已约定俗成，它的全球性重大热点平台地位因论坛而蜚声世界。

（一）文化品牌全球竞争力

在20世纪70年代，美国哈佛大学毕业的瑞士商学院年轻教授克劳斯·施瓦布倡议，欧洲企业界为迎接国际市场和竞争挑战，举行一次非正式会晤，以制定发展战略和研讨管理方法，其创新性理念倡议得到当时欧共体委员会和欧洲工业家联合会支持，各国政府首脑以及主要国际组织的领袖出席达沃斯的“世界经济论坛”系列活动，包括达沃斯年会以及地区经济峰会；每年“达沃斯论坛”还与若干国家的政府或企业联合主办各种国际经济讨论会，使其成为全球政界和商界风云际会传播舞台。达沃斯冬季年会影响力全球瞩目，这一重大文化类活动使“达沃斯”与世界的关联度空前增强，并引发中国大连和天津的“夏季达沃斯”论坛。

（二）国际节展推动国际合作

著名电影节的综合实力和创新能力，电影活动的对外推广，欧洲重塑电影文化，诞生了全世界最多的电影节。欧洲电影节不再是好莱坞的附属，重新发现了自己的欧洲身份，在影视展会进行海外推广布展。柏林电影节和戛纳电影节等世界各大电影节，鼓励国际文化交流，电影节成为电影人进行文化自我表达的创新空间。

国际电影节不变的初心，通过高质量的展播展映、高峰论坛、评选扶持、市场交流等活动，展示世界电影多元文化，呈现世界最新电影技术，1960年，在埃及开罗举办的第2届亚非国际电影节上，杨丽坤荣获“最佳女演员银鹰奖”。《五朵金花》先后输往46个国家和地区放映，创下了当时中国电影在国外发行的最高纪录。《阿诗玛》于1982年获西班牙桑坦德第3届国际音乐舞蹈电影节最佳舞蹈片奖。《阿诗玛》1994年获文华大奖，并被确认为“20世纪经典”。

三、战略性互联互通，文化使者走入人心

国际电影电视节提供国际交流平台，承担了促进中外电影合作的使命。

面向世界，是电影节的进取和追求，“讲好中国故事，传播中国声音，展现中国国际影响力”，随着电影全球地位的日益崛起，海外观众对中国正发生的精彩故事产生好奇心，希望通过电影了解中国的国情民意。上海国际电影节拥有开阔的全球化视野，犹如一扇直面世界的窗口，在展现海外优秀文化的同时，建立中国文化共享平台，贯通电影文化输出交流线；作为金砖国家合作机制的重要文化活动创举，举办“金砖国家电影节”，中美、中俄、中英、中法、中加、中澳、中新、中日、中国-东盟十国、中国-中东欧十六国等十大品牌电影节，不断拓展电影对外国际发展空间，满足西方了解中国的需求，同时，也丰富了当地华人华侨的文化生活。

（一）全球大国责任，对世界文化发展引领作用

寻求不同文化之间的“最大公约数”，“一带一路”国家本身就有深厚的历史和文化渊源，能为电影节注入更多的文化基因。丝路国际电影节以“发展中的电影，多样性的文化”为主题，合作范围拓展到“丝绸之路”沿线多国，邀请罗马（意大利）、伊斯坦布尔（土耳其）、京都（日本）、庆州（韩国）、伊斯法罕（伊朗）、布哈拉（乌兹别克斯坦）等文化和电影学者共话丝路文明与电影，共商协同发展。

“国家圆桌”搭建走向世界的平台，上海国际电影节项目市场，在 2012 年与柏林电影节合拍片市场合作推出“国家圆桌”，柏林合拍片市场吸引德国、英国、加拿大、智利、以色列等国电影机构，带来诸多项目寻求合作。携手柏林电影节举办“国家圆桌”，项目参与方既有来自北美好莱坞等国的独立制片人，也有来自欧洲的各制作公司。

（二）参加国外公益性活动

将国际电影节打造成品牌活动，每年在海外不同地区举办。例如，首届中非国际电影节，来自中国、南非、博茨瓦纳、坦桑尼亚、加纳、纳米比亚、尼日利亚等国的电影展示产业成果，其中包括中国电影《一纸婚约》《别让妈妈流泪》《妹娃要过河》《大耳朵图图》和《世界上的另一个我》等持续放映，为国际观众带来华语电影盛宴。

举办电影节和发行电影，是一个整体方案的两个部分，目的都是为了扩大中国电影在国际上的影响，助推中国电影走向世界。由慕尼黑孔子学院主办的第 5 届德国慕尼黑华语电影节在德国南部城市慕尼黑隆重举行，在 1 周时间里，集中为慕尼黑观众呈现了 16 部华语电影。欧洲时报文化传媒集团于 2016 年创办德国中国电影节和意大利中国电影节，填补了在德国和意大利两个世界著名的国际电影节主办地没有常规中国电影节的空白。柏林自 2016 年起开始举办华语电影节，由《欧洲时报》和柏林新世纪文化公司主办，柏林勃兰登堡媒体联盟等承办，电影节也得到中国驻德国大使馆和柏林市政府的大力支持，之后，柏林华语电影节更是扩大到全德国范围，成为德国的中国电影节。

（三）文化的国际推广离不开商业推介手段

创新方法手段、拓展渠道平台，提升影视文化对外传播实效，例如，丝绸之路国际艺术节、丝绸之路国际电影节等平台，除了创新方法手段，扩大电影发行网络，使电影走向海外，形成规模、批量出海，还需要在海外市场专门做国产电影发行，进行海外发行。依靠海外推广公司等电影发行企业，例如，华人影业是华人文化基金的下属公司，它具有有雄厚的经济实力，是很多中国影片的海外发行方。但是，由于海外票房总体很难预期，发行成本过高，发行方风险较大，通过电影节推广促成合作成功案例较少，而海推公司在美国电影节、戛纳电影节、香港影视展虽都布展，但谈成可能性微乎其微，真正票房影响作用也很小。在诸多电影节中，国外公司前来洽谈的并不是一些主流制作公司，即使一些电影能够销售出海外版权，也不能在主流院线上映。

四、走出去，推出“全方位服务平台”

在海外城市放映，主要合作伙伴在海外，发行目标也在欧美市场，辅之以有影响力的主流院线合作，2016 年启动“中国电影，普天同映”全球发行平台，针对不同国家和地区制定策略，对接多个国家的主流院线，深度介入当地的发行行业，启动电影海外推广计划，诸如《西游记之孙悟空三打白骨精》《盗墓笔记》《陆垚知马俐》《拆弹专家》《悟空传》《战狼 2》等，国产电影与国际同期上映，实现了海外规模性发行。强化海外营销渠道建设，培育壮大影视制作与发行主体，提高国际竞争力，利用平台型商业新模式展示出文化的独特魅力，文化创意服务业的发展核心也涉及国际交易平台问题,中国电视剧通过韩国的电视台走进韩国,带动了韩国的"汉流"涌动。

国际影视节借办展走出去,海外贸易平台介入新型的商业模式,推出"全方位服务平台",走进海外市场,电影国际化的诸多尝试和合作,搭建影视节目对外贸易平台,实现中国电影和海外市场的无缝对接,组织国内影视机构以"中国联合展台"整体形象参与国际影视节展。在2017年,"中国联合展台"增加至12个,以扩大"中国联合展台"的影响力和品牌号召力,同时配套组织发布会、论坛、现场展映推介等活动;举办海外系列"电影周",提供一个接触中国文化的窗口,让海外了解当代中国,影视剧起着不可替代的重要作用。

(一) 自主建立海外庞大发行网络

海外票房主要掌握在海外发行商手上,借助于欧洲、美国背景的海外发行公司,是华语电影打入海外市场的成熟路线。香港一些大代理公司,往往由福克斯公司之类工作人员独立开设;凭借其强大的销售网络和人脉资源去做大陆电影的海外发行代理,在海外电影市场,通过当地的发行方建立中长期的宣发战略。如果国际化程度不高,海外销售渠道和网络建设相对滞后,借中间商之手几经辗转露面,打开欧美市场就更加艰难,在海外则面临着文化霸权和文化壁垒的挑战。华语电影在欧洲的市场还没有培育成型,法国观看华语电影的渠道很少,偶尔几部作品进院线,仅在几家艺术电影院来个"几日游",发行还难以成行。

开拓中国电影的欧洲市场,在海外市场实现规模性发行。《战狼2》的"旋风"在欧洲大陆持续,有规模地进入德国多家主流电影院线进行商业放映,欧洲时报和海汇润和(宁波)影视传媒有限公司合作,从《战狼2》海外发行方华人影业(CMC)拿到了包括德国、奥地利、荷兰和比利时等多个欧洲国家的发行权。影片海外发行渠道,欧美市场进入了电影人的发行视野,应当引导、鼓励、支持重点国有、民营企业建立以国际市场为导向的现代企业制度与运营模式,改变海外发行方式,提高国际竞争力。

(二) 对外拓展,自主建立海外院线

以"电影+"为主题,以利用自身的平台优势,广泛联系整个产业链和市场需求,增强影视文化产品和服务的国际市场拓展能力。在跨文化交流与传播中,将更多反映文化和风土人情的优秀影视作品,奉献给国际社会,影视走向世界的发行环节,充分强化产业链的这个先行环节,才能保证影视文化项目立于市场化竞争的优势地位。

在关键的海外市场输出资源,在产业链环节形成自己的全球发行网络,通过资本输出,扩大境外优质文化资产规模,鼓励企业通过新设、收购、合作等方式,在境外开展投资合作,建设国际营销网络,改善宣传发行渠道短缺的问题。民营影视机构连线海外市场,在 2012 年 5 月,博纳影业公司获得传媒大亨默多克旗下新闻集团的战略投资,成为第一家利用海外产业资本的民营电影公司,新闻集团用 6000 多万美元的战略投资收购博纳影业 19.9%的股份,成为其第二大股东。由于新闻集团在全球范围内影响力广泛,其投资及发行经验加速博纳的全球化战略。

电影业只有拥有属于自己的全球发行体系,才能真正参与到国际竞争中。万达通过自身雄厚的资金实力将海外院线整体收购,能拥有更为优势的话语权,在放映环节,对中国电影走出去带来变化。万达院线收购了美国第二大院线 AMC,拓宽了国产电影海外输送渠道。2012 年 5 月,万达集团宣布以 26 亿美元(包括承担 20 亿美元债务)的价格收购 AMC,交易完成后,万达成为全球第二大影院运营商。中国电影在美国上映拥有了发行渠道,当然,此类看法未免有些过于乐观,影院有自己经营运行的体系,万达拥有 AMC 的股权,未必有经营权,收购美国院线是战略投资行为。在美国有法律明确规定,发行方不允许涉及制作,否则被视为垄断。完善海外宣发渠道,也不太可能依靠占领终端的方式,将中国电影强加于海外观众。

(三) 缺乏长效性和持久力

从长远看,华语电影“走进欧洲”,缺乏长效性和持久力。在海外发行上映影片仍然面临巨大挑战,难以直面硬碰硬竞争,国产电影无法匹敌好莱坞的钢铁巨人,出口市场萎缩,曾经受欧债危机影响,海外片商特别在欧洲,诸如西班牙、希腊等国甚至停止进口中国电影,华语电影海外发行,票房依靠主要力量是海外华人,还需借助于好莱坞对“中国票房奇迹”噱头,持续报道吸引海外华人关注。而且,在国际主流大片中,讲什么,不讲什么,取舍中仍然会流露倾向性，一些电影创作叙述世界历史的事件，中国人的存在总被有意无意地淹没，艺术创作层面的背后问题仍然存在。

在国际电影市场，金融危机之后，全球电影产量下降，但是，由于“口红效应”，观众对于华语片电影需求不降反升，中国电影产量大，而且在欧美市场价格便宜，在海外电影市场展上受到礼遇，很多外国片商主动接触，海外电影发行公司补货，让华语片受益，具有一定的国际市场发行量。所谓“口红效应”是指一种有趣的经济现象，也叫“低价产品偏爱趋势”。在美国，每当经济不景气时，口红销量反而会直线上升。这是因为人们认为口红是比较廉价的消费品，在经济不景气时，人们仍然有强烈的消费欲望，会转而购买比较廉价的商品。口红作为一种“廉价的非必要之物”，可以对消费者起到一种“安慰”的作用。在 20 世纪 30 年代美国经济大萧条时期，“口红效应”经济理论首次被提出。

海外市场销售电影遭遇“小年”，在国际三大电影节屡次折戟。东南亚市场作为华语电影长期海外票房保障，近年渐次缩水，电影海外市场触礁，以美国市场为例，斥资 8000 万美元的《赤壁》仅入袋 62 万美元；会聚中日影星的《刀见笑》以 5 万美元创下华语电影北美发行的票房低谷，在海外市场的处境表明中国影片在国际电影市场传播方面相对较弱。

(四) 出口发行呈菱形分布

电影出品方对欧洲市场重视不够，缺少交易平台，片源保障不够；影视节目在海外新媒体平台上线的数量以及新媒体版权的交易价格有极大差距，在商业院线亮相，取得的票房佳绩的少，电影还没有真正走向世界。有关电影的国际认识度，海外“粉丝”有待积累。华语电影星光黯淡，华人演员和导演在海外鲜为人知，据权威调研显示，“完全没有看过中国电影”，英语观众占 32.3%，大多数欧美人对中国电影还相对陌生，认识不足，电影的欧美市场有待培育。

中国电影产品出口大致呈菱形结构，菱形顶端为少数走向世界主流市场的商业大片，《我们诞生在中国》在北美市场一周突破 1200 万美元，超过本土票房，《战狼 2》在澳大利亚悉尼、墨尔本等城市引发观影热潮，场场爆满，售票网站上电影票被一抢而空，影院售票处排长队买加场票，其中不乏外国人，外国合作方也积极做好发行,加班加点。在电影产品出口的菱形底端,是为通过国际电影节而销往海外的古装片艺术片。在国际电影市场的华语片交易,欧洲电影节选片人关注有传统文化的东西,在戛纳电影展销市场,欧洲买家来展台洽谈原生态、有中国本土特色电影故事,表现出对中华传统文化的浓厚兴趣。

第五章 文化政策鼓励创新，营商环境新优势

文化产业高速发展，我国每年增速在20%以上，促进文化经济驶入快车道。但是，由于在大文化行业中原创性匮乏，过去30多年，我国外贸发展以数量扩张和价格竞争为主，由于没有核心创意的产权，长期处于国际分工的中低端，国产电视剧《琅琊榜》《甄嬛传》在海外却只能以"白菜价"出售。由于文化产业发展的广度不够和深度不足，与其他产业关联度不强，导致产业链不全，文化产业也发展到了一个"瓶颈期"。国务院提出文化创意和设计服务与相关产业融合创新发展，有效破解文化产业发展的瓶颈，助力实现文化产业成为国民经济支柱性产业的目标。

一、"大文化"创新理念

服务于国家战略，具有全球发展视野，创新驱动发展战略与创新优势相结合，被誉为"创新国度"的瑞士，连续多年稳居"全球创新指数"榜首，实施深入的创新驱动发展战略，创新是瑞士最重要的特色，作为是中国唯一一个以创新为标志的战略伙伴，通过成立中瑞企业创新委员会，创新合作机制建设等一系列务实举措，建立新型伙伴关系，为瑞中关系的创新特性赋予全新内涵和外延。

（一）拥有丰富的人才，提高国民创意性

国家社会对文化创造力和创造型人才有更迫切的需求。自20世纪中期以来，世界经济结构发生深刻的变革，而各类新兴、门类繁多的服务部门蓬勃发展，现代新兴服务业愈来愈以承载专业知识、专业技能或信息为己任，也就

是说，“服务”产品本身在“知识化”和“信息化”；由于服务经济（Service Economy）是以人力资本基本生产要素形成的经济结构、增长方式和社会形态，瑞士对海外企业吸引力不断增强，成熟的跨国公司进入，瑞士的外来人口已达20%，给瑞士创新带来了新的力量。

在国外，创意产业的主体就是个体，文化和艺术的行业都是个体的行业。画家、作家、艺术家都是自由职业者，这就是“文化创意产业”的特点。个人的创造力与素养是整个文化创意产业的最关键环节，是产业链条的基础。太多的工作室、太多的新型公司，以及创新的平台、创业的平台，培养出大批创意人才。例如，韩国动画产业发达，在韩国民间有无数的动画工作室，研发动画卖给大公司，后者负责营销、包装、推广，围绕这些作品做进一步的开发推广，获得相当的利润。创意产业前期不需要资金，几乎完全是靠人的脑力资源，后期的推广与做大完全要依靠前期的创意产品，这些都依赖人的创造力。

现代新兴服务业也是我国进行产业结构调整升级的主要途径。经济学家罗伯特·福格尔2004年在其《经济增长性质的变革》一文中，高度评价了人力资本对现代经济增长的贡献。在服务经济时代，人力资本成为基本要素，人力资本成为经济增长的主要来源。因此，服务经济增长主要取决于人口数量和教育水平，美国是人口数量较大、教育水平较高的国家，自然成为服务经济时代的大国，其发展水平远远高于世界其他国家。

培育新型文化业态，将创意经济理解为“人本”资源配置，通过创意配置资源，主要指根据主观创意和天才来重组资源。帕森斯学院是世界领先的时尚设计学院，将技术、企业、人文设计与艺术结合在一起，“脑力”“创意”密集型产业助推创意经济，英国音乐剧《妈妈咪呀》成功发掘创意人才，驻场演出的空间将大大拓展，全球多地文化市场涌现出蓬勃的生机和活力，3D电影《霸王别姬》荣获“2015创意艺术奖·金卢米埃尔奖”，而全球仅有10位的“联合国教科文组织创意设计新锐奖”，被岸峰设计创意总监谢春雷荣获；拿出有说服力、有影响力的成果，拿出叫座又叫好的作品，《魔笛》剧目进行动画及影像创作和实验，前后花了两年时间。

（二）提供高质量创新艺术作品

在发展文化创意产业方面有得天独厚的有利条件，东西文化汇聚，创意人才辈出，力推原创新作，扶持优秀青年艺术人才，结合了政府、教学、研究、产业各方资源，将帮助有潜力的艺校毕业生迅速成长为能够独当一面的青年艺术家，打造高品质又紧贴时代脉搏的作品，并将优秀人才和作品与各大舞台嫁接。

国家话剧院专为青年人才开展戏剧实验而设的小剧场。英国国家剧院也曾设立这样的实验工坊，20 多年后，创造出了《战马》《深夜小狗离奇事件》等多部拓展了戏剧边界的新作，赢得英国青年一代对戏剧的喜爱。实验工坊位于国家剧院 1 千米之外，自 20 世纪 80 年代成立以来，这里就像一个“秘密兵库”，做文艺创作助推器，这里曾经有过 6 个创意齐头并进的场景，诞生了不少让人眼前一亮的作品。

二、创新型国家文化建设

政府增强服务意识，拿出一套政策、一套规章来，使各个阶层，各个部门都能够参与到这样的一种政策环境中，阿根廷政府鼓励创意设计产业发展，包括倾斜性的政策指导跨部门协调统一，在组织结构上能够协调到一个高度。政府大力支持，印度政府建立一个全国创意经济协调委员会，把文化部、贸易部、工业部、投资部等各种各样的部门统统协调起来。

(一) 政策优先战略

在政策的执行当中，具有优先战略。印度孟买发展创意文化，政府在政策方面给予支持，政策优先事项，包括文化贸易、推出项目计划、现场的表演戏剧、音乐等。政府和社会各方都对于发展文化起到推动作用，土耳其拥有国家文化的回顾项目，在 2007 年有法案通过，支持各种各样的机构，特别支持各类机构的文化创意大发展。

加大政府预算，积极推动创意设计产业与其他产业的融合，同时，积极吸引社会资金投资创意设计产业。各级政府努力为中小特色文化企业提供全方位服务，建立包括投融资服务、贸易合作、信息发布、公共技术支撑、人才培养等功能在内的特色文化产业综合服务平台。国外对原创设计师，也有不少扶持政策，政府在这一领域下了很大力气，法国马赛有一条街，专门留给设计师开店，店铺每个月只收很少的税收，并提供稳定的房租。如果第一年设计师能活下来，第二年再递增租金。又比如，在伦敦作时装秀，伦敦市政府规定，设计师第一次在这里作秀的模特费、场地费都可以打折扣，到了第二年、第三年再慢慢递增。

增强政府服务意识，借鉴“创意英格兰”等成功经验，完善产业融合公共服务体系，建立公共信息服务数据资源共享和分级管理机制。搭建高效的政府公共信息服务平台，加快智慧旅游和创意城市发展，促进旅游、创意与互联网的融合创新，运用基于云计算的技术变革为产业融合政策发布、信息咨询以及全面沟通交流等提供迅捷的公共信息服务。加强对产业融合项目的监督引导。

（二）创设产业融合投融资平台

积极发挥财政杠杆作用，例如，西方的一些功能性的基金，包括 2004 年的“丹麦国家高级技术基金会”，以及 2006 年成立的“丹麦增长基金会”也加入这个创新的平台，前者通过在高科技领域进行风险投资，推动丹麦经济的高科技导向，后者则为区域和地方性的中小企业的发展提供支持。在 2013 年，丹麦主要政党达成共识，即通过合并已有的三个组织(科技和创新委员会、战略研究委员会以及先进科技委员会)，成立一个大型的“丹麦创新基金会”，这个新的机制拥有自己的独立董事会，预算年度金额计划达到 15 亿丹麦克朗。

创设产业融合投融资平台，通过国家财政激励和补贴机制加强对产业融合项目的监督和引导，积极拓宽投融资渠道，鼓励引导风险投资基金、私募股权基金进入文化创意旅游投资领域。关注文化创意旅游小微企业融资困境，为小微企业度身定制金融服务产品，实行贷款审批绿色通道制度。建立健全融资担保体系，鼓励各类社会机构以多种形式参与产业融合的融资担保，打造多主体产业融合担保体系。

带动金融资本进入特色文化产业，创新金融税收支持模式，加大财政专项资金支持，对符合条件的特色文化企业在贷款贴息、保费补贴等方面予以支持，积极鼓励引导风险资本、股权资本进入特色文化产业领域，推动特色文化企业的发展，破解特色文化产业发展中面临的资金瓶颈。西方国家各级政府努力为中小特色文化企业提供全方位服务，建立包括投融资服务、贸易合作、信息发布、公共技术支撑、人才培养等功能在内的特色文化产业综合服务平台，在此方面，芬兰十分重视发挥公共研究组织的作用。

三、大格局思维造就新境界

创新驱动发展战略，各国文化企业、政府都抓住历史机遇，进一步加深在平台、资源、人才、政策等各个层面的互联互通，共同推动创新发展。芬兰创新成功的关键即在于整个社会的开放性，对奇思妙想的包容度，将古灵精怪的奇思妙想融入文教、体育和旅游等服务设施中，支持创意产业的发展。

政策供给的目的是要为众创空间发展营造良好的制度、技术和创新文化土壤，激发平台的创新活力。设计理念创业创新，会催生出更多思维活跃的创客，还会催生新的文化业态。随着工业的场地空间轻易地被改造成艺术工作室，DUMBO 区经历了巨大的变革，DUMBO 艺术节以三天的联谊家庭表演，以及开放的艺术工作室以及陈列室为殊荣，吸引了许多的艺术爱好者和创想家。

(一) 创新制度设计

通过合理的制度设计，才能使国际化成为发展的持续驱动力，强势推动创科发展，以“创新”“创意”开启新一轮发展航程。香港特区政府联合国家网信办、中国互联网发展基金会等，为创客们度身打造了颇具规模的“国际创客节”，帮助香港年轻人连接海内外资源、发掘行业机遇，特区政府推出多项有关科技研发、创业支援等政策，政府政策有如源头活水，自 2013 年起，特区政府陆续推出“创新科技基金”“大学科技初创企业资助计划”“香港青年创业培育计划”。

在众创空间的发展中，政府应该坚持市场主导的原则，其作用主要体现在政策支持、组织协调、公共服务供给等方面。众创空间的政策供给应有所针对，除了统筹布局、平台建设之外，简政放权迈向纵深，松绑减负做减法，扶持创新创业做加法，点燃创新这一发展的新引擎，也成为文化发展新战略的重要组成部分。

要完善创新创业政策体系、制度体系和科技支撑服务体系，在制定和促进众创空间发展相关政策时，要树立系统思维，立足创新创业生态圈建设众创空间平台，推动发展格局优化、发展空间拓展，众创空间的产生和发展本质上还是市场行为，要以政府为主导，创新财税支持政策，扶持和培育民营资本投入的众创空间，进行精细化管理。政府有关部门在政策上给予支持。在2014年3月，国务院发布《关于推进文化创意和设计服务与相关产业融合发展的若干意见》，将进一步促进文化、艺术、创意设计等文化创意产业与旅游休闲、时尚服务、工业制造等特色经济领域的融合发展，由此带动产业升级和价值增值，促进文化与传媒、会展、旅游等业态融合发展，使综合拉动作用更加突出。

（二）文化“走出去”创新

作为世界上人口最多、经济增速最快、利用外资最多的国家，我国坚持自主发展的同时努力汲取不同文明的积极要素、优秀成果，以开放心态积极学习借鉴其他文化的优秀成果，对一些文明的优势特性进行合理借鉴和创造性运用，不断创造出许多新的价值元素，并使之具有鲜明的多维综合又创新的特征，伦敦“百分百设计展”中国馆、深圳（爱丁堡）国际创意产业孵化中心启用式等一系列活动，推动中英在文化创意产业领域的交流与合作。

文化是推进对外经济发展的引擎，开拓文化创意产业的国际市场，使新发展理念贯穿于各领域、全过程，推动战略性新兴产业、高端装备制造业、消费品产业向“智能型制造、服务型制造”方向发展。2015年工博会设计创新展展出工业设计、数字化创新、产品创新三大主题1000余件展品，同步举办的“创新＋智造”设计论坛，展现文化创意和设计服务在制造业转型升级和“四新”经济发展中的创造力和驱动力，在2015年，上海创博会汇集1000余种智能硬件，展现文创与制造业、科技融合发展成果。

敢于走出去创新，在国际市场竞争中开拓发展空间，创新还贵在独辟蹊径，文化产品创造是观念和手段相结合、内容和形式相融合的深度创新，各种艺术要素和技术要素的集成，是胸怀和创意的对接。文化产品的生产者一定要了解文化创意的重要性，文化消费产品创意提升的第一步就是要充分挖掘文化内涵，文化内涵并非高高在上的宏大叙事，它完全可以是细微精巧的文化元素，需要奇思妙想的创意和精益求精的打磨，文化消费市场的供给者应认真研判当前主要消费群体的审美和需求，并将其与文化元素有效对接，用富有新意和心意的设计丰富产品的趣味性、实用性和观赏性，打造出卖点十足、独一无二的特色文化产品。

每一件产品都有文化的质地。云南省著名商标“园角刺绣”产品融合了民间传统刺绣、剪纸艺术、傣族、阿昌族等少数民族工艺，以及缅甸、泰国等东南亚国家的刺绣技术和图案造型等多种艺术，精致美观，独具特色，产品畅销西部省区和缅甸、越南等周边国家。特色文化资源得到有效保护并实现创造性转化，现代科技、知识产权得到了广泛开发和运用，文化渗透于其他各行业，还能够形成一批创新性发展的特色文化企业。

四、交流与互鉴：推进区域文化共赢发展

在全球传播、文化创新的形势下，服务国家总体战略大局，自觉贴近文化外交大局，主动设置议题，统筹谋划，需要构建自己的叙事框架，在跨文化交流互动中强调自己的文化特性。亚洲各国都有独特的传统文化优势，形成亚洲文化多元、多样的特色，分别针对东南亚市场和欧美市场研发，分工合作，延伸产业链，发挥各地优势，走差异化发展道路，使最新的文化创意走向市场。差异化的新格局，增强了文化创意产业的国际竞争力。

用文化来增进了解和共识，沟通信息和感情，提升人类的文化关怀，亚洲各国更应加大文化交流与合作。中韩是亚洲重要国家和世界主要经济体，由于地缘相近，优势互补，近年来经济合作逐步深化，人文交流更加密切，真正把两国文化的精粹、民族的思想财富介绍给对方，促进两国人民在精神上相互理解和沟通，开拓国际市场。

创新对外文化传播和表达中华文化的话语方式，提炼出贴切描述中国道路、反映中国力量、表达中国精神的中国话语，既提高了我国文化的海外输出，也提高了我国文化经济发展的综合水平。中外以各自的创新精神发展国际合作，国民更多互访，了解对方国家的历史文化和传统风俗，在对外文化交流传播中，创造更多的原创性话题，增加人文含量。早在1954年，越剧前辈艺术家徐玉兰、王文娟就曾将《春香传》搬上了越剧舞台，轰动一时，至今传唱。2000年，在中日韩BECETO戏剧节上，浙江小百花越剧团排演的《春香传》片

段曾与韩国唱剧、日本歌舞伎共同完成了一次精彩的艺术呈现，被当地媒体盛赞“越剧拥有柳枝般的美丽”。

发展“创造经济”孕育新增长点，韩国在推动文化创意产业的发展以来，政府进行了大力扶持，设立了文化产业局，1999年通过了《文化产业促进法》，到21世纪初，韩国文化产业已呈爆发式生长态势，文化市场进入繁盛时期，注重国际市场，韩剧《太阳的后裔》在中国卖出高价，如果将出口带动效果以美元折算，韩国文化产业出口每增加100美元，就能使韩国商品出口增加412美元，每100万美元的文化产业出口，就会带动14～15个人就业，产生“多倍效应”，好的文化消费产品，在赚取海外观众大量眼泪的同时，还赚取了大笔的外汇。

第六章
"文化+"突破性创新，提高产品文化附加值

文化元素要与产品设计嫁接好，创意融合，通过创新供给激活需求，创新文化产品，可以看到"文化+"模式的活力和魅力。"文化+创意""文化+科技""文化+养生""文化+体育""文化+金融""文化+旅游"等跨界合作与融合发展引领，行业涉及文化艺术、广电影视、新闻出版、文化科技、创意设计、文化旅游、文化金融等文化产业的多个领域，代表着文化产业与其他产业融合发展的良好态势。

一、创意设计文化性、创新性、实用性和综合性

在"文化+"引领下，以文化为基因，以创意为翅膀将整体优势、整合优势与打造精品相结合。创新这种生产力往往是一个产品或行业最核心的价值，文化思维中的创意元素将为创新提供思路，不仅局限于文化产业，文化创意也为各行各业贡献许多奇思妙想，例如，在梅赛德斯奔驰时尚周，世界顶级设计师发布其春季新款，安排各色宴会，好莱坞、体育界和模特界的时尚名流闻风而动，前来观赏，让我们也可与他们一起领略时尚魅力。

文化元素的创意挖掘，刚果是非洲文化的中心，也是文化大国，有世界最悠久的文化——班图文化。刚果文化在文学、绘画、雕塑、音乐、烹饪以及先哲寓言等方面都享有巨大成就，有着深厚的文化资源，刚果文化是非洲文化对外的重要名片，坚持和弘扬优秀文化传统，尊重世界各国的优秀文化成果，展示经典文化是国与国之间的文化合作与交流的重要内容。

(一) 文化性,时尚创意的源泉

突出文化性,凸显创意产品对文化需求的多元“文化层次”的关怀与满足,产品的主题越鲜明,就越有利于创意主体分层次、多视角地进行展示和设计,通过强化、充实、剪裁、协调、烘托等创意手法的运用,使其内涵得到充分发挥,创造出层次丰富而深刻的文化体验产品。传统文化是时尚创意的源泉,要保持源泉的活力首先要依靠创新。

阿根廷探戈舞更加具有观赏性和艺术性,探戈除原有的感性和感情外,亦非常讲究绚烂、高超的舞蹈技巧和视觉感官效果。享有“阿根廷国宝”之美誉的阿根廷探戈舞蹈团,以其原汁原味的独特风格,呈现了激情洋溢、特色鲜明的阿根廷探戈舞蹈表演,其演出足迹已遍布全球每一个角落。令人陶醉的拉丁风格,受到观众的热烈追捧,在世界舞台上绽放耀眼光芒。

探戈舞出无限创意,南美独有的热情的音乐与绚丽激情的探戈完美交融,其魅力使欧美亚澳各国观众无不为之动情忘怀。由阿根廷探戈舞蹈团带来的《激情探戈》在北京国家大剧院震撼上演,华丽优雅的舞步,高超的舞蹈技巧,热情缠绵的音乐,绚丽夺目的灯光,为观众献上最华丽奔放的激情探戈盛宴,使北京的观众可以近距离领略正宗的探戈的魅力。舞剧这门艺术形式,在海外有100年历史,除古典剧目外,海外新创的舞剧全剧展开人性的探索,编舞者有其鲜明的个人创作风格,阿根廷探戈就是一种把忧伤、愤怒、奔放、激情与音乐和舞蹈艺术凝练在同一时空之中的舞步,在艺术创作基础上,融入了高超的艺术性表演,将其带向了国际舞台。

地方富有历史韵味的传统文化,从原先的民族国家现代化话语的边缘被上升为一种能够转化为经济资本的文化资本,并且日益商品化。在这一商品化的过程中,传统文化才有可能在现代性话语中获取合法地位,进而获得广泛的社会声誉,提高文化在社会符号等级体系中的位置。阿根廷探戈一直被守护为阿根廷人的国粹,阿根廷国的文化形象代表——探戈舞表演是全阿根廷的骄傲。

作为阿根廷人为之骄傲的文化元素,探戈被创意包装之后,成为激活文化创意产业的重要原动力。这个位于南美洲南部的国家,作为世界探戈舞种之首,探戈几乎是所有的代表性文化符号。阿根廷探戈国际化,让世界大开眼界,美国的前总统奥巴马也在阿根廷的国宴上跳起了探戈。莫拉·戈多伊是美国好莱坞签约的“探戈女王”，她创作的《阿根廷探戈》《探戈女郎》等剧目征服了世界各国观众。作为阿根廷的国宝，探戈也于2009年被联合国教科文组织列入世界非物质文化遗产，在全球多地文化市场中，涌现出蓬勃的生机和活力，不管是美国的百老汇还是非洲街头的酒吧间，都能随时看到它的身影，文化创意在促进地方经济发展，塑造国际形象方面发挥重要作用。

（二）整合优势配合精品打造

发挥全球创意产业对经济和社会的推动作用，实现从传统的单一文化产品到多元、现代的文化产业转型升级，既拓宽了文化产业的覆盖面与内涵深度，又增加了产业附加值与竞争力。增强消费在文化经济发展中的基础作用，用创意创新推动文化消费，增加海外文化产业发展深度和广度。美国大都会博物馆打造人气展馆，在博物馆商店有各类创意衍生品近2万种，让人们可以找到游览博物馆时看到的所有重要展品的身影，这些衍生品拥有独一无二的创意设计，制作和包装相当精美。在占地面积5000平方米的大型商店中，销售的书籍种类超过6000种，这些种类和数量繁多的商品都以馆藏文物为模板，使商店的展陈风格与博物馆融为一体，成为最受欢迎的“展厅”。

文化产业作为一种特殊的文化形态和特殊的经济形态，影响了人民对文化产业本质的把握，不同国家从不同角度看文化产业有不同的理解。文化产业，这一术语产生于20世纪初，最初出现在霍克海默和阿多诺合著的《启蒙辩证法》一书之中，它的英语名称为Culture Industry，可以译为文化工业，也可以译为文化产业。联合国教科文组织关于文化产业的定义如下：文化产业就是按照工业标准，生产、再生产、储存以及分配文化产品和服务的一系列活动。这是从文化产品的工业标准化生产、流通、分配、消费的角度进行界定。

文化创意其实是一大串产业链链条的前端，其产业链的延伸主要体现在纵向延伸（规模数量分工）和横向延伸（空间扩展分工）。以“文化”为核心，不断创新，打造出集聚文化旅游、文化节庆、文化演艺、文化艺术、文化科技、文化相关产品制造等业务板块的文化产业集群，延伸产业链，形成文化产业多维布局集群。通过“文化＋科技”“文化＋创意”“文化＋贸易”“文化＋金融”“文化＋旅游”的多元融合，丰富文化产业业态，激活产业生命力。

二、统筹协调,创新开拓

文化创意和设计服务与相关产业融合发展。以各地特色文化和文化创意为根基,文化与科技、金融、旅游等实现深度融合,展现了“文化+”的活力和魅力。对于不同类型的主题公园来说,主题文化要创新,产品功能要创新,表现手法也要创新。主题乐园要保持长盛不衰,就必须不断创新游乐项目,以满足市场的需求。凡是成功的主题公园,在运营过程中都很注重推陈出新,在新产品的研究开发上投入大量的资金。例如,迪士尼每年都要淘汰1/3的硬件设备,新建1/3的新概念项目,使游客常玩常新,也因此被誉为“永远建不完的迪士尼”。

主题公园指根据特定主题,采用现代技术和多层次活动,集娱乐、休闲和服务接待于一体的旅游场所,也就是人们常说的人造景区。作为文化旅游产品和旅游场景之一的乐天世界是融娱乐与文化于一体的超级娱乐城,地处市中心,是韩国最新奇、刺激的代表主题公园。1989年7月12日开业的“乐天世界”是已被载入吉尼斯世界纪录的世界最大室内主题公园,同美国迪士尼乐园一样被称为世界级的主题公园。乐天世界位于首尔市中心,其主题公园有惊险的娱乐设施、凉爽的溜冰场、巨大的散心湖、各种表演场、民俗博物馆等集娱乐参观于一体的娱乐场所,除了主题公园外,乐天世界还有百货商店、饭店、免税店、大型折价商场、体育中心等,它是一座名副其实的城中之城。

三、历史文化资源品牌创新

民族文化资源的富矿,储存着文艺创作取之不尽、用之不竭的源泉原料。文艺的高峰深深扎根于广袤而深厚的文化土壤之中,加强对少数民族文化这一重要文化瑰宝的挖掘与整理、保护与传承,在充分吸收丰厚滋养中、在描绘跨越发展的万千气象中,创作出更多具有浓郁时代气息和鲜明民族风格的文艺作品。

（一）挖掘文化资源优势

文化感召力首先取决于其内容是否具有独特魅力，文化内容建设丰富多彩，精心打造以地域文化为核心的旅游景点和观光线路，推出实景演出等文化旅游项目和各类文化活动，既有效地传承了独具特色的地域文化，又显著提升了地域文化旅游的知名度和感染力。文化旅游目的地品牌的推出，顺应了现代旅游市场发展的趋势，有些还拥有丰富的演艺资源，创造性开拓了文化旅游演艺这一新型业态。

（二）文化旅游演出的独特魅力

旅游与文化创意的有机结合，可促进文化传承保护、利于文化价值提升、推动文化资源保护和优化，使文化焕发出独特的魅力。而旅游业的发展需整合具有鲜明特色的文化资源，旅游文化演出借由文化创意产业来驱动，对环境破坏最少，产生的效益辐射范围却最大，是旅游业与文化创意互动融合的最佳经济模式。用文化创意激活旅游资源潜在价值，以本地旅游资源为依托，注入更多的民族文化内涵，旅游吸引物是旅游业生命力之所在。

创意性的吸引物增强感召力，文化旅游开拓深耕细作，以文化为核心，围绕文化主线打造创意性旅游项目，实现人气聚集，引爆区域，打造对旅游市场的持续吸引力。行业内公认，文化演出的直接受益与其对周边相关产业带动效益的比率为1∶7。创意和旅游资源融合得非常好，可以取得意料之外的产业发展效果，带动周边住宿、餐饮、交通、纪念品等一系列领域的效益。

（三）历史文化的创新力量

用创意挖掘民族文化旅游资源，对已经开发利用的民族文化资源做更深层文化价值的探索、研究以及创造性整合，达到优化旅游资源组合的目的。在挖掘整理的基础上突出民族味、亲切度，筛选出核心文化价值，围绕核心价值开发出层次性、系列化和高品位的文化旅游产品，重塑民族文化旅游产品和产业品牌形象。中国主题公园的优势在于中华有几千年的文明，文化的不可复制性决定了主题公园旺盛的生命力。走进泰安市的太阳部落，各大主体建筑都带有大汶口文化的独特符号，还有专门场馆介绍并展示大汶口文化的历史和文物，显出一种“人从哪里来”的厚重感。

总之，旅游产品的主题越鲜明，就越有利于创意主体分层次、多视角地进行展示和设计，通过强化、充实、剪裁、协调、烘托等创意手法，使其内涵得到充分发挥，凸显创意旅游产品对文化旅游需求的多元“文化层次”的关怀与满足，为旅游者创造出层次丰富而深刻的旅游体验。提升旅游发展文化内涵，精心打造以地域文化为核心的旅游景点和观光线路，推出实景演出等文化旅游项目和各类文化活动，既有效地传承了独具特色的地域文化，又显著提升了地域文化旅游的知名度和感染力。

（四）创意旅游综合体

主题公园型创意旅游综合体是一种人造旅游吸引物，所以，在对外传播上，国外主题公园品牌形象广告投入多，品牌隐性信息多，情感切入的方式受欢迎。赶场创意市集为重要休闲方式和新的旅游吸引物，是以自然资源和人文资源的一个或多个特定的主题，实施文化引领工程，提升旅游文化内涵，策划旅游主题和项目，“中国式主题公园”从文化理念、主题创新、服务标准、绿色发展等角度来设计的，主题公园需要主题，有了主题有文化，有了文化又有独特性。一个主题公园设计有没有发展潜力，有没有生命力，其蕴涵的文化内涵起着非常重要的作用，主题公园要“突围”，旅游与文化创意融合，必须实现文化的引领，注重项目的独特性和服务的创新，布局主题公园，将旅游业和文化紧密地糅合在一起。中国太阳部落利用历史文化和地缘优势、实现大汶口文化和泰山文化的结合。

推动文化资源产业化，汲取历史文化的力量，让文化遗产释放更大潜能，每个民族都有自己独特的历史道路，形成了独特的历史素质和思维方式，唯有认同自己民族的历史文化，在消费社会和商品化过程中，历史文化遗产也可成为创新资源和价值源泉，并外化为时尚。太阳部落依托大汶口文化，用现代声、光、电技术等表现40余个主题，有女娲补天、后羿射日、共工愤怒、祝融怒火等神话复原；有时光穿越、梦回大汶口、洪荒探秘、洪荒历险、金乌古镇、丛林狩猎、盘古狂叫等游乐项目；还根据考古文献，复原了5000年前古村部落的生活情景，各种方形的、圆形的土坯房内，陈列着石斧、石铲、石刀以及骨角制的锄、鱼镖、鱼钩，陶制的鼎、觚形杯、壶等。在这里，可以放飞对中华民族祖先的遐想，还可以体验现代科技“超级波澜翻滚”“双塔跳楼机”“超高型飓风飞椅”的惊险刺激。

文化旅游目的地品牌的创新，针对每个地方的历史文化资源进行深入挖掘，促进旅游融合多元手段，派生出更多触角，探索进入新的领域，实现产业的健康可持续发展。旅游业是一种资源依托型产业，是建立在或实或虚的旅游“资源”基础之上。用创意挖掘民族文化旅游资源，既包括对遗失于现实生活，具有旅游开发价值资源的抢救、整理与呈现，也包括对已经开发利用的民族文化资源做更深层文化价值的探索、研究以及创造性整合，达到优化旅游资源组合的目的。在挖掘整理的基础上突出民族味、亲切度，筛选出核心文化价值，侧重于可视文化载体全方位的展示、侧重于其互动性价值的充分发挥、侧重于旅游者心境体验的满足，重要的是围绕核心价值开发出层次性、系列化和高品位的文化旅游产品，重塑民族文化旅游产品和产业品牌形象。

四、创意旅游，价值链融合与延伸

文化创意与旅游业的互动，是通过对各自产业价值链上的价值进行细分，识别出价值的优劣势，借助于文化创意者的智慧和新的技术手段，以产业之间价值链融合或延伸的方式，进入彼此的传统产业领域，再结合其内部价值对两大产业价值活动进行优化重组、整合及创新，最终整合而成的涵盖两大产业核心价值的新价值链。因此，文化创意与旅游业的互动本质是文化和创意对旅游业价值链的渗透、辐射和延伸，促使旅游产业价值链增值和增殖，以实现资源、文化、生态、经济和社会的可持续发展。

深圳华强文化科技集团，将中国首个自主品牌的主题公园整体输出海外。文化旅游的过程就是旅游者对旅游资源文化内涵进行体验的过程。主题公园是为了满足旅游者多样化休闲娱乐需求和选择而建造的一种具有创意性活动方式的现代旅游场所，它是根据特定的主题创意，主要以文化复制、文化移植、文化陈列以及高新技术等手段、以虚拟环境塑造与园林环境为载体来迎合消费者的好奇心、以主题情节贯穿整个游乐项目的休闲娱乐活动空间。现代游客追求的娱乐模式是，不仅要有身体的感官体验，还要有心灵的精神体验，从这个层面上看，独特的文化内涵也是吸引游客的核心因素。“创意”是文化旅游的核心。创意的本质在于寻求特色和差异，与旅游的本质一致。

创造增值产品，增强核心竞争力

随着社会的发展和人们对文化旅游品位要求的提升，当今旅游整体环境的策划、设计打造就更应注重文化和人文内涵的挖掘，提升游客在旅游的同时得到的精神和心灵的体验和感受。这便要求整个旅游环境要有新的表现方式，要发展创意文化，进行文化创新；要创新思想，打造创意精品，成为对外文化推广的靓丽名片，使整个旅游环境处处有创意，景景显文化，以支撑地方旅游精品，用创意创造文化旅游产品，主要从以下3个方面入手：

1. 选准切入点，突出产品的层次性；
2. 提炼主题，突出产品的系列性；
3. 丰富文化内涵，突出产品的高品位性。

五、创意营造，提高文化吸引力

依托文化创意实现搬运效应，绿维创景认为，旅游是“搬运”，通过搬运游客，搬运消费能力，形成消费聚集、人群聚集、产业聚集。用创意引领旅游消费，升级消费结构，增强旅游时尚。一方面，创意旅游可以提高旅游产品消费中文化的含量，有助于推动消费方式的转变和消费结构的升级；另一方面，旅游消费具有层次性，创意旅游可以激发旅游者的潜在消费欲望，提升消费层次，拓展消费空间。人们对商品或服务中所包含的一些无形附加物，如品位、感受、感觉、情趣、意味等更易产生“共鸣”与认同并大力追求。这对吸引消费需求与地方经济发展之间的良性循环起着重要的作用，有助于进一步促进旅游业结构的优化和升级。

(一) 文化创意旅游：从规模到品质

文化创意旅游是高度融合的业态形式。面对旅游市场的变局，旅游景区转型一方面需要从单纯的门票收入向融吃、住、行、游、购、娱于一体的综合方向转变，更重要的是增加文化创意设计服务、提升文化内涵，用文化留住游客。文化创意与旅游业的互动，便是用文化创意激活旅游资源潜在价值，用文化创意引领旅游业的发展，并坚持以本地旅游资源为依托，注入更多的民族文化内涵，将文化与旅游深度结合，打造出更具文化内涵和极佳游客体验的新型文化旅游产品。

创意旅游是世界跨入知识经济时代、旅游产业适应市场需求新变化，旅游产品实现成功创新的产物。创意旅游就是利用创意产业的思维方式和创造模式整合旅游资源，创新旅游产品，锻造旅游产业链，形成全新旅游发展模式。创意旅游的特点：强调对旅游消费潮流的引领和塑造，强调各类资源的多维整合，把相关资源有机整合在一起；强调对未来文化遗产的创造，在保护和传承历史文化遗产的同时不断进行创新，为后代创造新的文化遗产；打造旅游产业拓展和延伸的产业链，实现可持续发展。

（二）创意旅游经济的全球服务意识

优化信用卡结算环境，为游客提供更加便捷的全球旅行环境，展开网上收单业务，在线票务等新形态，银联“闪付”首次走出亚洲，银联创新产品和服务的跨境应用，银联国际与澳新银行在墨尔本共同宣布，澳新银行将开通旗下所有在澳大利亚的 ATM 机和商户受理银联卡（卡号以 62 开头），不仅全面支持银联芯片卡，还率先实现澳大利亚市场的银联“闪付”受理，当地最大的百货集团 Myer 则成为澳大利亚首家提供银联“闪付”服务的商户。

（三）多种创新“闪付”，服务不同需求

银联国际加快创新产品和服务的跨境使用，在网上支付、非接支付、移动支付等各个领域全面发力。在港澳、韩国、中国台湾地区等银联卡业务较成熟的国家和地区加快创新步伐，银联国际率先打造东北亚市场创新“示范区”。多种创新服务不同需求，银联“闪付”是一种创新产品，可在非接终端的感应识别区“拍”卡秒付，澳新银行开通受理银联卡的商户都将支持银联“闪付”服务，这也是银联“闪付”落地澳大利亚，首次落地亚洲以外市场。不但实现了银联芯片卡的非接支付，还支持银联 HCE 功能的移动支付。可在澳大利亚、韩国，以及中国香港、澳门、台湾地区逾万家商户实现“拍”卡支付。

银联卡跨境网上支付服务范围也在不断扩大。境外 1000 万家知名网上商户均可用银联卡跨境直购，不仅满足消费者的跨境购物需求，近期还新增亚洲航空、埃塞俄比亚航空、中国台湾地区高铁等官网受理银联卡，为持卡人的日常出行提供支付便利。同时,银联国际推出银联海购平台“Shop The World”,这个平台为持卡人提供商品推荐、语言翻译(中英、中日、中韩)、商户导购、消费返现、物流转运等贴心服务,进一步提升银联卡持卡人的网购体验,实现“足不出户,购遍全球”。

(四) 为全球消费者做好支付服务

“打造具有全球影响力的开放式平台型综合支付服务商”。要成为全球有影响力的支付公司,国际银行卡组织无一例外走的都是国际化发展道路。通过国际化,这些机构做大了业务规模,充分发挥了平台经济的效应,坚持国际化战略不动摇,将银联建成了“全球网络、国际品牌”。银联业务发展迅速,正逐步成为具有影响力的国际卡组织,向海外拓展的步伐也不断加快。

当下在韩国,消费者已经可以通过手机、平板电脑等移动终端登录新罗免税店等商户的客户端进行远程购物。在中国台湾地区和巴基斯坦,银联国际推出 mPOS 收单服务,方便当地小微商户以低成本、高安全性的方式受理银联卡。银联国际还与韩国“T—Money”交通卡在交通应用及小额非接领域开展合作,将推出符合移动支付潮流、兼顾便利性和安全性的支付产品,免去游客购买或领取“T—Money 卡”、充值、退卡等诸多环节,大大提升旅行中的支付体验。实现银联全球受理网络基本覆盖,最新数据显示,银联卡全球受理网络已延伸到境外 150 多个国家和地区,全球受理商户数超过 2600 万户、ATM 机 180 万台。全球发行银联卡已超过 50 亿张,境外 40 个国家和地区发行了银联卡。银联不仅是中国人出境首选支付品牌,也逐步成为越来越多亚洲及世界其他区域持卡人青睐的用卡选择。

(五) 差异化全球核心竞争优势

抓住支付技术创新与产业升级的契机,加快国际业务的创新发展,建立自身差异化竞争优势。例如,随着银联芯片卡的大规模发行,澳门、韩国、中国台湾地区等地的银联“闪付”受理点不断扩大,覆盖超市便利店、咖啡店、餐厅、公共交通、停车场及药店等众多小额日常消费领域,东北亚“闪付”商圈正逐步形成。在韩国,跨境移动支付可以让消费者通过手机、平板电脑等移动终端在新罗免税店等商户的 APP 远程购物。在中国台湾地区,银联与合作机构一起推出 mPOS 业务，让持卡人在当地特色小吃店、夜市商圈、外卖等中小微商户消费时也可以便利用卡。

（六）移动支付走向全球市场

引入中国移动支付方式非常重要，用手机消费，接入支付宝后，可以用几个简单步骤就完成航班、酒店、门票等旅游产品的预订和支付，更可以即时租车、打车，手机支付非常方便，2015 年 4 月支付宝与泰国开泰银行和王权集团日前签订三方合作协议，标志着支付宝在泰国开展网上收单业务正式启动。每年超过 500 万名赴泰的中国游客也将能通过支付宝预订泰国的机票、酒店和各种商品，为两国双边贸易提供有力支持。

第七章
软创新与创意经济

创意产业已不再仅仅是一个理念，而是有着巨大经济效益的行业领域。创意经济不光是属于工业的一个部门，在生活的方方面面，人们的创造力都需要转化成生产力。当代文化创意产业的兴起源于创意产业这一创新理念的发现和发明，创意产业或译成“创造性产业”，是一种在全球化的消费社会的背景中发展起来的，推崇创新、个人创造力，文化创意产业被称为 21 世纪全球最有前途的产业之一，已成为许多地区经济发展的支柱性产业。随着文化创意产业的日益崛起，文化创意的思维方式和发展模式将成为发展的新动力，成为新的经济增长极。

一、文化的复杂性

非洲艺术自由、奔放、粗犷、有力、质朴、热烈，像磁石一样吸引了西方艺术家们的关注，激发了他们的创作灵感，从而为西方艺术开创了一个崭新时代。非洲一直都是世界各地优秀艺术家和设计师们的创作灵感源泉，艺术家们也越来越关注非洲文化，从中汲取营养。包括南非在内的大量非洲本土设计师融合了传统文化和传统美学，作品绽放出独具一格的文化火花，作品形象表现的情感和内涵，具有打动心灵的力量，创造出为国际同行所瞩目的优秀原创作品。南非是文化元素最丰富的非洲国家，富有非洲韵味的文化气息，这种文化的复杂性也使得人充满活力，文化创意产业的特殊性就在于依靠人的创造力，在多元化上进行投资，需要有一种创造的思想，还应该有一种开放性，以寻求新解决方案。

（一）创新内涵的人文化

强调文化艺术对经济的支持与推动这一新兴的理念、思潮和经济实践。凯夫斯《创意产业经济学》指出的特殊现象是，创意产业人员关注的“往往并非利益最大化问题”。创意是人本价值导向的创新——创新内涵的人文化。用“戏剧构作”机制统筹全过程。戏剧构作是一种综合性的圆熟运作，当事人不仅要有很高的艺术修养、娴熟的营销推广能力，还要有足够的、相对独立的资金和艺术话语权。英国国家剧院原创队伍坚持严苛标准，中文版《战马》团队不断爆发出强大的创造力和创造性，打造出了技术与艺术完美结合的舞台剧，作为一匹木偶马，乔伊在舞台上展现出了生命的韵律。

以乔伊为主角的舞台剧《战马》，多年来已经走进英国、美国、加拿大、日本、南非等多个国家，在世界舞台上继续其辉煌的旅程。英国国家剧院的艺术品质很了不起，这个英国“国宝级”的“战马”剧组，将工作重心转至《战马》海外版的版权交易、制作和演出上，在资金运用、艺术把握和营销推广上规划统筹。舞台剧《战马》从2007年在英国首演开始，进行了长期的高质量、可持续性演出，《战马》海外版融汇了各种各样不同文化的因素，继英语、德语、荷兰语之后，《战马》中文版是该剧全球的第4个版本，《战马》转战位于伦敦西区的新伦敦剧院驻场演出，同时，世界范围内观剧者达到700万人次。

作为一种职业形式，戏剧构作的概念出自德国，在翻译中有时也被称作“文学顾问”。但相区别于文学顾问的是，它主要指剧院运营和剧目排演工作的方式。在德国，这个职业已有200～250年的历史。最早提出这个概念的是德国的戏剧家莱辛。戏剧构作的工作不止于制订一个演出计划，还涵盖对剧作艺术风格、目标市场的定位，跟编剧、导演和其他创作、营销人员进行对话等，例如对剧本进行定制加工、创作修改，对呈现方式进行调节，对宣传营销提出要求、指导实施等。《战马》是一部制作庞大、成本昂贵的剧目，并且具有强大的舞台技术，国家话剧院牵手“中文版”《战马》，接轨舞台剧创作、制作的国际体系，舞台剧《战马》中文版联合制作，全部使用英国标准，其控偶技术、舞台技术和服装造型全部从英国“原装进口”，这匹具有生命灵性的木偶战马、现象级的作品创作不会说话，但是会通过各种身体动作来表达内心活动，必须是一匹堪称艺术品的木偶马。演出品质对一个可持续性演出来讲非常重要，高难度、高水准的原创作品，带着用全世界极其复杂先进的舞台技术，为中国戏剧界上了一堂创意和技术完美结合的示范课。作为当代国际剧坛的传奇，其吸引力具有更大的国际辐射面。

（二）以协同创新开启文化力

文化创新的发展，依靠的是人，核心就是人的创造力的释放和解放。提高人的素质，打开人的视野，人的无限创新能力才可能被最大限度地激发出来。创意人才在戏剧舞台上扮演着多么重要的角色，寻找能够吸引青少年走进国家剧院的题材，英国国家剧院考虑改编一个少儿文学作品，而且是以一匹马为主角，英国著名儿童文学作家迈克·莫波格的旧作，讲的是一匹马眼中的战争，《战马》这部小说：通过动物的视角表现战争对一切美好事物的摧毁，友情，亲情，分离与重逢，信念与忠贞，《战马》的成功胜在创意和人偶融合表演，创意视野打开。

文化产业属于创意产业，它高度依赖文化的创新意识。全新的原创作品，掌上乾坤木偶剧团设计的马偶乔伊是《战马》的关键，附属于英国国家剧院的实验工坊是《战马》的推动器和孵化器。南非掌上乾坤木偶剧团蜚声国际，创造出乔伊的南非艺术家是亚德里安和贝塞尔，亚德里安和贝塞尔独特的木偶哲学，相信木偶富有追求生命的本能，这是乔伊的灵魂，在以实验工坊为核心的近3年探索中，《战马》团队日渐庞大，也汇聚了英语戏剧界中灯光设计、舞台设计、音响设计、视频制作、音乐创作等各个环节的顶级艺术家，每一个人的创造热情都被尽可能地释放了出来。

二、工业创造力和文化创造力

在创意经济的年代，全球大约有1.3万亿美元的经济由创意活动产生，占到各个国家2%～6%的GDP，这是一个很大的份额。文化创意产业建立一个总体发展规划，确定未来发展的政策导向，完善和优化创意产业发展的内部与外部的环境，以高新技术带动传统产业的升级换代，构成与完善创意产业的产业链条，建设一批以高新技术为基础的文化创意产业园区，加强创意项目作为风险产业的辅导、推动，进一步改革和完善创意产业的投融资体制，推动文化创意企业的快速生长。发挥集聚效应，培育创意市场，打造并完善创意产业链，形成新的产业发展群落。

（一）文化创意对经济的影响

创意产业，又叫创造性产业等。广义的创意产业指那些从个人的创造力、技能和天分中获取发展动力的企业，以及那些通过对知识产权的开发可创造潜在财富和就业机会的活动。它通常包括广告、建筑艺术、艺术和古董市场、手工艺品、时尚设计、电影与录像、交互式互动软件、音乐、表演艺术、出版业、软件及计算机服务、电视和广播等。此外，还包括旅游、博物馆和美术馆、遗产和体育等。

创意产业的根本观念是通过“越界”促成不同行业、不同领域的重组与合作。通过越界，寻找新的增长点，推动文化发展与经济发展，并且通过在全社会推动创造性发展，文化创意产业是审美经济时代的主导产业，它是以创作、创造、创新为根本手段，以文化内容和创意成果为核心价值，以知识产权实现为交易特征，从物质和精神两方面为社会公众提供文化体验的产业，其产业链的延伸主要体现在纵向延伸（规模数量分工）和横向延伸（空间扩展分工）。

（二）工艺品创新，工业创造力和文化创造力

在审美经济中，消费不仅是消费本身，更是在消费中获得美或情感的体验。某种艺术形式在向受众传递美的信息时，是在发挥其审美功能，同时在这种艺术形式进行产业链的拓展时，就已经开始通过审美发挥其产业的功能，这是审美的产业化。对以满足审美使用需要而进行生产的艺术设计来说，它的三个设计形态划分：产品设计、视觉传达设计和环境设计，相比而言，艺术性的要求主要体现在设计产品和谐的外在形式上。艺术设计通过与功能相协调，最大限度地给消费者提供和谐的、美的体验，从而使实用性和审美性完成新的融合与构型。

审美经济学主要涉及艺术设计和工业设计的知识，因为艺术设计和工业设计是实施经济审美化的具体途径，运用工业的创造力和文化创造力，通过设计来创造更多的价值、更好的品质、更好的可持续性。设计还可以产生价值，设计师用有着阿根廷国石之称的“玫瑰石”雕刻制作各种探戈舞姿的工艺品，玫瑰石本来就卖得比黄金还贵，以此制作的工艺品自然价格不菲，探戈造

型的工艺品制作为当地带来了可观的收益。

文化产业发展的新情况新变化，增加了文化创意、文化新业态、软件设计服务、具有文化内涵的特色产品的生产等内容和部分行业小类，与文化创意相关的其他活动，如工艺美术、设计等，纪念品设计，有以塑料、木料、陶瓷等廉价材质制作的各类探戈纪念品，如文具、茶杯、冰箱贴等，都成为畅销的旅游纪念品。创意产业来自技术、经济和文化的交融，创意经济不光是和文化相关的一种经济，创意经济也和工业相关，世界领先的时尚设计学院帕森斯学院，就是注重将技术、企业、人文设计与艺术结合在一起。

（三）创造力和智力财产

创意产业财富的创造来自创造力和智力；精神财富的再生产过程与物质资料再生产过程相耦合的系统，被理解为知识经济系统，两者的关系是有形资产和无形资产的关系，后者的主要特征是能动性、创造性和无限性，在伦敦设计博物馆，雷诺携手著名工业设计师罗斯·洛夫格罗夫（Ross Lovegrove）创建的幻彩概念车展出，展示雷诺未来的设计战略。创作团队从自然中汲取设计灵感，融入包括植物（树杈式轮圈）、液体（车内氛围灯）及细胞（前灯组内部结构）等设计元素，以体现大自然的魅力。

随着投影技术和计算机技术的普及，创新成本大大降低，在文学、音乐、表演、造型等各个方面，给艺术创新带来了极大的空间。创新在内容上体现出更多人本化价值特点时，创新方式相应就会更多地转向“艺术化创造”。NBC电视台为其开发的“GIFSkeyboard”被认作是接续生命力的强大推手，简单说来，这一软件是让观众在收视过程中，把拍到的画面按自我喜好任意拼接制成动态图像。与大家已经玩腻的照片或者视频相比，这种动图既有了视频的动态感，又突破了视频的时间顺序，给了观众更大的操控体验。

三、整体优势、整合优势与打造精品相结合

将非物质文化遗产资源转化为文化创意产品，通过非遗产品生产、加工、销售产生经济利益，为非遗文化的保护传承提供了新动力。“生产性保护”方式为非遗文化传承带来群众基础，枫泾古镇有一家手工花草茶生活馆，虽然

是小本经营，但很会利用古镇的优势资源在古镇旁的农田里种上了各色香草，用手工采摘、手工制作的方法制作出香草护肤皂、花草茶包和香草饼干等各色“时尚”产品，受到游客的喜爱。随着社会变迁，很多传统文化资源赖以生存的传统生产生活方式、文化生态开始消失。发展特色文化产业是保护和传承传统文化，实现文化富民乐民的重要方式。在“生产性保护”措施的实施过程中，一批非遗项目正在与市场对接中走出深闺，走向海外。

面对资源优势，酝酿孵化文化创意品牌。创意经济理解为利用综合方法对创造力进行管理：如《公司中的创造力：创新型组织行动指南》，强调使创意从随意性较大的“点子”，转化为公司的组织制度，建设“创想乐园”的构想、转变文化资源配置机制的方法，未来特色文化产业发展要更加强调空间聚合和业态融合、重视市场运作和创意引领、发展文化创意产业，天时地利人和，代表了一种可持续的产业发展方向。

阿根廷的文化创意产业链条对相关企业和产业形成带动效应，把创意、技术、营销等环节紧紧联系在一起，将创意作为生产非内容产业产品的方法，需要激发“创新”的能力，并加以专业化，将独特的文化价值逐步转变成为有广阔市场的商业价值。探戈产业化成功的案例，如策划、利用广告、营销等创意环节带动其他经营环节的商业方式，阿根廷已经成为以创意和设计闻名于业界的新星，打通创新的“最先一公里”，建立广覆盖、多渠道、低成本、高效率、严监管的多层次市场，是文化创意产业蓬勃发展的缩影，推动本土创意产业的发展，为优秀原创艺术走出去搭建桥梁。

第八章
文化创新力博弈，形成全球引领力

创新力是提高文化综合实力的核心、国家竞争力的关键，已经成为国际舞台上所不可忽视的角色，中国坦然接受来自各方关注的目光，展示道路自信、理论自信、制度自信、文化自信，在新的历史起点上展现中国魅力，在对外交流的过程中，更好地发展自己的文化，通过与不同文化的交流和碰撞，激发文化自我完善、自我更新的能力，从而获得新的生命力。

一、文化的国际竞争力概念

文化竞争力是多层次的统一体，没有竞争就没有社会的进步，竞争成为发展的动力，在全球化条件下，必须面对和正视竞争，激励出积极性和创造性，焕发出竞争精神和创新精神，使人的科技创新能力和潜能得到全面、充分的发挥，《大繁荣》的作者埃德蒙·费尔普斯所提出的创新观念，更加关注于创新活动对经济的推动作用，创新也是由整个经济体系中工作的人们所共同促成的，应重视创新所产生的实际经济效益。

（一）国际竞争是一种文化现象

竞争不仅是一种经济现象，而且是一种文化现象，它具有强大的动力功能，国际激烈竞争实质是创新力的博弈，增强文化竞争力，是提高文化国际影响力的前提和基础。关于国际竞争力的概念，中国人民大学竞争力与评价研究中心认为，国际竞争力是一个国家在世界经济的大环境下，与各国的竞争力相比较，其创造增加值和国民财富持续增长的能力；WEF（世界经济论坛）

和 IMD(瑞士洛桑国际管理发展学院)认为,国际竞争力是一国或一公司在国际市场上均衡地生产出比其他竞争对手更多财富的能力;国外学者(Orlowski,1982)认为,国际竞争力是指一国在国际市场上出售其产品的能力,即保持贸易顺差或贸易平衡的能力。

(二)国际竞争力的层次性

国际竞争力概念具有层次性,包括国家国际竞争力和产品国际竞争力等。在文化领域里,国际竞争力实质上是一个国家或地区凭借其文化创新力在国际上获得竞争优势的能力。只有竞争博弈,才能使文化创新力及其文化产品的创新力充满活力,竞争压力形成一种客观的强制,迫使业界去改进技术,发挥想象力,不断创新,提升竞争力。

可持续的文化创新能力,是文化竞争力的不竭源泉。国际竞争力要素主要包括国家经济实力、国际化、政府管理、金融体系、企业管理、科学技术、国民素质等,它包括"软"的或"硬"的方面,是对一国经济运行和经济发展的综合竞争能力的全面系统的反映。提高文化竞争力,创新是其中根本,而一国的文化创新能力,需要正确的文化发展战略加以培育。文化的"走出去",通过增强创新力提高持续发展动力和竞争力,掌握话语权,能够制定游戏规则和商业模式,才有可能成为未来的业界领袖,应用开阔的视野和开放的心胸,放在世界文化当中去考量它的美学价值和创新路径。

2013 年 12 月 30 日,中央政治局专门就提高国家文化软实力研究进行第 12 次集体学习,习近平强调:"提高国家文化软实力,要努力展示中华文化独特魅力。在 5000 多年文明发展进程中,中华民族创造了博大精深的灿烂文化,要使中华民族最基本的文化基因与当代文化相适应、与现代社会相协调,以人们喜闻乐见、具有广泛参与性的方式推广开来,把跨越时空、超越国度、富有永恒魅力、具有当代价值的文化精神弘扬起来,把继承传统优秀文化又弘扬时代精神、立足本国又面向世界的当代中国文化创新成果传播出去。"

二、领导力导向力的本质就是影响力

文化竞争力包含有导向力因素,主要表现为文化创新能力。从某种意义上说，创新是文化的生命，文化产品有无竞争力，主要取决于文化创新，同其他领域的创新相比，文化创新具有特殊的意义。文化创新提升核心软实力，是持续竞争发展的灵魂，文化软实力视野中的创新竞争力首先包括领导力内涵。

（一）软实力是一种同化式的实力

领导力（Leadership）就是指在管辖的范围内充分利用人力和客观条件在以最小的成本办成所需的事提高整个团体的办事效率。领导力的本质就是影响力，文化创新力构架着世界著名城市领导地位文化形态，确立起权威性和霸主性地位，强化其全球强大的号召力和吸引力，投射国际大都市文化价值追求，提升其引领性的国际影响力。例如，著名城市文化创新力形态表现，伦敦、巴黎、纽约、芝加哥、布鲁塞尔等，提升大都市国际综合竞争力，引发仿效潮流。

约瑟夫·奈认为软实力是一种同化式的实力，即一个国家思想的吸引力和政治导向的能力，他把软实力概括为导向力、吸引力和效仿力，在信息时代，软实力在国际文化竞争中发挥的引领作用更为突出，2007 年美国前副国务卿阿米蒂奇和著名学者约瑟夫·奈发表题为《巧实力战略》的研究报告，提出运用“巧实力”进行对外战略转型，重振全球领导地位。美国前国务卿希拉里借用“巧实力”的新概念吸引世界的目光，即通过灵巧运用可由美国支配的所有政策工具，包括外交、经济、政治、法律和文化等各种手段，恢复美国的全球领导力。

（二）文化创新力形成综合实力

文化创新力形成综合实力，提升国家文化创新体系的整体效能，形成强大的创新合力，提高其国际竞争力。提高文化的国际影响力，必须实施“走出去”战略，文化的影响力，是通过多种形式的文化沟通和文化交流而实现的。“走出去”战略，既是经济发展战略，也是文化发展战略。例如，美国的大众文化在国际社会是最雄厚的，也是最具竞争力的，它靠雄厚的资金来推动和传播，大众文化需要商业性传播手段推广。只有具有竞争力的文化，才能有效占领国际文化市场，赢得国际消费者的青睐，最终发挥其国际影响力。

第九章
“巧实力”对外战略转型

全球视野系统推动全面创新，城市群是国家参与全球竞争与国际分工的基本地域单元，以“发展壮大区域创新经济体”为目标牵引，具体来说，要以全球视野和全局观念来系统推动全面创新：着力强化国家中心城市的创新中心功能，以富于创新价值和创新活力的文化体系，全方位、多层次地展示城市文化。

一、强化国家中心城市创新功能

引领全球文化发展的潮流，是一个国家向全人类展示自身文化创造活力，引领和推动全球文化潮流的核心实力，让整个城市充满活力，文化是纽约和伦敦经济中最富创新活力的行业，在纽约和伦敦都是城市经济的主要动力之一，创造着仅次于金融服务业的经济价值；香港是全球公认的“电影之都”和时尚文化的策源地之一，在创意设计和服务产品创新方面独领风骚；新加坡是东南亚最重要的创新中心，其目标是基本建成具有全球竞争力的先进知识经济体系。

（一）融入全球城市网络

要建成全球经济科技高端资源配置中心，就必须融入全球城市网络体系之中，在全球经济、产业分工中，在与全球城市网络体系多重交互，形成很强的对全球经济科技高端资源的配置能力，这是创新中心的重要基础支撑，全球城市具有巨大的国际高端资源流量与交易，对全球先进的市场要素、生活要素、生态要素组织有集合能力，把全球城市看作一个“码头”，伦敦、纽约的城市水平和功能，包括商品、服务、资本、人流、信息在此流动，基于“流动-创新”的框架，设置创新发展阶段，充分促进商品、服务、资本、人流等要素的汇聚流通，强调资源流动。

建设全球城市，在未来30年上海应当建成具有全球影响力、辐射力和竞争力的科技创新中心、资源配置中心、财富管理中心、信息交互中心，反映城市的综合经济和信息实力，是国际大都市发展的核心。重大改革先行先试，国家统筹实施“四大板块”和“三个支撑带”战略组合，推动共建“丝绸之路经济带”和“21世纪海上丝绸之路”，依据创新区域集聚发展现状，结合国家中心城市布局，有条件的城市群区域系统推进全面创新改革试验。

文化创新活力是城市软实力的重要基石，强调发展文化软实力，创新活力是国际文化大都市的重要支撑，作为韩国首都，首尔科技资源密集、创意经济发达，首尔政府通过系统的财政和行政支持培育数字内容、信息技术、生物/纳米研发、金融服务、设计和时尚、旅游会展等六大重点创新型产业，使之成为经济增长的未来“引擎”；大阪是日本第二大城市和四大工业重镇之一，聚集着众多的世界一流企业，世界500强企业中有16家总部设在大阪，同时它拥有世界最尖端的科技企业，是日本另一重要的科技创新中心；中国的大台北地区是亚太“科技版图”中亮点，建成以新竹科学工业园为基地的世界高科技产业重镇和亚太地区科技营运中心；在全球化时代，世界城市文化创新力竞争体现城市的创造活力，成为引领全球和区域文化、经济和社会发展的龙头。

(二) 对外文化和经济贸易发展指标

当今世界经济格局，全球竞争具有“三明治”格局，全球竞争的顶端还是握在发达国家手里，其有独到性优势，设计的东西全球需要，汉堡致力于打造欧洲同中国交往的桥头堡，除了海上运输，郑新欧国际货运班列也已开启。因此要创新或者改变产品、引进新产品，或者把已有产品的品质、功能改变，或者引入新的生产方式，或者开辟新的市场，引进新的材料、商业模式、新的经济组织方式。中欧正在建设丝绸之路经济带，智能快捷的物流基础设施将是汉堡最有力的竞争点。据德国联邦外贸与投资署统计，当今有500家中资企业落户汉堡，550 家汉堡企业同中国有着密切的业务往来。

二、创新驱动提高文化自主创新能力

在扩大开放中开阔视野，形成自主文化创新力。全球经济竞争需要与众不同，按照国家的决策部署，坚定不移走自主创新道路，增强自主创新意识，提高自主创新能力，增强核心竞争力，在世界性创新浪潮中创造奇迹，建立中国气派的话语体系，坚持走特色自主创新道路，成就有创新的伟大民族，着力为创新驱动发展，党的十九大对实施创新驱动发展战略做出了重要部署，指出只有不断自主创新，才能把握世界的话语权。

（一）多维度创新战略

创意需要这种多元化的技能，创新不只是技术，更是理念，创新要精准，在合适时机去做合适的技术改进，会带来更高的成功率。多维度创新，更需要的是方法创新，从宏观、管理、实践等多个维度来谈创新，同时，创新应更精准。“精准创新”概念的提出，“所谓精准创新，就是在正确的时间，进行正确的创新”，市场什么时候应用了什么样的科技创新才走向成功。比如创新论坛上《精准创新》中文版发布，苹果、谷哥、Facebook，精准创新，把握好创新的时机和节点，可以让全世界消费者通宵排队买它的产品——苹果手机。在全球竞争当中带来的新挑战，要求他们应用新技术原理，把想法变成产品，做成产品后进入全球市场。

（二）原始创新，突围“三明治”困局

立足源头创新，建设原始创新能力，提高自主创新力，当今，我国知识、技术的积累难以企及西方发达国家，夹在中间，独特优势还不显著。着力加强原始创新，根据国家统计局发布中国创新指数（CII）测算结果，2012 年中国创新指数总指数为 148.2，比 2013 年的 139.6 提高了 6.2%。自 2005 年以来，中国创新指数持续稳步增长，年均增幅为 5.8%。2012 年创新环境指数、创新投入指数、创新产出指数、创新成效指数 4 个分指数分别比上年增长 4.3%、8.2%、9.5% 和 2.2%，而 2005—2011 年 4 个分指数的年均增速分别为

5.5%、5.9%、7.0%和4.4%。可见,2012年创新投入和创新产出两个方面的指标发展情况更为突出,但是在创新环境与创新成效方面的增长有所放缓。

三、创新自信

自主创新能力支撑引领发展,坚持中国特色自主创新,中央立足世情、国情和我国科技发展实际作出重大决策,夯实创新基础、发挥创新优势,不断增强创新自信。2013年7月,习近平考察中国科学院时发表重要讲话,提出增强创新自信。充分把握我国创新实际,打造自主创新能力,实施创新驱动发展战略,一些重要领域跻身世界先进行列,某些领域由“跟跑者”向“并行者”“领跑者”转变。

(一)博采众长,善于创新

博采众长,善于创造,创造,也是对技艺的不断锤炼,是不懈的创新。毫无疑问,创造是艰苦的,日复一日的劳作,永不停歇的高难度训练,忍耐着乏味的、疲倦的、自我怀疑的时光。但这一切都是值得的,是为了迎来被创造之光照亮的那一刻,是为了在创造中获得艺术和精神上的新生。我国很多产业处于国际产业链的中低端,消耗大、利润低,受制于人。只有拥有强大的自主创新能力,才能在激烈的国际竞争中把握先机、赢得主动。

提高自主创新能力,1.要瞄准国际创新趋势、特点进行自主创新,使我国的自主创新站在国际技术发展前沿;2.要将优势资源整合聚集到战略目标上,力求在重点领域、关键技术上取得重大突破;3.进行多种模式的创新,既可以在优势领域进行原始创新,也可以对现有技术进行集成创新,还应加强引进技术的消化吸收再创新。

(二)苦练“内功

解决好“怎么创新”,苦练“内功”,促进自主技术、自主品牌的发展,增强创新主体的自信,实施创新驱动发展战略,促进创新资源高效配置和综合集成,一批重大成果涌现,标志着我国自主创新进入新阶段。

年度原创音乐剧盛会,2014原创华语音乐剧展演季3部原创音乐剧,

《简·爱》《纳斯尔丁·阿凡提》《搭错车》陆续登陆上海文化广场。作为以音乐剧为核心的专业剧院，上海文化广场力推原创华语音乐剧的发展，致力于在原创华语音乐剧产业链中的上游制作方与下游观众群体之间搭建孵化平台，从场租优惠、营销推广等多方面给予参演剧目不同程度的支持，坚持以我为主，改善国内音乐剧市场环境尚未成熟，国内原创音乐剧无论在创作理念、思路和题材上都亟待寻求突破的瓶颈，提高我国文化创新国际竞争力，创造系列自主文化创新成果，展现东方巨龙的创新活力。

四、创新激活海外市场

海外文化市场环境与国内有很大差异，也是影响文化贸易出口的重要因素。由于中西文化差异性，客户在接受文化产品和服务产品过程中，承载着一定的精神因素，"文化西进"征战海外，根据成熟市场的文化差异性，组织独特活动，提高中华文化的国际传播能力，舞台艺术年年都在向外走，但大多数情况下，观众们只知道来了中国的京剧团、歌舞团，演出了中国的艺术，但在他们心中，这些艺术却因为缺少具体的形象符号而面目模糊。

进行受众说服

进行客户说服，激活市场。同时，由于发达国家市场成熟，文化产品消费出现结构性过剩，消费则更趋于理性，加之受全球金融危机的影响等，这些都致使海外市场，如美国和欧盟市场需求偏软，对外贸易增长乏力。培养海外市场的客户主体使之具有中华文化艺术素养和兴趣，搭建各类对外文化交流平台。中国文化，不是狭义的文学艺术，而是整体的民族文化。要让海外了解中国传统文化，教育提升海外市场跨文化的理解水平。

五、创新体制机制是新常态下实施创新驱动发展战略的重要抓手

创新作为经济学概念，最早由熊彼特提出，包括产品创新、工艺创新、开辟新市场、获得新供应来源及新的组织形式，后来被扩展到技术创新、管理创

新、商业模式创新、制度创新等无所不包的价值创造及实践行为，其中，技术创新、工艺创新、管理创新、商业模式创新、制度创新等，涉及软创新的内容。

（一）合作创新，统筹部署科技创新和制度创新

2015 年 3 月 23 日，新华社受权发布《中共中央国务院关于深化体制机制改革加快实施创新驱动发展战略的若干意见》，5 月 5 日，中央全面深化改革领导小组第 12 次会议审议通过了《关于在部分区域系统推进全面创新改革试验的总体方案》和《深化科技体制改革实施方案》等文件，明确要求统筹推进科技、管理、品牌、组织、商业模式，以及“引进来”和“走出去”合作创新，明确要求打通科技创新与经济社会发展的通道，最大限度激发科技创新的巨大潜能。相应地，创新政策也广泛涉及政治、经济、科技、社会等相关政策，从生产力和生产关系角度来看，创新的内涵虽然很丰富，但核心是科技创新和制度创新。只有那些持续推进科技创新和制度创新，同时，注重软创新，不断解放和发展社会生产力、改进生产关系的国家，才能引领新的发展周期，长久地走在世界前列。

（二）组合创新，国家竞争新优势

迈克尔·波特总结“国家竞争优势”要素包括：生产要素条件，需求条件，支撑产业与相关产业，企业战略、结构与竞争状态，主体指不同国家的企业。他的“生产要素驱动、投资驱动、创新驱动和财富驱动”划分受到广泛引用，但具体语境是指经济发展的周期性阶段。财富驱动基本上是财富运作，并非理想发展阶段，最终还要靠科技创新和制度创新来实现新一轮价值创造与繁荣发展。

在新一轮科技革命和产业变革背景下，很多国家都在对科技创新和制度创新进行统筹部署。我国实施创新驱动发展战略，既要依靠知识创造、技术进步、人才素质提高、有利于组织成本和交易成本降低的制度创新、管理创新等“要素创新及组合创新”来推动，也要依靠提高资本、资源环境、劳动力、信息等生产要素的质量、效率和效益，创新生产要素、投资、金融等驱动方式的组合来推动。

第十章
国际市场竞争成为文化创新源泉

文化创新从根本上说是市场活动，文化经济化、经济文化化、文化经济一体化发展的现实，使市场竞争成为文化创新的源泉，增强创新活力，提高技术创新、产品创新、组织创新、商业模式创新和市场机制创新，创新形成一套有利于培育新的比较优势和竞争优势的制度安排，构建全球化生产运营体系，将国际研发、人才等高端生产要素与国内产业链有机衔接起来，提高在全球价值链中的位置，谋求更高水平地融入全球分工体系。

一、文化的"亲经济性"

推进以市场机制为基础的结构调整和创新，进而形成能够重塑经济发展新动力的体制机制，使市场成为配置创新资源的力量，提高资源配置效率，培育文化发展新动力。文化向亲经济性文化转型，更加注重面向市场，在市场竞争中取得优势。完善现代市场体系，用创新开拓市场，逐渐改造原有文化中不适合经济发展的因素，使文化真正成为一种"亲经济性"的文化。十八届三中全会提出，推进文化体制机制创新，建立健全现代市场文化体系，倒逼演艺、工艺品制造等部分对政府依靠较强的文化产业转型，突破创新的体制机制性障碍，完善创新体制机制，激发文化创新主体的创造活力。

(一) 营造公平竞争的市场环境

创造公平竞争的市场环境，在 2013 年，上海进一步放宽民间投资领域和范围，完善中小企业融资服务体系和公共服务体系，对部分小微企业暂免征收增值税和营业税，非公经济得到较快发展。2013 年，上海非公有制经济增加值达 11006.76 亿元，比上年增长 8.4%，比公有制经济增幅快 1.5 个百分点，占全市生产总值的比重由上年的 50.7%提高至 51%。2014 年公布的《2013 年上海市国民经济和社会发展统计公报》显示，2013 年上海市生产总值达到 21602.12 亿元，按可比价格计算，比上年增长 7.7%；人均 GDP 在全国各省市中继续保持领先水平。在总体上，经济转型的新阶段，增长转向中速，增速放缓增长成为新常态。

(二)“管办分离”实现新突破

我国有关文化创新理论阐述，核心在于“管办分离”，改革创新实现新突破，通过市场竞争实现效益最大化和效率最优化。

1. 政府要以互联网思维创新管理和服务模式。加快政府职能转变，简政放权。全面清理并取消非行政许可审批事项，放宽“互联网＋”等新兴行业市场准入管制。

2. 政府需要在科学研究和创造的初始阶段加大各类投入，积极支持各类研发活动的开展。这一点不仅有发达国家政府研发投入促进创新的成功经验加以证明，更是为经济学“外部性”理论所证明。

3. 政府要营造良好的创新创业环境，促进科技中介服务集群化发展，推动科技与金融紧密结合，支持各类研发创新机构发展，搭建各类创新成果转化平台、创新企业融资平台，大众创新平台，创新风险保障平台，促进科技中介服务集群化发展，推动科技与金融紧密结合，支持各类研发创新机构发展，搭建各类创新成果转化平台、创新企业融资平台，大众创新平台，创新风险保障平台。

(三) 向市场要创新资源创新活力

向市场要创新资源创新活力和动力，培育创新机制，即培育各种创新要素能够按照市场机制进行资源配置，促成内生性地发生一系列创新的过程。这个过程既是技术创新过程，也是制度创新过程，更是新的商业模式发生和创新过程，非常重要的一个问题是要处理好政府和市场的关系，发挥市场机制在资源配置中的决定性作用，更好地发挥好政府在营造创新环境和创新氛围中的积极作用，把潜在的创新要素转变为创新活动和创新过程，经济增长需要从要素驱动型、数量扩张型的赶超式增长走向创新驱动型、质量提高型的赶超式增长，激发市场机制下创新创业主体的内在动力和活力，要确立微观的市场主体和创新创业的动力机制，向市场要创新资源创新活力和动力。

二、文化产业创新进入国民经济“大循环”

加强政策对创新的引导和支持。营造各类市场主体公平竞争的市场环境，2009 年 7 月 22 日，我国第一部文化产业专项规划——《文化产业振兴规划》问世，标志着文化产业上升为国家的战略性产业。文化产业伴着《文化产业振兴规划》的高亢号角，迎风破浪，用资本力量改造文化产业步伐日渐加速。

外资及民间资本投资文化产业的门槛全面降低，文化企业改制上市换挡提速，文化产业的活力全面迸发。《文化产业振兴规划》的优惠政策逐渐到位，文化产业发展迫切需要新的政策纲领，引领文化产业的新方向。文化创新在文化市场体系的建立和完善，关键是开放，搞活，让市场发挥其资源、产品等要素配置的决定性作用，国务院出台鼓励文化产业发展的意见，中央要用文化促进经济发展、提升经济发展的质量，利于文化产业真正进入国民经济的“大循环”。

创新驱动市场竞争能够提供文化创新的压力，而创新驱动需要驱动非物质资源的创新要素，需要创造新的要素，文化竞争力需要遵循优势度原则，市场有效配置资源的一个重要机制是优胜劣汰，利用市场机制调节淘汰落后的环节。“使市场在资源配置中起决定性作用”，是我国市场化改革理论和实践的重大创新，完善决定资源配置的市场机制，市场机制有效配置资源要以完全市场为基础。党中央明确提出要解放文化生产力，市场作为文化资源配置的一种手段得到了肯定。市场在资源配置中起决定性作用，完善文化竞争力由市场机制所决定，通过为市场所需要，发挥市场决定性作用，使文化企业成为创新主体，推动创新资源向文化企业流动，引导创新要素向文化企业集聚，支持有条件的文化企业加强研发平台建设，加大对中小企业、微型企业技术创新的扶持力度，加快建立高校、科研院所创新成果向文化企业转移。

三、从文化创新大国到创新强国

文化创意和设计服务业发展上升到国家战略层面，鼓励“走出去”需要改革对外投资审批体制，加快同有关国家和地区商签投资协定，开展并购投资、联合投资等，不断增强文化国际影响力，增强“文化创造活力”，实现文化创新大国到创新强国的战略目标。构建以我为主的全球化生产运营体系，建立统一开放的市场，实现国内市场和国际市场的对接，到国际市场的大风大浪中搏击，增强参与国际竞争的能力，随着经济的全球化进程，文化市场也越来越全球化，在更大范围的全球市场中，竞争力的创新追求必然是国际竞争力，在全球发达的市场，具有国际竞争力的文化普遍采用市场机制来配置文化资源，国际文化竞争主要是体现在商业化的平台上，通过市场化的手段进行，推动竞争向新的领域和新的层次发展，激发市场活力和创新活力。

古典经济学家亚当·斯密曾提及的“理性人”和“看不见的手”是市场经济的内在动力和发展活力的论述，创新活动往往要遵循成本-收益比较的原则。在市场经济条件下，竞争最终体现在市场的竞争上。创新是拓展文化市场的“通行证”，创新体制机制，建立公平、开放、透明的市场规则，推动资源配置依据市场规则，发挥市场配置资源的决定性作用，党的十八届三中全会审议通过的《中共中央关于全面深化改革若干重大问题的决定》指出，“经济体制改革是全面深化改革的重点，核心问题是处理好政府和市场的关系，使市场在资源配置中起决定性作用和更好发挥政府作用”。这次全会理论上的新突破，就是“使市场在资源配置中起决定性作用和更好发挥政府作用”，全会特别提升了市场在资源配置中作用的判断，肯定市场经济在一个时间过程中会合理地配置资源。

第十一章
知识经济时代的创新文化建设

迈向创新型国家，提高全民族的创新意识、创新思维、创新精神，创新对于每个国家发挥经济潜力至关重要，在独有独创方面下功夫，提高创新效率、创新效果，科技创新推动发展与经济增长，两者并非简单的正比例关系，研究表明，先进技术并不一定能够推动经济增长，创新经济增长还需要聚焦相应的技术、市场、资金、人才以及制度配套，即强基础、聚人才，实现前瞻性基础研究、引领性原创成果取得重大突破；培养造就一大批具有国际水平的科技创新领军人才和高技能人才队伍，是创新发展的关键，聚焦创新驱动发展，树立创新观念，还要围绕“一带一路”建设可能遇到的问题，培养熟悉“一带一路”沿线国家历史文化的外语人才，科技领军人才、青年科技人才，以及政治法律人才和高水平创新团队，推动创新能力和创新水平的持续提升。

一、创新文化的建设

创新已经成为全社会的共识，良好的创新文化对于推动创新型国家的建设非常重要，注重创新文化的培育和形成，培养创新意识、创新精神、创新能力，按照“体系引领、平台支撑、机制保障、人才先行”的思路，让各类创新人才都能得到自由发展和合理回报，以创新之力推进结构调整和转型升级，促进科技创新的良性运行和可持续发展。

（一）创新“人才共享”模式

在人才自由流动的背景下，各国都有名目繁多的“引智工程”。美国的绿卡、欧盟的蓝卡、一些国家的高技术人才积分制、中国的诸多人才计划等，皆属此类，各国移民改革的重点，更是向高科技人才倾斜。一个国家对外开放，必须首先推进人的对外开放，特别是人才的对外开放。站在开启新时代的重要历史节点，吸收人类文明有益成果，不断开阔眼界、开阔思路、开阔胸襟，不断加强同世界各国的互融、互鉴、互通，同世界的互动日益深入，向世界真诚表达出欢迎来自世界的建言献策，渴望促进同各国人民相互了解和友谊的心愿。

文化创意产业的核心其实就在于人的创造力以及最大限度地发挥人的创造力。“创意”是产生新事物的能力，这些创意必须是独特的、原创的以及有意义的。在竞争中脱颖而出的优良产品恰恰来源于人的丰富的创造力。因此文化创意产业其本质就是一种“创意经济”，其核心竞争力就是人自身的创造力。由原创激发的“差异”和“个性”是根基和生命。拥有高素质人才，适应文化创意产业发展的产业生态环境，助力文创产业升级，

加强顶层设计，以制度创新为统领，政策创新，加快形成引才制度优势。健全引才引智相关法规。2012 年以来，外专局先后参与《中华人民共和国出境入境管理法》《中华人民共和国外国人入境出境管理条例》的制定工作，首次将吸引外国人才列为立法目的；会同人社部开展《外国人在中国工作管理条例》调研论证和起草工作，参与起草《关于加强外国人永久居留服务管理的意见》；制定实施更加开放的引才引智政策。与中组部、外交部、公安部、人社部联合颁布实施《关于为外籍高层次人才来华提供签证及居留便利有关问题的通知》，会同外交部、公安部、人社部制定实施《关于进一步完善外国专家短期来华相关办理程序的通知》，最大限度地为用人主体引进外国专家提供便利。以先进管理经验和方式创新为重点，发挥高端人才引领作用，建立了兼具中国特色和国际理念的人才招聘、管理体系，激发各类主体引才聚才动力。

(二) 发挥融合特色优势，突出文化创新实力

文化创新能力有自身的特殊性，创新能力不仅表现为一个人对知识的摄取和运用、新思想和新技术的发明，是一种发现问题和积极探索的心理取向，是一种人格特征、精神状态和综合素质。知识向能力内化，其核心要义是将人才培养置于社会需求上，依靠科技和人才推动创新，以符合文化创意人才

特点，培育创新主体，提高创新能力，让各类人才在促进原始创新中发挥源头活水作用。知识经济的产生要晚于城市经济，它是城市经济发展到高级阶段的产物。知识存量决定了资源配置等创新活动的能力，使得竞争优势得以持续下去，科技实力是以研究和发展投入金额、专利申请数、拥有科技人员数等指标，评价科技进步、技术创新方面的能力。只有让先进的科技获得公平的发展环境，才能将其转化为国际市场的竞争力、领导力。

二、科研创新增强国家的国际竞争力

人才在文化创新力发展中的地位和作用日益凸显，将人才发展纳入国家战略层面，在制定重大发展战略规划、研究重点工作布局中，把人才工作作为重要内容作出专门部署，解决好“谁来创新”的问题，发展模式逐步由重招商引资向重招才引智，由重项目投入转向重人才投入转变，保持先发优势。

(一) 突出智慧推动作用

聚焦高端创新国际前沿，科研创新第一目标是增强国家的国际竞争力，成为智力的领导者。英国的科研创新能力在世界上处于相当高的水平，英国人口仅占世界人口的 0.9%，但是英国的研发支出却占全球的 3.2%，研究人员占 4.1%，出版物占世界出版物的 6.9%，在新知识发展的过程中，英国的科研创新瞄准的第一目标，就是增强国家的国际竞争力。保持在各学科领域开展世界级研究的能力，并让它成为促进经济增长最为核心的力量，使科研人员为推动社会发展作贡献。

不仅需要一流的科学家和企业家，同时也需要具有国际视野和背景的科技人才。人才竞争的核心是环境竞争。成就人才的环境，知识经济给人类提供更好的生存环境、发展环境，提供更好的食、衣、住、行条件。提供充分的学习机会和就业机会。使人的德育、智育、体育得到前所未有的提高和发展，出现高度物质文明与高度精神文明的统一，硅谷创新有强大的“人才气场”，能够长盛不衰，是因为形成了最具活力的创新生态系统。

城市成为知识的摇篮，城市发展聚焦创新创业生态系统，重视“招才引智”工作，围绕城市转型，将科技成果的交易中心设在北京，“名校＋中关村”

产生良好的效果，形成一个生态链，有充足的阳光、空气和水分。研究创新人才的美国学者佛罗里达认为，创新人才喜欢的居住地是文化氛围良好、具有浪漫情调、便于生活的地方，按照人才“带项目、带资金、带团队”来创业优先原则，讲求“实际、实用、实效、精准”，面向全球寻找引进重点行业领域的各类型人才，能够和国际知名企业直接对话，善于搭建政府与企业、企业与企业之间的合作桥梁，有助于加快科技成果转化，促进城市经济的发展。

（二）创造良好的外部文化软环境

科技创新和制度创新双轮驱动，在引领制度开放创新方面，软环境层面的学习最难，却是根本性的。围绕建设“有全球影响力的科技创新中心”的目标，服务创新体系建设、服务各类创新主体、增强服务能力，完善服务机制，提升服务成效，提高城市核心竞争力，加快向具有全球影响力的科技创新中心进军。良好的人文生态环境是国际城市不断创新和保持社会可持续发展的重要条件，也是国际城市区别于一般城市的特征之一，纽约城市文明保持独特性的方法是保持科技活力，鼓励技术创新，实行正确的城市政策。深化政策沟通，加强发展战略对接，完善政策沟通机制，协调解决合作中的各种问题。创新是百年大计，离不开长远的文化软环境，对于中国式创新的机制和束缚如果能够更少一些，让中国的创新企业去面对更广阔的全球市场，创新的力度一定会更加强劲。

三、创新人才优先发展的战略

吸引聚集别国的优秀人才，最大限度地强化人才支撑，2013 年 10 月，在欧美同学会成立 100 周年的庆祝大会上，习近平重要讲话精神，“热诚欢迎更多留学人员回国工作、为国服务，”大力强调要引进包括留学人员在内的海外高层次人才回国创新创业。由中组部牵头实施的引进海外高层次人才“千人计划”，完善遴选机制和评审机制，突出“高、精、尖、缺”的引才导向，2013 年共引进海外高层次人才 864 人，累计引进近 4000 人，其中包括发达国家的 40 多位科学院院士等世界顶尖科技领军人才。

（一）深入推行人才计划

为进一步增强对国际人才的吸引力，我国还有许多工作需要不断改进提高。比如，进一步加强引进国际人才的顶层设计，设立专门的国际人才管理机构；加强政策可操作性，持续发挥国家创新区域在引进国际人才方面的引领与示范带动作用，积极探索城市群国际高端人才共享模式；进一步加强城市软实力建设，从自然环境、城市文明和生活配套等方面提升区域国际人才竞争力水平；建立国际人才合作组织，打造国际人才协调服务专业平台等。

（二）国际竞争力发展的重要环境和激励因素

为可持续创新文化提供广阔的空间和可能，人才优先发展的战略布局确立，与“千人计划”并行的、面向国内人才进行特殊支持的“万人计划”，首批产生 820 名人选，他们将得到国家在经费、政策和服务等方面的充分保障。在“万人计划”的引领下，各地各部门推出高层次人才特殊支持计划，统计数字显示，2013 年，我国各类回国留学人员达 30 万人左右，是历史最高值。2008 年至今，海外留学回国人数已过 100 万人。这些人才已经取得了一系列原创性理论成果和实验突破，推出了一批“中国创造”“中国设计”，在新技术、新产品研发上填补了不少国内空白。

“千人计划”“万人计划”带动人才引进培养发展态势，激发和释放本土人才的创造能量和活力，优先推进西部大开发，加大对革命老区、民族地区、边疆地区、贫困地区扶持力度的要求，加大对西部地区人才队伍建设的支持力度，在实施“边远贫困地区、边疆民族地区和革命老区人才支持计划”中，博士服务团坚持“按需选派、人岗相宜、突出服务、兼顾锻炼”原则，不断增强选派工作的针对性，选派了许多西部地区经济社会发展紧缺的各类专业技术人才，并重点向四川、西藏、新疆、贵州等地倾斜。

四、创新教育的核心是人文精神

人文环境指城市的包容度、文化的多元性，借鉴可分几个层面。第一个层面最重要、最需要长期坚持，它就是文化环境，包括信仰、习俗、共识等。创新能力从来不是一个单纯的技术问题，在德国人看来创新首先是人文精神。

对传统、文学、哲学、美学高度重视，一个人才能视野开阔、见识宽广。创新不可能没有好奇、没有联想。而联想和好奇，恰恰需要人文精神。

作为历史上第一位在自然科学领域获得诺贝尔奖的日本人，汤川秀树的故事激励和鼓舞了一代又一代的日本青少年，如同火苗一般点燃了他们挑战科学领域难题的斗志和激情，让他们乐于投身艰苦卓绝的科研事业中。名城大学教授赤崎勇特别提到1949年汤川秀树获得诺贝尔物理学奖一事，那一年他刚刚进入大学，这件事在他内心深处产生了强烈的刺激。在日本社会，大学教授、科研人员的职业威望和社会地位远高于企业高管、政府官员以及演艺人员。就连日本当前流通的1000元纸币上所印的头像也是日本著名的生物学家、细菌学家野口英世。

（一）用“世界标尺”度量全球创新中心

国家不断加大基础研究的支持力度，通过科技计划改革整合基础研究、技术发展和应用推广，构建多方协同的创新平台、形成开放合作的创新网络和形式多样的创新共同体，通过财政性科技经费管理的改革进一步突出人的作用。创新资源投入和科技成果转化，根据日本现行的科研经费体系，研究所的经费一半来自政府；另一半则来自科学家通过各种渠道申请的竞争资金，研究实力在世界上得到公认，已产出多位诺贝尔奖得主。

（二）管理机制创新，约束与激励并重制度性安排

创造出流动、开放、竞争的良好环境，人才发展体制机制改革，国家的人才政策积极接纳，选人用人机制国际化，培养具有国际视野、全球竞争力的人才，世界的人才也在走向中国。大力培养创新人才和引进人才，鼓励个性思维、强调个性发展，推动科技工作者产生创新的原动力，培育创新文化，搭建广泛的、深度的、高水平的国际化人才交流与合作体系，使之成为沟通丝路沿线国家经济、贸易、文化的重要桥梁。

五、创新资源，全方位构建人才新体系

创新突出智慧推动作用，关键环节包括创新人才管理，改善人才质量。

人才国际竞争产生“拉力效应”，人才结构是文化产业升级的内在动力，产生“推力效应”。产业与人才之间是一种相互依存、相互促进的关系。

（一）紧扣创新链布局人才链

产业结构决定人才需求结构，城市大都以信息技术、科技产业、游戏娱乐业等为主，这些产业的技术含量高、专业性强，对人才的综合素质要求高。政府要牢牢把握人才集聚的大举措，当人力资源建设需要的体制机制深化改革、政策调整、环境优化等大战略确定之后，人才政策与产业政策有机融合，形成“人才驱动—产业发展—人才集聚”的良性循环链，紧扣全区经济转型、以构建现代产业体系为重点，推出了“瓯越英才计划”“瓯海人才新政42条”等举措。

（二）培育“一带一路”多元化建设人才

一切创新活动都是“人”做出来的，在创新方面，日本既重视集体创新，强调团队精神与合作，也开始逐渐重视个人创新，日本的科研人员数量居世界第二，仅次于美国。根据“一带一路”建设所涉及的贸易、运输、基建、金融、电商、能源、旅游、法律、科技、文化等合作领域，我们应谙熟国际文化传播规律，着力培养具有世界视野、跨文化沟通能力的高层次复合型人才。外语人才作为重要的战略资源，直接影响“一带一路”倡议的实施效果，因此应大力培养“专业知识＋外语技能＋文化素养”一体化人才，提高人才培养的质量和国际化能力。

通过全方位、多层次、宽领域的国际化教育，创新人才培养体系，培养既有坚实专业功底，又有出色语言能力，有鲜明特色的国际化人才，为“一带一路”建设提供复合应用人才支持。深化多元人才培养模式，在国际贸易和金融研究人才培养方面要有新思维、新创新和新进展，特别注重培养一些非通用语种的语言人才，大幅度增加新的外语语种，特别是针对亚非拉地区的非通用语种，“一带一路”沿线国家对多语种语言人才的需求，尤其相关非通用语种人才的缺乏将直接影响“一带一路”建设的进程。因此，培养非通用语种人才是“一带一路”建设首要的任务。

六、创新“供给侧”人才培养体系

文化竞争力的文化发展战略，通常是指国家层面上的文化发展战略。为了鼓励、支持和引导文化创新，引进国际创新团队和高端人才，聚焦高端创新人才的引进、培养，推进高精尖人才培养工程，大批的科研人才在积极、鼓励的氛围下投身创新创业。

打造培养国家急需高层次人才，引入能够突破关键技术、带动新兴产业、建设新兴学科的高端创新人才，将会产生很多有影响力的企业和产品，有力推动产业转型升级。培养有个性、有情怀、有见地的新时代精英人才，作为科技进步的要素，一流的人才和成果为战略建设提供智力支持并主动扛起了建设强国责任。国家文化创新工程项目“丝绸织锦文化创意与工艺创新及示范推广”，除了工艺技术革新，力图搭建一个现代织锦文化创意产品的研发平台。

（一）高端创新人才引进培养

培育和吸引全球各类文化大师的文化人力资本集聚战略，打造国际高端“项目群”，针对战略性新兴产业以及现代服务产业等重点领域，培养一批国际一流的科学家和科技领军人才。放眼全球，选择在跨国知名科技企业担任高管的高端人才，执掌科创中心建设中的关键岗位，作为向具有全球影响力的科技创新中心迈进中的大都市，可参考国际名城伦敦、纽约的这一做法，以便更好地联通和调配全球创新资源，有助于上海全球创新网络重要枢纽的形成。国际创新团队和高端人才，以及海外高层次人才回国创新创业。政府特聘专家、高校教授、企业创始人（或技术人员），高端人才可以兼有这“三种身份”，可以享受“三份待遇”——政府奖励补助、高校薪金待遇、企业收益报酬，同时享受高校院所与政府形成了辖区的政策支持。

（二）紧扣开放战略，创新拔尖人才的培养

“开放”作为引领未来的新发展理念，带来的国际化程度令人瞩目。在2020年前为外源型发展阶段，我们培育和引进了一大批配置知识资源的强大载体，包括代表世界水平的技术创新机构和成熟的大企业；集中了国际组织

和国际商会、跨国公司并使其选择上海作为创新中心——这与上海特定的地理位置或区位条件具有密切关系，国际化的资源优势，使上海成为海外人才创业的首选之地。“打造创新研发的国际化发展高地”的发展目标，急切需要来自全球的优秀创新创业人才。在沪外商投资企业累计实现利润，世界500强企业地区总部、外资金融机构、《财富》500强企业中有300多家进入上海，100多家在上海成立跨国研发中心，70多家在上海设立亚太地区总部或中国总部。

(三) 注重国际化，“打通两种文化”的复合人才

人才等全球优质资源曾经长期向发达经济体聚集。随着我国综合国力与世界影响力不断提升，我国对人才工作的高度重视，逐渐创造了一片实现梦想的热土，增强了国际人才的吸引力，汇聚了众多国际人才，习近平指出，我们比历史上任何时期都更需要广开进贤之路、广纳天下英才，要实行更加开放的人才政策，不唯地域引进人才，不求所有开发人才，不拘一格用好人才。让我国对人才的吸引力越来越强。

(四) 人才引培高端化，优势领域的世界级科学家集群

注重强化人才支撑，发展的创新驱动，关键在人才。要注重高层次领军人才的引育和高水平创新团队的建设，注重培养设计大师、工艺大师和技能大师，充分激发高层次人才在高水平科学研究上的领军作用；同时，高端人才实行市场化薪酬，推行课题目标完成奖励机制。充分开发利用国际人才资源，上海张江以“双自联动”为制度创新动力，在自贸试验区和张江国家自主创新示范区，聚集上海60%的世界级顶尖创新人才和“千人计划”创业专家。

注入“新活水”，重视环境营造和服务提升，注重政府的政策支持精准化，提供有针对性的服务，把战略部署转化为务实的战术和积极的行动，为促进两国青年人才的交流，中国和法国方达成共识，计划将中国赴法留学生人数从3万多名增加至5万多名，双方还计划共同启动“千人实习生计划”。为了集聚高端人才，在高等教育阶段，美国政府承诺要重树美国在全球的领先地位，支持新成立的美国未来技能特别工作组的工作，推动公私伙伴关系，以便更好地培训各个年龄段的美国人。

七、向创新基本要素投资，强化梯队建设

强化政策扶持，各级政府着力推进简政放权、减税降费，不断推进“放管服”改革与“互联网+”“双创”等融合发力，合力营造良好氛围，催生出大量创新主体，培养、提升他们的创造性思维能力，引导其转化为创新创业的动力，每年有数百万大学生加入创新行列，创新动能会不断释放。提供技术创新服务平台，高校的每一个院系都对应着社会的某个领域或行业，他们利用学校资源自主研发，从当地代表性的企事业单位邀请业内精英担任“行业顾问”，为学生提供指导和支持，为精神文化产品创意生产提供有力支撑。

（一）培育更多“种子”创新人才

国际社会谈创新理念，其核心支柱是教育，特别强调培养年轻人的创新精神，创新需要原发的、草根的生长力量，形成自上而下一以贯之的创新体系，培育创新的“种子”人才，尊重他们的创新设想。没有教育，创新问题无从谈起。培养创新人才，日本自1957年开始就创办了学生科学奖，鼓励和引导青少年学生去探索研究。2002年这一奖项从民间转为由制定日本科技政策的国家机构——科学技术振兴事业团负责主办。学生科学奖的奖金也大幅增加，最优秀的“内阁总理大臣奖”从5万日元上升至50万日元。在日本，类似奖项更是多如牛毛，这些活动提高了日本青少年学生的科学素养与兴趣。2002年化学奖得主田中耕一正是在这样的氛围中长大的。而在2001年3月，日本政府出台第二个科学技术基本计划，雄心勃勃地提出要在50年内拿30个诺贝尔奖。当年10月日本科学家野依良志获得诺贝尔化学奖。

观念创新，以变革促发展，坚持人人可创、事事可新，让更多人投身创新大潮中去，为创新事业全方位保驾护航。在政府合理引导下，互联网业界也积极打造平台式众创空间，以市场为导向，提供入口、流量以及数据分析、云计算等服务，打造创新创业新生态。聚集高端创业要素的要求，斯德哥尔摩市政府鼓励高科技研发，皇家理工学院和斯德哥尔摩大学的信息与技术发展部门、瑞典计算机研究中心及瑞典数据系统发展学院等相继迁入希斯塔，与此同时，爱立信在20世纪90年代的手机产品覆盖了全球40%的市场。希斯

塔在20年间成功塑造了一个科技城。

（二）向创新基本要素投资

强化人才梯队建设，人才是第一要素，社会有活力，就是大家都有创新的意愿。借鉴发达国家的做法，向创新的基本要素投资，由比尔及梅琳达·盖茨基金会发起并主办“科技创新大挑战”，在2014年10周年年会之际，有来自33个国家和地区的44个科研项目获得资助，总额高达4.5亿美元，其中中国的科研项目有3个。2008年，该项目的子项目“探索大挑战”诞生，为涉及全球健康领域的创新研究提供10万～100万美元的较小金额资助，审批流程也更为简化。“盖茨基金会”“科技创新大挑战”启动于2003年，全球各地科研项目获得了这一类别的资助。

社会分工多元性，注重创新型应用型人才的培养，教育是创新的“供给侧”，在荷兰，中学被分为初级职业教育、高级普通中学教育和大学预科教育，这三类中学的学生可以有不同的发展方向，或者就读职业学校，或者直接参加工作，或者继续深造，不同的路径之间也有畅通的转换通道。国际社会支持大众创业、万众创新，美国政府一直在采取措施改进整个教育体系。在启蒙教育阶段，通过早期教育挑战基金来支持创新，并向“抢步教育计划”引入了基于绩效的竞争。在小学和中学阶段，“创新教育运动”指引着公共和私营部门联合，以加强科学、技术、工程和数学（STEM）教育，是“争先计划”等措施的补充，为各国实现经济增长、创造就业凝聚新动力。

（三）协同创新体系，注重人才培养的协同化

激发科研人才的原动力，建立和完善高水平科研支撑，培养具有国际视野的拔尖创新人才机制，科技协同创新体系，斯坦福大学创业教育理念，由于斯坦福大学的创建正逢美国产业革命和高等教育改革之时，这使它的办学理念无不刻着时代的烙印，无不显示着务实、创业的精神。斯坦福大学在创建之初便确立了鲜明的办学宗旨，即“使所学的东西都对学生的生活直接有用，帮助他们取得成功。

坚持高层次技术与研发人才、高素质设计人才，与产业链有机协同，与科研院所广泛合作，保持着创新驱动新举措发源地的优势地位。政府对高校、

科研院所等创新主体“硬件”做出部署，在大学设立了研究中心及四种类型的独立研究机构。这四类研究机构总共包括 122 个研究单位，分别由中心(Center)、实验室(Lab)、研究所(Institute)，以及各种项目(Project)、论坛(Forum)、计划(Program)、研究组(Group)等其他研究机构组成，根据学校官网统计，科研机构承担斯坦福大学科研总量的 20%。

斯坦福大学的多数学术活动和项目都是由科研机构举办的。其他隶属斯坦福的研究机构包括：SLAC 国家加速器实验室(前身为斯坦福线性加速器中心)、斯坦福国际研究中心(原在大学校园内，现为独立机构)、胡佛战争、革命及和平学院(公众政策研究的智库)及哈索·普拉特纳设计研究学院(与波茨坦大学的哈索·普拉特纳研究学院合作的一个跨学科设计学院)。

第十二章
创新创业环境走向国际化

建立长期稳定支持机制，帮助企业瞄准核心技术，加大科技攻关，才能力争在未来创新中占有一席之地。只有更加善待创业者，构建具有全球竞争力的人才制度体系，营造有利于创业创新的氛围，才能吸引海外高层次互联网人才到来，好的创新生态才能护航创新发展，才能加快技术转移和科技成果的转化，在全球格局中树立起知识竞争力。

一、基于自身优势，让科技创新成为“城市基因”

全力打造创新型中心城市，建设具有雄厚竞争力和广泛影响力的全球创新中心，北京和上海作为全球科技创新中心的地位初步显现，两地 R&D(研究与开发)经费投入强度(R&D 经费占 GDP 的比重)分别为 6.01%和 3.73%，达到世界领先水平，而且还是引领技术成果转化的策源地，按照世界科技发展潮流推进路径，力争到 2040 年涌现一批世界级科技“引擎”企业和世界一流大学及科研机构，产出一批前沿科学研究成果和关键核心技术，成为具有全球影响力的科技创新中心。积聚顶级科研机构、跨国公司研发总部等创新资源，大都市总部经济发展，张江在上海率先形成科研创新“国家队”、跨国研发“国际队”、企业为主体的产学研合作“本土队”等协同创新、完善成果转化的开放创新链。

(一) 完善“双创”服务体系

各地设立“双创”示范基地、众创空间、科技企业孵化器等，多数与互联网“无缝对接”，集聚区位、资金、技术等要素，学校研发、政府支持和商业利润是三个螺旋体，这样一个三体结构是希斯塔创新活力的重要支撑，希斯塔从普通郊区演变成全球最具创新活力的科技城之一，20世纪80年代中期，希斯塔进入了第二次转型，即从专门的电信工业区转向以科技研发为主要动力的科技城，最终在20世纪90年代中期迎来瑞典硅谷发展的高潮。创新的“塔尖”的形成，斯德哥尔摩创新与增长机构作为如今希斯塔创新机制的运营者，其主要任务是为新成立的公司培育最佳条件以支持其创新理念，斯德哥尔摩创新与增长机构通过为创业企业度身定制发展模板，并为其融资，同时为科研项目与企业提供“孵化器”，支持有潜在商机的科研成果和创新想法。

（二）培养文化创意人才

高素质的人才。无论是推动文化创新，还是应用高新技术发展文化产业，都离不开高素质的人才，以创造能力为核心，培养文化创意人才，“融合”成为文化创新力未来发展的新趋势，在“融合”发展中，需要培养大量有创造能力的复合型人才。要让艺术的魅力启迪智慧，让多学科的思维激发出创意的灵感，革新文化创意人才的培养过程和方式，注重创意设计与经营管理相结合。要建设一支锐意创新、结构合理的人才队伍，与瞬息万变的行业发展和市场需求相适应，培养善于开拓文化新领域的创新人才、懂经营善管理的复合型人才。

文化创意是将知识转化为创造能力的表现。注重文化创意人才创新能力的培养，跨学科的应用性使其丰富多彩，将文化的精髓与塑造儒雅气质相联系，将知识学习过程当作文化创意的体验和实践过程。培育开放多元、活跃互动的人才群落，文化创意领军人才直通文化市场，建设文化产业人才高地，由于文化产业与互联网、文化产业与金融、文化创意与相关产业的融合发展，复合型和应用型人才的培养价值不可低估，围绕产业创意、创新活动，针对新兴产业培育发展和传统产业转型升级，既掌握国内需求又了解国际市场，既懂文化又懂经营，既能洞察社会又能深谙经济，为“复合型人才”文化产业领军人物，营造成长环境。

（三）专业性人才集中创业

带动相关文化产业的转型升级。创新突出文化内容引领作用，体现在对中国转型发展的智慧推动，有了思想才会有设计，有了设计才会有创造，观念创新是前提，产生新的思想，观念创新，包括对已有理念、理论和模式的怀疑性批判，敢于突破现有范式，大胆扬弃已经落伍的观念和做法，勇于自我改革。实施创新驱动发展战略，敢于创新的国度，才是充满希望的热土。当今文化贸易出口遭遇最大挑战，就是人的因素，专业性人才的缺乏是文化产业亟须解决的问题。培养专业化人才，寻找电影衍生产业发展的对策和机遇。早在 2015 年 10 月，中影股份与北京电影学院就联合成立了中国电影衍生产业研究院，力图从产学研一体化的高度，培养文化“双创”人才，打造中国电影衍生产业人才高地。

二、包容胸怀，增强创新核心竞争力

人才乃富国之本、兴邦大计，是其长远发展的根本支撑，激励科技人员创新，人才战略发挥“源头活水”的作用，必须以人为本推动科技创新，面对这股科技发展浪潮，走“以人才强、科技强带动产业强、经济强、国家强”的道路。

（一）“创新活跃期”，靠服务吸引一流人才

办好事情，关键在人才。要树立强烈的人才意识，做好团结、引领、服务工作，真诚关心人才、爱护人才、成就人才，高度重视人才工作，做好关心人才、服务人才的各项工作，西方在人才、资本、知识和科技诸方面仍然拥有较大优势，提高全社会的知识产权意识，尊重和保护创新者的贡献与权益，20 世纪 80 年代，美国涌现出一批像比尔·盖茨、乔布斯这样的成功创业者，分析他们的成长经历，当时美国社会良好的创新条件和环境，从国家和社会两个层面，建立和完善公平竞争的法律制度体系、广泛的社会扶持政策和创新激励机制，处于加州硅谷的圣荷西政府规定，为扶持符合导航的产业，过程中的企业年亏损额可隔年抵算，包括可将当年的盈利扣除历年的亏损而成为应税额。

（二）综合体制配套

中共中央印发了《关于深化人才发展体制机制改革的意见》，推动实施了系列人才工程，创新能力提高与生产实践是紧密结合的，尊重科技人员创新，

促进科技成果转化法，鼓励科技人员把自己的科研成果转化为产品、产业甚至自己办企业。在知识经济时代，作为科技能力载体的各类专业人才成为最重要的生产要素，因此对人才的争夺就成为这一发展阶段中竞争的重要内容。引进和全球高端人才，吸引来自世界的顶尖人才，能把知识转化为财富，即有科学家素质的企业家，或是有企业家精神的科学家。

(三) 打造国际人才宜居宜业大社区

人才集聚成效显著，在上海的外籍人士购房接近5%，依托"人才强市"战略，"人、产、城"融合的人才生态，张江高科引全国之先探索的"房东＋股东"新型开发模式，并围绕市场推动体制机制创新，大力推进人才培养与社会需求之间的协同，使创新成果尽快转化为现实生产力，激发科研人员的创新活力，推动知识价值导向分配机制的落实，加快技术转移和科技成果转化，夯实人才基础，才能确保长期的竞争力。

(四) 优化海外人才制度

依托创新驱动推动转型升级的"创新活跃期"在加速来临，对全球优秀人才的吸引力正与日俱增，海外人才带着国际化基因来发展，建立灵活的人才激励机制，不断优化人才制度体系，通过政府、高校和企业的成功合作，加强产业、财税、金融、人才等相关领域政策的衔接配套，以更加包容的胸怀完善移民、签证等制度，形成有利于吸引人才的分配、激励和保障机制。

三、创新成果转化的实质化，产学研资源体系最大整合

创新技术转移体系是一项复杂的系统工程，形成纵横联动、协同高效的技术转移网络。产学研资源体系得到最大限度整合，拓宽技术转移通道，放大技术转移体系的辐射和扩散功能。针对国家、行业、企业技术创新需求，对接国家自主创新示范区，与科研院所开展合作，推动科研开发平台共建共享、产业技术信息互联互通。营造有利于技术转移的社会氛围，构建高效协同的技术转移体系，斯坦福大学的研究机构由院系实验室、大学与工业合作的研究中心，强化全要素配置与全链条部署，从供给、需求和服务端同时发力，做

好科技经纪人制度，切实提升科技成果转化能力。

（一）社会服务化职能，构建国家技术转移体系

注重社会服务的实体化。打造产学研国际化创新平台体系，助力提升本土创新水平和自主创新能力，在学科建设、人才培养、产业推进上同时发力，以实体研究院为龙头，高校产学研联盟中心为纽带，积极与地方政府、大型龙头企业共建实体研究院，以“产”为“学”和“研”提供舞台，以“学”为“研”和“产”储备技术力量，提升技术水平，共建实体是产学研合作紧密的形式。

和世界高水平大学和学术机构开展实质性的、有深度的学术交流与科研合作，例如，在联邦经济技术部门牵头下，阿尔腾威尔德尔码头和相关研究所、大学合作，把码头变成德国能源转型的“露天实验室”；在共建产学研联合体模式中，企业一般还以资金、设备、厂房等入股，科研方则不仅参与研究开发工作，还以技术、仪器设备和资金入股。

体现产学研结合技术创新的先进性，政府积极发挥宏观调控职能，加强政策的导向和支持，促进产学研合作向纵深发展，被称为瑞典“硅谷”的希斯塔科学城，位于首都斯德哥尔摩市西北部改革高校管理机制，建立鼓励创新的制度，允许企业和高校联合创新，搭建产业与高校合作交流的平台，使理论与实践同步发展，产学研结合技术创新的利益加大，满足专业人才培养的现实需要。

（二）创新升级环境体系

创新的关键是接地气，以全球科技创新中心为目标引领上海未来城市的发展，上海要建全球科技创新中心，不用学习外国的任何一个城市，因为从城市区域讲，世界上没有一个地方可以替代上海；但是，企业人均研发(R&D)投入指标(居亚太第 18 位)拉低了上海排名，它与较低的经济活动率和私人股权投资活力，某种意义上反映出上海创业环境的不足，很多基础没有，其中包括企业家精神、创新文化，以及尤为重要的风险资本。硅谷就集聚了全球 40%的风险资本，而中国的风险资本不太成熟，创新需要风险资本，在成长中的企业不愿做前期投入，这就很难占得先机，可创新恰恰需要先机，需要吸引风险资本；创新升级环境体系建设，包括制度环境、人文环境、政策环境、生活环境

等。保障无论是投资者还是创业者，都感觉政府的制度环境等很给力。

四、人才发展体制机制改革和政策创新

为文化的可持续创新提供良好的制度环境和保障，更好发挥政府作用，创新体制机制，制定扶持政策，形成有利于创新的发展环境；吸引聚集优秀创新人才，好的制度和环境可聚集优势创新资源，并将其转换成创新能力和整体实力。

（一）人才优先发展战略布局

在 2013 年，中央财政支持人才工作经费稳定增长，各地普遍设立人才工作专项经费；政府把人才工作摆上更加突出位置，落实中央《关于进一步加强党管人才工作的意见》，建立健全人才工作领导和工作机构，各地相继出台相关配套制度 170 多项。陕西省开展以《人才优先发展保障体系研究》为课题的调研活动，提出切合本省实际的人才发展总体思路和整体布局。贵州省委明确提出，补齐贵州工业化和城镇化的短板，首先要解决人的问题。

省里组织开展了"百名教授博士进企业""万名专家下基层"等一系列活动。让人才优先发展落到实处，各地深入贯彻落实党管人才意见。各省区市党委组织部均设立了人才处，各级组织部门共配备专职人员 6000 多名。13 个省区市、6 个副省级城市和 30 多个地级市开展了人才工作目标责任制考核。在 2013 年 6 月召开的全国组织工作会议上，习近平的讲话掷地有声，"要树立强烈的人才意识，寻觅人才求贤若渴，发现人才如获至宝，举荐人才不拘一格，使用人才各尽其能。"

（二）整套政策"组合拳"

优化人才发展环境，完善政策环境和支撑保障，纵横联动布局"人才优先发展"战略，完善人才评价激励机制和服务保障体系，推出各项政策红利，保障体系高效运行。政策组合的叠加效应，转变为一系列有力的政策具体的项目。

五、国际合作创新成果快速转化成经济效益

全球城市建设独特的战略优势，有科研院所和高校为依托，也有具体的产业力量在，可以带动一整条产业链，上海向亚太地区经济发展的原动力转变，改变经济增长方式，把创新作为驱动力，引进大批具有国际管理经验和跨文化、跨领域经营能力的企业家，健全国家级研发项目的产学研合作模式，注重“社会服务与推广型”，提升综合性技术服务能力，切实提升地方服务于国家的重大决策能力，创新不断融入经济社会发展全局，对整个创新能力提升大有好处。

（一）重大科技成果转移转化

探索重大科技成果转移转化示范，有力推进科技成果的转化和社会服务能力的提升。在2008年，中村修二在上海被聘为顾问、复旦大学兼职教授，开始了与上海科研机构的合作。在半导体蓝色激光器、非极性LED领域，中村修二正与国家半导体照明应用系统工程技术研究中心开展合作。半导体蓝色激光器是“激光电视”的核心部件。作为新一代电视机，激光电视比液晶电视的色彩更逼真，清晰度更高，能耗也更低。

（二）完善引才绿色通道

人才政策积极创新，形成具有国际竞争力的人才制度优势，总结中关村的发展经验，很重要的一条就是这里有着良好的人才发展机制。人才工作领域改革创新的力度，以政策突破带动体制机制创新，不断优化人才发展环境。建立健全高层次紧缺急需文化人才“绿色通道”机制、认证机制和推荐机制，完善引才绿色通道，实施高层次人才聚集工程，主动参与国际人才竞争，我国制定了相关政策措施，完善海外人才引进方式，为其出入境、就业居留提供更加便捷高效的服务。比如，2016年，公安部分别推出支持福建自贸试验区建设的10项出入境政策措施和支持广东自贸区建设及创新驱动发展的16项出入境政策措施。随着各地吸引国际人才新政的实施，我国国际人才引进工作不断取得新进展。

(三) 融合之路走向深宽

斯坦福大学的转折点：将 1000 英亩土地以极低廉、只具象征性的地租，长期租给工商业界或毕业校友设立公司，再由他们与学校合作，提供各种研究项目和学生实习机会。斯坦福成为美国首家在校园内成立工业园区的大学。得益于拿出土地换来的巨大收获这个建议，斯坦福使自己置身于在美国的前沿：“工业园区内企业一家接一家地开张，不久就超出斯坦福所能提供的土地范围，向外发展扩张，形成美国加州科技尖端、精英云集的“硅谷”(Silicon Valley，也译作“矽谷”)。斯坦福大学被科技集团与企业重重包围，与高科技、与商界更与实用主义和开拓精神这些典型的美国精神建立密切的联系。随着美国西海岸高科技带的兴起，各个电脑公司，包括“世纪宠儿”微软公司纷纷在这一线安营扎寨，斯坦福大学的地位越来越举足轻重，从此斯坦福大学就是硅谷的核心，是全世界科技创新的中心。

六、在创新领域，地理位置决定命运

具有地缘上的优势，悉尼是澳大利亚证券交易所、澳大利亚储备银行以及许多该国银行与澳大利亚集团的全国总部。悉尼也是不少跨国集团的地区总部。悉尼期货交易所是亚太地区最大的金融期货与期权交易所之一，悉尼期交所是全球第十二大期货市场，以及第十九大期货与期权市场。

(一) 金融业和商业迅速发展

芝加哥是美国中西部一个重要的金融中心，也是世界金融中心之一。芝加哥是美国一些大银行和大金融机构的总部和分支机构所在地。它拥有 300 多家美国银行、40 家外国银行分行和 16 家保险公司。数百家银行在洛杉矶设有办事处，包括许多著名的国际大财团，如洛克希德，诺思罗普，罗克韦尔等，洛杉矶已成为仅次于纽约的金融中心。

芝加哥证券交易所是美国境内仅次于纽约市的最大证券交易所。商业交易所、期货交易所和芝加哥交易局举世闻名，在全世界金融交易场所中首屈一指。芝加哥交易局是世界上最大、最早的期货、期权交易市场，它的股票成交额在美国国内名列前茅。芝加哥商业交易所是世界上最大的一个易损货物交易市场，芝加哥期货交易所的成交额超过美国国内任何一个交易所。

（二）创新活动，众多大型跨国公司总部所在地

当代著名的国际化城市都是众多大型跨国公司总部所在地，随着贸易全球化的深入，跨国公司数量将日益增加，而全球前500家最大跨国企业的前100家就控制了世界近1/3的直接投资，因此该指标极有代表性地反映出该城市的国际控制能力。根据国际城市发展经验，只要有一半以上的全球最大500家企业设立分支机构，就能很好地说明城市的国际化趋势及未来的成长性，进一步吸引、利用全球创新资源，香港位于中国东南端，是发展日渐迅速的东亚地区的枢纽，是世界三大国际金融中心之一，是亚洲最重要的金融、服务中心之一。地理条件优越，是许多跨国公司驻亚洲的总部所在地，可以说是全球的生产经营决策和企业战略决策中心。香港股票市场规模之大，以市值计算，在亚洲排名第二。以成交额计算，香港是世界第六大外汇交易市场。

鼓励更多的跨国公司在上海开展创新活动，把科技创新上升到更高的层面，打破所谓的科技和经济两张皮的问题。上海想要打造科技创新城市，怎样走向世界之巅，努力在推进科技创新、实施创新驱动发展战略方面走到世界前列，加快向具有全球影响力的科技创新中心进军。上榜全球城市科技创新中心，以前所未有的速度接纳着新的跨国公司的到来，具有外资背景的企业及广告、保险类公司和律师事务所比例递升。进一步提高全球创新资源配置能力，世界知名企业入驻，各类市场主体快速增长，增强科技创新国际影响力。

七、全球科技创新中心建设

自主创新能力和全球竞争力加速提升，全球科技创新中心城市功能进一步凸显。创新与城市定位相衔接，上海作为国际大都市，有两个中心：（一）技术中心。（二）文化中心。发展特色也与其他国际大都市的发展有共同规律，要强化引进消化吸收再创新，科技创新企业蓬勃发展，上海需要学习其他城市培育一批像华为、中兴、恒信这样的本土科技型企业。

（一）传统的资金和国际技术援助合作

南南合作旨在相互分享的能力，主要内容包括推动发展中国家间的技术合作和经济合作，并致力于加强基础设施建设、能源与环境、中小企业发展、人才资源开发、健康教育等产业领域的交流合作。南南合作，即发展中国家间的经济技术合作，是促进发展的国际多边合作不可或缺的重要组成部分，是确保发展中国家有效融入和参与世界经济的有效手段。

南南全球技术产权交易所是经联合国开发计划署批准设立并落户于上海的南南合作的重要平台，致力于推动南南发展中国家的技术产权交易，现已成为联合国南南合作的三大平台之一。

（二）在财力方面，增加科技投入

推动经济发展、社会进步是增强城市竞争力的重要手段。增强技术进步的一个重要方面是增加研发投入的比重。德国以创新体系为支柱，政府发布“能源转向战略”与“2020年高科技战略”，为德国经济和德国制造下一步的发展指明方向，2012年，在研发上的投入高达795亿欧元，目的是确保德国在国际竞争中的地位、延续德国在知识型社会建设中的成功发展，2006年德国通过《高技术战略》，这是德国第一个从国家层面进行通盘设计的创新战略，2010年这一战略被拓展为《高技术战略2020》，创新研发为德国经济未来繁荣奠定基础。

八、创新驱动，不只是一句时髦话

创意经济、创意产业，被称为文化产业和科技方面的结合，也有人认为，这是全球化的一个结果。R&D（研究与开发）投资占GDP比重是世界所广泛采用的衡量经济发展与技术进步相关性的指标。根据GDP增长速度和当今其他国际化都市的相关指标，达到国际化大都市的基本标准应为5%以上。日本的科研经费也一直维持在国内生产总值的3%以上，比例居世界发达国家首位。充足的后勤保障令日本学界能在基础研究方面获得巨大进展，在理论物理、生物技术、信息通信等方面都属于顶尖，在纳米和新材料研究等领域也位于世界前列，并参与了国际空间站和人类基因组等重大国际合作科研计划。

(一) 协同发展得实惠

全球城市应该发挥平台作用，任何企业到这个平台，就能从创新中产生效益，影响全国乃至全球。这样的结合，才能让创新成为驱动力。要在推进科技创新、实施创新驱动发展战略方面走在前列，拥有世界领先的技术和理念，汉堡是港口城市，汉堡港是最重要的经济发动机。上海要建成具有全球影响性的科技创新中心，打造成在技术、运营、业务等全面创新的策源地。通用电气(GE)全球运营亚太中心2014年9月落户上海张江，向GE集团位于日本、韩国、澳大利亚、新加坡、印度等16个亚太国家和地区的业务提供共享服务。GE在全球共有五大运营中心，配合GE中国与上海GE全球研发中心，加快向具有全球影响力的科技创新中心进军。

(二) 开放包容的文化氛围

创新人才的这种心理需求。开放包容的文化氛围，对人才最具吸引力。大城市往往更加开放、相对公平，营造公平竞争、自由拼搏的氛围，伦敦、纽约政府起用具有跨国企业管理背景的科技创新推进者，有利于集聚和吸引全球创新资源，树立开放包容的理念，既有领军企业"大树"，也有新生企业"小苗"，马克思在《〈政治经济学批判大纲〉导言》中曾提出"物质生产的发展例如同艺术生产的不平衡关系"的重要论断。我们从这个观点可以看到：历史上有许多国家和区域，如西班牙和苏格兰，尽管人口不多，但是就具有巨大创造活力和引领作用的代表人物和代表性作品而言，大大超过了那些具有巨大人口的国家和地区。

(三) "小地方"凝聚"大人才"

一个文化创新大国，不在于人口的众多，更在于文化创新人才的高密度集聚和文化创新活力的持续释放。培育创新主体，精准施策引进人才，大力提升研发能力，按照"人才+"模式，集"领军型人才+高校优势学科+产业研究院+专业孵化器+批量行业企业"五位于一体，形成了培育创新发展的生态链。

人才资源是21世纪国家和都市发展的第一核心资源，文化发展也不例外。纽约文化产业从业人员就高达31万人；伦敦创意产业的从业人员就超过50万人。让人才安下心来埋头苦干，营造鼓励创新、宽容失败的社会氛围，让每个创新创业创优的思想和行动都能得到鼓励和支持，让每个人的创造力量充分释放。天时地利人和，建设“创想乐园”的构想，谱写大众创业万众创新的文化篇章。遴选一批众创空间和创新创业服务平台，政府予以政策扶持，使这些空间和平台迸发出创新创业的文化活力。

（四）人才创新能力培养

引领文化市场，文化创意人才创新能力培养，核心是创意与创业、文化创意学习与文化创意市场的开辟，聚焦产业、建立创意交换社区、知识社区、人才社区，推动市场、政府和社会资源有机互动，文化创意走向市场，形成产学研相结合的培养模式，实现人才与产业共生共荣的生态系统，鼓励优化专业结构，与文化企事业单位共建培养基地。使创新企业高度集聚，整体谋划、协调推进。创新资本充分涌流、创新活力持续迸发，高技能人才队伍发展是一项综合系统工程，实施人才强国战略，统筹推进人才队伍建设，协同推进，多管齐下。

第十三章
创新人才与创新城市

人才竞争的根本是文化竞争，形成研、学、产、销为一体的高层次知识水平运营机制。不同层次的城市也会有不同层次的适用技术，用活各类各层次人才，构建以市场为导向、产学研相结合的文化创新体系，搭建科创平台留才。

科技中心是经济中心城市建设发展的制高点和推进器。主要由科技创新中心、科技引进中心和科技辐射中心所构成，这里的“科技”是广义的，既包括自然的也包括社会的科学与技术，城市设置的研究机构，包括各类院所、中心等则是科研的中坚力量；建立推进产学研合作的教育联络机制、工作机制和共享机制，有效地整合学校和传媒行业各自的资源优势，确保产学一体化人才培养模式顺利推进。

一、人力资源是创新活动的基础

吸引聚集优秀创新人才，壮大创新的主体队伍，激活科研院所这个“骨干”，激发科技工作者的创新热情和创造活力。成都推动市属高校紧扣该市产业重点开展创新活动，积极鼓励企业与川大、电子科大、西南交大等知名高校“攀亲结缘”，推进产学研相结合，提升高校面向市场需求的技术研发能力，发展综合优势明显的大型龙头研发中心、重点实验室等，加快培育一批“小巨人”和“成长型”创新主体，实施创新能力提升。实施创新人才培育工程，提高教育创新人才培养质量，输送丰富的创新人才，打造一支规模宏大、结构合理、素质突出的优秀创新人才队伍。

引导各类科研院所深化体制改革，探索适应市场化方向的管理运作模式和利益分享机制，激发科研人员的创新活力，发挥科研院所的骨干和引领作用。积极构建完善科研成果转化体系，"泛浙大"的科技创新创业体系不断完善。去年，浙江大学授权专利 2150 件，转化科技成果 220 项，产生了 1.35 亿元知识产权收益，专利转化率在全国领先。逐步形成世界一流大学、一流学科。服务创新驱动发展战略，高水平大学使命光荣、责无旁贷。加快培养拔尖创新人才，培育重大创新成果，实施全球开放发展战略，构建科教融合发展的创新生态系统，自主创新能力和高教办学水平迈向新台阶，形成了一大批领跑世界的标志性成果。

(一) 产学合作，开创互惠共赢的"新样板"

面对国际人才竞争，党的十八大指出"广开进贤之路，广纳天下英才"，打造国际一流的科研人才队伍。开展校地人才合作体制机制改革，推进校地产学合作，开创互惠共赢的"新样板"。政府、所在高校、创业企业三方联合引才、用才、留才的"校地合作共引共享共用机制"。通过人才在三大用人主体中核心地位的带动，打破三者之间的资源阻隔和交通壁垒，从而真正实现产学研的一体化有机互动、滚动提升的循环机制，既有利于科研开展，又为科研成果产业化提供便利。

为化解成果转化不畅的问题，进行职务科技成果混合所有制改革，用所有权来激励发明人加快科技成果转化，科研工作者的创新积极性高涨。这一机制创新实施，发明专利完成了分割确权，成果转化如雨后春笋，取得了初步成效。创新驱动发展的理念深入人心，国家在建立技术创新市场导向机制、构建更加高效的科研体系、营造激励创新的公平竞争环境等方面采取了许多重要举措，使创新的强大动力在经济社会发展和国际竞争中的作用更凸显。

(二) 建高水平研究平台，不断深化国际交流合作

创造文化创新社会环境，扫除体制机制障碍，创造一个鼓励创新、支持创新、保护创新的社会环境，构建科技创新体系。建立完善科研单位、高校、企业等各类创新主体协同攻关机制，尽快取得突破性科研成果，制定修订一批符合要求的国家标准和行业标准，着眼于提升制度化水平，要以管理为重点，适应社会发展需求。

优化创新系统软环境,创新系统,是指公共和私营部门中发起、改变和扩散新技术的活动和互动的制度和组织网络。除制度和机构支持外,德国各级政府还通过促进项目对机构和企业的研发活动给予资助。德国经济政策通过鼓励结构转型和创新来保持竞争力,集中优势资源及前瞻性的研究成果为国家战略提供智力支持,围绕国家重大技术需求,加强与国际高水平院校的科研合作,德国创新系统中公共部门和私营部门之间的分工明确:公共部门(大学与公立研究机构)主要从事基础研究,企业从事应用研究。

但是,政府也建立了像弗劳恩霍夫协会这样的应用型研究机构,成为基础研究和企业创新之间的重要桥梁。在促进中小企业和德国特有的应用技术大学研发合作方面,德国工业研究协会联盟起到了重要的作用。该协会目前有来自不同工业行业的 101 个研究协会成员。协会联盟负责政府对中小企业创新支持项目的实施,为产学研合作研究提供重要的公共平台。

二、鼓励创新的生态环境,万众创新释放活力

创新离不开宽松的社会环境。营造有利于大众创业、市场主体创新的政策环境和制度环境。市场要活、创新要实、政策要宽,吸引人才的新政策,打造支持创业、鼓励创新的最佳环境。文化人、艺术家的创作能力可以说就是文化创造的"技术因素";同时,他们的创造所需的社会氛围、制度条件也是这类"技术"的组成部分。

营造鼓励创新的宽松的社会环境,著名的众创空间演化成专业的孵化器和服务机构,在智能制造、文化创意等领域展开创新投资孵化,强调发展创意经济主要是营造文化氛围。如萨克森尼安对硅谷的研究发现,中国人和印度人,在各国国内没有创意的,一到硅谷就有创意了。包容个性的宽松的社会环境既有助于开始发明创造之旅,也对创意产业的发展提供推动作用。

(一)"跨界"成为新趋势

创新发展的制度环境建构和优化至关重要,联邦政府责成教育和研究部与经济部牵头共同推进该战略,在《高技术战略 2020》框架下先期投资 2 亿欧元,并大力支持德国三大工业协会——德国信息技术、通讯、新媒体协会

(BITKOM)、德国机械设备制造业联合会(VDMA)以及德国电气和电子工业联合会(ZVEI)成立跨领域研究平台。通过立法完善等进一步形成竞争的氛围。自上而下的创新道路,实施“1+X”协同发展模式。在协同发展中实现带动发展、均衡发展,促进产业链、创新链、资金链的紧密结合,加快科技成果向现实生产力转化。

(二) 纵横联动、强化协同

构建高效协同的国家创新体系,构建新的创业创新 24 小时城市综合体,从商业角度,解决双创与产业、与经济的两张皮问题。众创形成“创客空间+创业孵化器+企业加速器+创业培训”的生态环境,面向“一带一路”沿线国家等的国际技术转移广泛开展,科技成果和高技术产品输出能力提升,有利于科技成果资本化、产业化的体制机制基本建立;到 2025 年,结构合理、功能完善、体制健全、运行高效的国家技术转移体系全面建成,技术市场充分发育,各类创新主体高效协同互动,技术转移体制机制更加健全,科技成果的扩散、流动、共享、应用更加顺畅。创新机制,政府推动,国务院印发《国家技术转移体系建设方案》,提出国家技术转移体系“两步走”建设目标:到 2020 年,适应新形势的国家技术转移体系基本建成,互联互通的技术市场初步形成,市场化的技术转移机构,对科技与经济发展的创新引领、带动和示范作用。

三、重大科技成果支撑经济社会发展

科技创新和制度创新双轮驱动,科技创新的第一要素就是科技人才,激励科技人员创新,尊重科技人员创新,形成良好的、适合科技创新的环境,推动科技工作者产生创新的原动力,加快技术转移和科技成果的转化。多国实践证明,高校、科研院所成果转化“量”“质”齐升,由政府支持的产学研一体化体系,是缩短科研成果转化周期的重要手段。

(一) 健全科技成果转化体系

技术市场成果转化能力迅速提升,输出技术成交额实际增长度,构建符合科技创新规律、技术转移规律和产业发展规律的国家技术转移体系,专业化的技术转移人才队伍发展壮大，技术、资本、人才等创新要素有机融合，技术转移渠道更加畅通，推动科技成果加快转化为经济社会发展的现实动力。

科技成果转化服务体系日益健全，国家技术转移体系是国家创新体系的重要组成部分，加强系统设计，对现有技术转移体系做出优化和完善，把促进科技成果转移转化的现有工作和各个环节勾连起来，使之更加适应科技创新规律、技术转移规律和产业发展规律。在2017年，国务院印发《国家技术转移体系建设方案》，确立建成结构合理、功能完善、体制健全、运行高效的国家技术转移体系，2015年10月，《促进科技成果转化法》实施，2016年2月，《〈中华人民共和国促进科技成果转化法〉若干规定》出台，同年4月国务院颁布《促进科技成果转移转化行动方案》。环环相扣的“三部曲”，促进科技成果持续产生，推动科技成果扩散、流动、共享、应用，并实现经济与社会价值的生态系统。但是，如果技术转移和成果转化的体系不健全，在创新链条衔接不畅、供需对接不顺、人才队伍不强的短板，就会出现科技成果向现实生产力转化不畅的问题，成为创新文化发展的瓶颈。

（二）建设品牌化国际化人才培养环境

要从人才推出机制、管理机制乃至优化文化环境，营造“近者悦，远者来”的人才发展环境。随着人力资源管理手段日益灵活，人才流动较以往更为自由，推出更合理的人才选拔机制，促进国际间的文化交流，激发创作活力，优势，离不开一个又一个包括艺术家在内的鲜明的中国人，人才战略作为第一战略，大力培育一流人才，奠定坚实的人才基础，文化走出去“全明星梦之队”，主创者深谙中英文化，越来越多“打通两种文化”的华裔人才，扩大引才视野，面向海内外延揽精英。深入挖掘中国文化的优秀部分，然后以有效的方式展示于国际舞台，如美国麦克阿瑟天才奖获得者、来自上海的作曲家盛宗亮，美国出生、中国台湾地区长大的华裔导演赖声川等。

另辟蹊径的创新，重视高端人才的创新引领带动作用，大艺术家们既是路又是桥——既是艺术传播之路不可缺少的组成部分，又是一个国家灵魂式的代表。比如，一提到英国文学，人们肯定会想到莎士比亚；提到美国流行文化，也一定会想到猫王、迈克尔·杰克逊。在世界舞台上，成功形象树立得越多，文化“走出去”的成效也会越大，反之，如果这个代表人物推不出来，这个国家的文化在世界舞台的鲜明形象也难以树立起来。

四、非公有制经济组织、社会组织人才队伍建设

加大创新人才培养力度，着力打造集聚人才的软环境。人才机制不断健全。中央统战部、民政部分别研究起草加强非公有制经济组织、社会组织人才队伍建设的意见。国家外专局探索研究技术移民制度，起草关于进一步加强引进国外智力工作的意见。中组部等 11 部门和北京市联合推进科研项目评审工作改革，为科研人员潜心研究创造良好环境。

人才管理改革试验区建设如火如荼。北京中关村以特殊政策对特殊人才予以特殊支持，天津滨海新区探索实施整建制团队引才制度，国资委推动北京、天津、浙江、湖北四地未来科技城建设。党的十八大以来，在中国梦的感召下，越来越多的优秀人才聚集到党和国家的事业中来，仅北京中关村 2013 年前 11 个月，专利申请量就达 2.8 万件，同比增长 22.8%，企业参与创制和修订国际标准 100 多项、国家标准 2600 多项，新创办科技型企业 3500 多家，人才"梦之队"用全部的智慧和力量，推动东方古国在创新复兴的征途上全速前行。

在社会资本差别上，宽松的科研环境和充足的经费对科研创新至关重要。美国 2006 年诺贝尔化学奖得主罗杰·科恩伯格在发表感言时说，他可以在其领域潜心研究 10 年而没有压力，同时，耐心与坚持，是创新者最重要的品质。一国的政治、经济、社会、文化等诸多因素综合作用，形成或强或弱的大磁场，影响着人才的国际流向，而对人才的吸引力，则是软实力中日趋重要的一大要素。人才如水，顺势而流，吸引力大小，看诸多政府政策、社会机制及环境能在多大程度上推动创新能力往往是厚积薄发，对文化创新要有耐心、信心，不能心浮气躁、急功近利。创新发展取决于人才积极性、创造性的发挥，没有对人才的充分尊重和认同，帮助人才潜心研究和创新。就不可能有创新力的未来。

第十四章
新"丝路"提升"中国服务"竞争力

完善绿色消费的制度设计，新"丝路"沿线地区丰富的旅游资源，区域协调，积极参与国际旅游交流，促进丝绸之路旅游扮演重要的角色，讲好中国故事、传播中国声音，凸显自身在丝绸之路发展过程中的独特地位，丝绸之路旅游业区域协同发展，建立跨区域甚至跨省区的文化旅游产业定位、规划、开发、运营和管理主体，充分发挥市场在文化旅游资源利用和有效配置的主体作用，贯彻绿色发展新理念，突出绿色转型全面振兴，旅游资源是丝绸之路的显性优势资源，新疆和西藏等地秀美的风光、独特风貌和淳朴的风土人情，深深吸引去西部旅游。

一、丝路联盟，国际性品牌平台

"一带一路"旅游合作发挥多方积极性，完善合作机制，持续开展与丝绸之路沿线国家开展多层次、多领域务实合作。区域联动与合作，"一带一路"沿线成立旅游联盟，丝绸之路旅游推广联盟在甘肃宣告成立，甘肃省旅游局丝绸之路旅游推广联盟 13 个省(市、区)成员单位 50 多人，赴哈萨克斯坦、土耳其、意大利欧亚 3 国，行程数千千米，声势浩大。着力打造丝绸之路黄金旅游带和国内外知名的旅游目的地，建设"一路一带"重要的通道和载体，"敦煌行·丝绸之路国际旅游节"，推进丝绸之路沿线国家旅游合作共赢，旅游节先后举办丝绸之路旅游产品展览会、丝绸之路旅游媒体对话会、境内外 100 家媒体和"双百"旅行商丝绸之路行等。

（一）创新性海外推介

克服文化差异，更好地推广旅游产品等，甘肃省歌舞剧院的中国经典舞剧——《丝路花雨》，为中国旅游精彩代言，加深人们对地区文化的理解。发展人文旅游的独特优势，对外推介活动，印尼打造“郑和旅游线”，计划建设一条文化旅游专线，成为印尼与中国友好往来与文化交流的平台，就如同郑和船队在14世纪所发挥的作用，在“郑和旅游线”9个城市巡回举办海上丝绸之路图片展、舞剧《丝海梦寻》巡演等。

面向世界、立意高远，旅游的国际推广，让全世界了解中国，消除国际社会偏见，获得别国的认同、情感和支持。“美丽中国”主题推广，全国首个世界性文化宣传推广平台，旅游卫视携手全国2000多家文化旅游企业，打造中国文旅产业的“航空母舰群”，向世界展现中国的锦绣河山和优秀文化。以“海上丝绸之路——由澳门出发”为主题的第3届世界旅游经济论坛，有来自联合国旅游组织、30多个国家和地区的1000多名旅游界嘉宾与会。

（二）文化“一带一路”，“微”传播

运用新媒体进行旅游营销，很多国家和旅游城市重视把新媒体运用于旅游业，从而开创了进行旅游推介和文化传播的新格局。旅游推介和对外文化传播，创新性推介吸引各国游客的关注，在利用互联网进行市场推广方面，需要做的是把互联网的作用发挥好、把互联网的具体利用形式选择好。

开拓国外旅游市场，围绕扩大旅游产品在“一带一路”沿线国家的知名度，很多旅游城市都进行“微”旅游宣传——建立官方微信、微博和Instagram账号，拍摄微电影，与视频网站及新浪微博等社交网站进行合作推广。通过“美丽中国”等海外推广网站的深化建设，提高网站呈现内容的可见性。

二、巧借机遇，国宝大熊猫文化符号

落实国家“一带一路”发展战略，期待欧亚国家之间经贸更密切，人心更贴紧，交流更多元，人与人之间变得更亲近了，大熊猫是中国的国宝，是中国的文化符号之一，韩国京畿道龙仁市爱宝乐园“熊猫世界”馆游人如织，进入“熊猫世界”，由36台65英寸电视连接成的360度环形屏幕，放映着熊猫主题

动画。

（一）海外“熊猫世界”

喜闻乐见的可爱动画熊猫形象，用三维技术投影形成了360度动态效果。“熊猫世界”也是“IT世界”。游客可以下载“熊猫世界”的手机应用，与一只只憨态可掬、形态各异的大熊猫合影，大熊猫“爱宝”和“乐宝”成为大明星。“全息特效多媒体秀剧”，可以与参观者全方位互动，中国企业联合馆演出上海广涌多媒体技术有限公司集成创意、设计、制作“全息特效多媒体秀”系统，采取真人卡通演员＋“多媒体秀＋歌舞Party”形式，生动展现中国企业的世博理念，展馆内专门设有一个多媒体剧场，增加服务的文化含量，使中国熊猫以卡通造型出现。

憨态可掬的大熊猫，星徽和好好离开“天府之国”，从中国“飞”到比利时，在“天堂公园”安家落户，2只可爱的小家伙受到比利时人民热情欢迎，比利时为他们颁发了长达15年的特殊“签证”，创造了中方迄今出租大熊猫的最长纪录；为了提醒人们世界上现存的大熊猫数量，呼吁人们保护濒危动物，在法国巴黎Beaugrenelle购物商场，1600只纸熊猫亮相展出，这项活动由世界野生动物基金会于2008年首次发起；为了便于熊猫形象的国际传播，在柏林世界公园，有40多只外观独特、憨态可掬的熊猫雕塑展出。韩国京畿道龙仁市政府委任2只大熊猫为旅游宣传大使，在韩国委任动物为宣传大使尚属首次。

（二）海外“熊猫粉丝”

“熊猫粉丝”的评选在大熊猫旅居过的英国、法国、西班牙、比利时、德国、奥地利6个国家举行。熊猫在这些国家很受喜爱，“熊猫粉丝”来自有大熊猫客居的欧洲国家，各国“熊猫粉丝”大多会说汉语，对中国文化有着较深的了解。入选“熊猫粉丝”的幸运，将与知名媒体记者、大熊猫和丝绸之路的专家、文化名人一起组成车队，先后途经英国、西班牙、法国、比利时、德国、奥地利、意大利、希腊、土耳其、伊朗、巴基斯坦、印度、孟加拉、缅甸等14个国家，抵达中国四川，探访大熊猫的故乡成都，进行一次历史性的旅行，整个行程超过2.1万千米。

沿丝绸之路，体验沟通中欧的旅程，2015年1月，“行南丝绸之路·游大熊猫家乡——欧洲熊猫粉丝四川探亲之旅”活动中，欧洲“熊猫粉丝”自驾游，40 天穿越 14 个国家，6 个欧洲国家的车手，12 名熊猫爱好者，在德国柏林启程。欧洲“熊猫粉丝”德国站启动，柏林自由大学的女大学生康斯坦萨·费列西亚在柏林夏洛腾堡宫门前接过队旗，策划开展“行南丝绸之路·游大熊猫家乡——欧洲熊猫粉丝四川探亲之旅”大型国际营销活动，沿着丝绸之路讲述更多的中国故事，自驾行程得到了德国波茨坦德中文化交流协会协助。

三、丝路旅游国际交往：区域协同之路

应现代旅游消费市场的新要求，文化经济要发展成熟，就要融入大众文化消费生活中，旅游经济转型升级源于民众对生活品质的不断追求，人们的收入水平逐步提升，对生活品质也有了更高的要求，继而辐射到城市现代服务业体系，一个国家或地区人均 GDP 超过 5000 美元后，旅游就会进入大众化日常性普遍消费阶段，为了满足追求多样有趣的民众旅游需求以及实现经济结构的优化升级，构建多元产业体系，推动城市经济转型发展，国际旅游业的发展水平直接关系着城市国际化水平的高低，城市年入境旅游人数是体现城市国际交流功能和开放程度的重要指标，诚实经济的转型升级，为都市旅游业发展提出了新要求，也提供了新机遇。

（一）旅游文化消费与社会消费结构转型

文化旅游业发展方兴未艾、增长势头强劲，文化旅游业的外延不断扩大，产业的融合度不断提升，使文化旅游成为集政治、经济、教育、科技等于一体的大旅游活动。旅游业是边界模糊甚至无边界的综合性产业。像其他许多综合性产业一样，旅游业与众多关联产业不断融合渗透，其贡献渗透在生产生活的方方面面。文化旅游具有关联性、互补性、共生性，各产业相互链接，产生文化和旅游的紧密结合。

文化旅游经济在量上不断扩容，“旅游＋”就越丰富多彩，巨大的文化附加值对相关产业有带动作用，“旅游＋”，包括商务旅游、研学旅游、健康旅游、休闲度假、文化旅游等，赴境外研学旅游，推动研学旅游丰富内容、提高层次，进一步拓展了旅游空间，文化旅游业同其他产业，以及旅游业内部不同行业

间的相互渗透和融合发展，提升相关行业和领域的发展水平与综合价值，提升文化旅游附加值。

（二）推进丝绸之路经济带建设

创新旅游业发展体制机制，加强旅游规划机制创新，丝绸之路沿线城市围绕建立多边合作机制，就推动商贸、文化、旅游等领域合作，真正成为一个品牌国际化、产品国际化的旅游产品，引导有实力的企业依法申请注册国际酒店、航空公司、旅游电子商务、旅游企业集团等围绕丝绸之路文化的企业品牌，使其更加广泛深入地渗透到旅游产业体系中。依托交通体系和亟待完善的旅游公共服务设施支持，逐渐拓展旅游产品的空间和类型。丝绸之路品牌助益于国内各地区对于丝绸之路品牌的弘扬及其对当地经济社会发展的带动。乘丝绸之路申遗成功，旅游业发展大有作为。

四、以大市场推动旅游跨行业融合

着眼于大旅游、大市场，新兴经济体不断完善本国的基础设施，对促进旅游业和目的地国家的经济起到了较大的推动作用，全面融入"一带一路"战略，推动打造"泛南海经济合作圈"，让彼此认识到是密切联系、唇齿相依的关系，与所有邻国进行合作，推动海南与沿线国家和地区港口、航空交通基础设施互联互通，同时计划开通100余条国际航线，全面提升大旅游建设的国际化水平。

融合创新受到高度关注，旅游活动直接、间接和诱发性的经济影响，拉动了投资，根据国民经济乘数理论模型，研究大文化旅游业与国民经济135个部门之间的影响力系数和感应力系数，旅游产业具有"文化、旅游、创意、产业"四位一体的特点，国外旅游业往往与文化创意产业融合，实现经济振兴和产业转型。

五、"一带一路"文化点亮世界之东西方对话

围绕丝绸之路的各种考古和发掘的新发现，需要加强对于丝绸之路品牌

文化的开发和品牌市场制高点的抢占。“一带一路”发展高峰论坛，围绕推进互联互通、生态建设、产业合作、文化旅游等开展讨论。但是，国际交流海外推广，丝绸之路系列主题产品难觅踪迹，在印度市场，“美丽中国”的主题活动的知晓率仅有 11.2%，其形象宣传效果总体不太令人满意。

（一）特色文化产品海外推介

中欧打造一条全新的丝绸之路，在这条丝路上，交易的商品更广泛，文化的技术上的合作更密切。欧洲国家积极响应“一带一路”倡议，“一带一路”将促进沿线国家之间政策沟通、道路联通、贸易畅通、货币流通、民心相通，最重要的是民心相通。意大利站作为丝绸之路旅游年活动的重头戏，“美丽中国・丝绸之路”系列推广活动之一，举办中意地方旅游交流活动；丝绸之路沿线做到以游客为中心，每年确定一个国家旅游主题，对外建立陆上丝绸之路和海上丝绸之路宣传推广联盟，围绕 2015“美丽中国——丝绸之路旅游年”主题的大型国际营销活动，可以成为中外百姓交流的重要渠道。“一带一路”宏大广阔，四川省旅游推介会在柏林举行。

旅游是促进民众友谊与了解最直接、最有效的办法。名为“行南丝绸之路・游大熊猫家乡——欧洲熊猫粉丝四川探亲之旅”的活动，在整个欧洲地区刮起了一股“四川旅游风”，“探亲之旅”促进民心相通，被列入中国国家旅游局重点旅游营销活动。丝绸之路，通过它的象征性责任和历史性意义，指明了未来一条道路，这条道路给世界带来美好和益处，例如，将“一带一路”方案与联合国《2030 年可持续发展议程》结合起来，深度参与融入“一带一路”建设，展现出了广阔前景和对未来世界的积极作用，中国-联合国和平与发展基金，执行好各项基金项目，为实现 2030 年可持续发展目标做出积极贡献。

（二）海外传播的舆论优势，引导国际社会心理

文化创新力是一个巨大系统工程，注重深化整体性、系统性、协同性，突出制度创新，建设“新丝绸之路经济带”和实施“21 世纪海上丝绸之路”的构想，让本土文化走向世界，全方位拓展文化外交的整体布局，这意味着对将会对国际社会具有感召力、吸引力和凝聚力，在 2015 年 6 月下旬，在米兰世博园

内举办“一带一路架金桥，五洲汇聚大舞台——《丝路金桥》《中国大舞台》”文化展览活动，大型经典的艺术作品《中国大舞台》，用中国经典古建筑来传播文化盛宴，领略地方文化艺术的魅力，“文化走亲东盟行”，中越艺术家联合展演各具特色的精彩节目，来自广西的壮绣、壮医非物质文化遗产展览活动颇受关注。

第十五章 全域旅游和特色产业融合发展

全域旅游倡导从单一景点景区建设和管理，向综合目的地统筹发展转变，着眼于实现旅游管理模式、产业发展方式转变，引领旅游业开启新探索。绿色福祉释放生态红利，形成特色经济，并通过智慧电商让绿色旅游产品风行天下，把巍巍青山变成富民的“绿色银行”。

一、全域旅游的品牌基地

旅游产业规模进一步扩大，需要做好主体功能与空间布局安排，“生态+”培育新动能让巍巍青山、美丽田园、生态环保设施成就一幅自然和人文交织的画卷。丰富旅游业态，实现产、城、人、文、景五位一体，全力打造生态文明建设，策划“全时”“全季”“全景”“全域”的特色旅游产品组合系列，坚持生态立市、特色兴市、产业强市，激活区域内各类旅游空间载体；城市微旅行可以充分利用各种交通工具和手段，策划出深度体验线路，串联起全域标志性的旅游资源。

(一) 空间体系优化结构

对城市的空间体系、文物古迹、建筑风貌进行整体保护。对古镇全域精雕细琢，按照外在古典、内在时尚，彰显城市风格，像工艺美术师一样，力求处处“移步皆美景”。独一无二的江南古镇，在1000年、100年前，有些曾是水路、陆路的要津，但古镇在功能上首先是“镇”，一头连接着中心城市，一头连接着农村，是吸引人群聚集居住，绿水长流、蓝天永驻的“宜居”所在。适度开发文化和自然旅游资源，推出泛旅游产业，主打跨界整合。

（二）兼顾形与神

历史积淀，造就了古城丰厚的文化遗产，乌镇，作为江南六大水乡古镇之首，水乡风情、建筑样貌、民俗文化，既个性又独特，正如同那句向文化转型的西栅口号："一样的古镇，不一样的乌镇"。水乡小镇的发展模式，强化规划引领和立法保护，对古城内的建筑进行分区域控制，古城是历史风景，而小桥流水及其桨声舟影，坊巷民居和白墙黛瓦，则展示了烟雨江南幽深秀美的自然景色和民俗风光。

乌镇西栅景区仅桥梁就有 100 多座，有历史年龄的老桥达到 70 多座，弯弯曲曲、林林总总的河道盘绕在整个西栅景区，让水乡更有韵味，改造后的河面上是一片美景。增强优秀传统文化的凝聚力和感召力。古镇保护是一个全面、整体、综合的概念，与古镇风貌协调。注重产业发展与城镇化建设相结合，以金融扶持、人才支撑、重点项目支持等为抓手，把作坊请回街区，比如酒作坊、布作坊、打铁铺等，让水乡里的"水"真正流动起来。乌镇之美，更承载着这里生活的文化记忆，内需"养生"的人文循环。

（三）城镇化新的重要内涵

现代社会古城的鲜明标志，城镇化有了新的重要内涵。江南枫泾镇主导产业，在商贸物流、房产开发外，还有特色制造业和文创教育产业。其中，特色制造业由三部分组成：汽车零部件制造、新能源开发以及打造以历史传统为基础的特色食品品牌——"石库门"黄酒和"枫泾丁蹄"。

古城做好整体保护，寻找古城保护与民生保障的平衡点，乌镇的保护方法很独特，每家店铺开店需要递交详细的商业经营计划，由景区服务中心统一备案，城区建设探出新路，做好产业转型、整体保护、民生改善，游客预订房间，无论酒店还是民宿，全部由乌镇游客服务中心一个入口，统一分配，古镇发展配比是门票收入占 1/3、住宿收入占 1/3、综合性营收占 1/3。在就业途径日渐多元化的同时，越来越多在外打工的年轻人选择回镇自主创业，西栅的所有酒店都是公司自营的，开办民宿采取的是资格申请制，资格申请有一套严格的标准，很多外来人员也选择在古镇定居、工作，干得有声有色。

二、国际“全域旅游”点燃新引擎

旅游业创新发展模式，出境游是不能替代的市场，毕竟，想要看埃菲尔铁塔只能去法国，出境游的消费是当年入境外国游客在中国花费的3倍，反映了游客强烈的消费需求。致力从“景点旅游”走向“全域旅游”，更富特色的旅游产品和服务，拓宽产业辐射面，延伸产业链，形成多元化的旅游新业态。例如，“温泉游”旅游品牌，数量多、规模大、档次高、结构优、综合性强，引领健身新时尚。

匈牙利地底面积的70%都是矿泉水，全国已有200多家水疗院，在过去的几百年间，匈牙利早已雄踞欧洲最大的温泉国宝座。推动温泉走向世界，匈牙利是欧洲温泉资源最丰富的国家，布达佩斯也是世界上拥有温泉最多的首都，几百年来，这个城市一直热气腾腾，泡温泉在这里是全民运动，作为温泉大国的国民，匈牙利人在温泉国度中，蓝天白云下泡着温泉的感觉真的很爽。温泉并不仅是养生放松的一种方式，更是新思想的温床。

匈牙利布达佩斯主城区温泉资源可开采量大，创新开发温泉价值，使之成为以温泉为核心的、有竞争力的、复合型的、产业集聚的著名温泉旅游城市。拥有世界级温泉地热资源，形成悠久独特的温泉历史文化，匈牙利 egerszalok 温泉镇，以露天温泉著称，温泉周边也有很多碳酸钙沉淀，形成一个个白色的温泉小池。最神秘的温泉，米什科尔茨塔波察(Miskolctapolca)洞穴温泉，20世纪30年代当地人发现了这个温泉洞穴，给了那么热爱温泉的匈牙利人开发的机会，温泉水在洞穴里流淌，与其说是泡温泉，不如说更像是探洞，乐趣更多。

全域旅游，融合发展

创新是引领发展的第一动力。在这个消费升级、重视体验的时代，旅游业进入全域旅游、全民休闲度假时代，游客更愿意把钱花在体验上，追求品质与个性化。现代景观的审美主要特征包括：体验性、色彩感、艺术性、文化性、自然性、趣味性、个性、亲和性、人性化，走出旅游业景点单一、景观雷同、旅游产品类似的困境，制胜法宝除了创新，别无他途。创新不是推倒重来，也不是另起炉灶，而是结合当地实情，依托独特区位优势，突出当地文化特色，如历史文化、人文传承、风俗习惯、美好传说等，进而匠心独运、出奇制胜，推进经济社会全面发展。树立“全域旅游”观念，谋划发展布局，发展文化旅游产业，开发真正有价值的创新体验。

三、特色为要，文化为魂

开发原生型旅行产品，改进用户体验和品牌运作，使各种定制旅行产品涌现市场，发现自我的旅行需求，满足个人兴趣，或是地理，或是探索，或是文化，或是美食，或是运动，这些深度化的旅行体验，让游客获得自己想要的物质上或者精神上的满足感。

（一）“旅游＋”撬动产业转型

全域旅游创新发展路径，背后需要有清晰的产业支撑，全球领先的企业的诞生与社会文化氛围密切相关。针对人们自身喜好和需求而设计的产品应运而生，打造“仅有一次”的独特行程，2016 年华为公司在葡萄牙创办的首家创新体验中心在里斯本开幕，该中心向人们展示华为公司最先进的技术、产品和最新的技术信息，坚持“创新发展成果与全社会共享”，华为创造了多项全球领先的研发成果，展示 5G 时代，看中国领跑，华为在 5G 研发上，特别是新波形、新编码等成为全球 5G 统一标准。

（二）旅游国际合作区，激活消费市场

文化经济结构调整，以文化、旅游、融资租赁、“互联网＋”等为代表的服务业成为经济增长的一个新引擎提出旅游产业提档升级：着眼发展全域旅游、四季旅游，实施“旅游＋”战略，打造“壮美亮丽风景线”品牌，让美丽风景变成真金白银。全域旅游有序推开，景点景区打造精品旅游线路。

围绕“温泉古都”特色，历史文化风貌区资源与旅游结合，布达佩斯是世界上拥有温泉最多的首都，光是世界知名的温泉就多达 24 个。布达佩斯著名的英雄广场后面有个远近闻名的塞切尼温泉，塞切尼温泉浴场的外观是华丽的新巴洛克式风格，其独特的建筑也非常具有代表性。装饰雕像和玻璃马赛克很具有皇家风格。匈牙利塞切斯特 Gellert 浴场——最具新艺术风格的浴

场，建于1918年。在这里可以像参观博物馆一样，从装饰到外立面，再到顶窗，好好看看它建筑的细节。布达佩斯 rudas 浴池，浴室的气氛很好，有很多治疗设备，而且这里很有名人缘，池水里不仅泡满了享受休闲的本地人，也吸引了大批的世界游客来这里来体验。

历史建筑的使用功能依然延续，历史建筑的物质真实性和社会活态性得以保持，历史建筑所蕴含的传统智慧被更真实地展现，其承载的大众集体记忆被更生动地传承。在保持历史建筑产权关系不变的基础上，政府、专家、社会、历史建筑的业主共同参与对历史建筑的保护和再利用，可以成为一种最大限度发挥历史建筑文化价值、社会价值和使用价值的路径。这种路径带来的正向结果显而易见。

（三）服务业态更新

城市露天公园式温泉博物馆，宣传温泉文化，促进温泉旅游，了解温泉知识，康养发展，重庆露天温泉博物馆在地下打通温泉水管道，把富有硫酸钙镁泉质的温泉水引入博物馆，开辟浴手体验区和浴足体验区，可以零距离放松享受泡温泉，黑维兹湖温泉 Hévíz——世界上最大的天然医疗温泉湖，由于温泉水中特有的矿物质结构，匈牙利各种不同疗效的温泉对不同病理特征的患者有特别的疗效。

医生会根据不同病人的情况，开出不同的泡温泉处方让病人去享受温泉疗法。浴室内有可饮用的温泉水，据说饮用这些温泉水，也具有治疗作用。匈牙利洞穴温泉水温常年保持在29℃～31℃，含轻微的放射线，同样具有疗效，由于泉水对肌肉痛、关节炎、神经痛、风湿病有特殊的治疗效果，匈牙利海维斯 Heviz 温泉城是欧洲最为著名的温泉小城，各种治疗、按摩馆充斥城市的大街小巷，城内的海维斯天然温泉湖 Hevez Lake 是世界上唯一的天然温泉湖。

高温蒸发的水汽在湖面上萦晕成缥缈的水雾，被不少此类病症患者赞誉为“希望之湖”，据说，海维斯湖底有温泉源头，每天喷出几亿升的热矿泉，大约2天湖水就会自更新一次，不仅湖水，连湖底的泥都有疗效。湖底的矿物质黑泥也具有多重美容效果。欧洲各国蜂拥而至的泡汤客，去湖里泡天然露天温泉，是一种很特别的体验，这里的露天的硫磺泉 SPA 尤为著名，许多酒店都有从湖中引进的湖水 SPA,据说湖水对呼吸系统及心血管等疾病有很好的治疗作用仿佛是一座巨大的水疗医院。小镇优美宁静的风景,吸引游客在此享受最美好的时光。

四、融入民俗有风味

全域旅游是以旅游业带动和促进经济社会全面发展的新模式,人文旅游常焕常新,是地域社会发展与经济活力提升的重要内容,为地区带来丰厚的经济利益,城市经济的发展离不开文化产业支撑,创新文化节日,适应现代生活需要,文化旅游是以旅游文化的地域差异性为诱因,以民族性、艺术性、神秘性、多样性、互动性等特征具有强劲的吸引力。融入了文化,马其顿诗歌节之行,无论是文化考察,还是风光游览,这些正式和非正式的交流,都融入不同地区的风俗文化,让旅游度假更加休闲、更有味道。

(一) 风情古城,旅游的文化功能

旅游业功能是城市主体功能之一,文化之城,在一定地域空间内通过旅游资源吸引人流、物流、资金流、服务设施和重大旅游项目集聚,形成功能完善、要素齐全的文化产业结构,游客需求趋于品质化,面对旅游消费变革升级,业态寻求转型,悠久深厚的历史文化,浓郁的文化底蕴,多功能的旅游业态,更趋多元化,走向精品化,讲求个性“范儿”,丰富了消费者的体验,凸显文化城市的国际影响力。

旅游是体验文化,城市文化旅游是指以现代化的城市设施为依托,弘扬优秀传统,汲取文化养分,以城市丰富的人文景观为吸引要素。诗歌节舞蹈一般由少女表演,穿着白色的纱裙,非常圣洁、纯粹,翩翩起舞,是人类最天真烂漫的古希腊艺术场景的再现。诗歌节有室内的诗歌表演,主要在剧场和教堂,有大型的诗歌表演,读者多达 25 人,听者多达数百上千,作为马其顿共和国的活动,斯特鲁加诗歌节被公认为世界三大国际诗歌节之一。如同所向披靡的马其顿方阵,让艺术的种子撒向各个地方。让人们分享诗歌节的快乐。

有古有今的文化灵魂,具有上千年的文化积淀传承,自然深厚阔大,使旅游者获得富有文化内涵和深度参与旅游体验。城市旅游或进行商务活动的

外国人日益增多，口碑传播成为形成国家品牌美誉度的重要途径，可信度强、说服力强，最易为他国公众所接受。因此，需要旅游氛围升级——要加大整体城市环境的营造，提升知名度美誉度，城市“像绣花一样精细”，“最美品牌”久久为功，推广传播古国古城，进一步发挥文化“深”“远”“高”特点，同时保供给、保生态协调统一，整体打造具有规模效益、各具特色的文化旅游街区，使古国古城成为旅游的第一品牌。

（二）古都风韵，时代风貌

对外传播旅游文化，其浮现出社会文化功能，旅游经营创造的观赏对象和休闲娱乐方式为消费内容，优美宜人的景色，保护历史文化金名片，斯特鲁加诗歌节是世界上历史最久的诗歌节，也是分量重、规模大的国际诗歌节之一，具备了世界性的规模和影响。诗歌节举办地，在马其顿西南部边陲著名的湖滨度假胜地斯特鲁加市，那里拥有全世界美丽的湖泊之一——奥赫里德湖，右侧则是由奥赫里德湖（Ohrid）延伸出来的一条“黑鹿河”穿城而过，可以说是斯特鲁加的母亲河。湖边沙滩上到处亮着微暗的黄色灯光，诗歌节会场地理位置可谓绝佳，有著名的“诗桥”，让人如入梦境。

第十六章
文化生态空间的整体性保护

随着对历史文化的认知深化，我们知道非物质文化遗产有如生命体一般，与其生存环境互相依存、相互成就，失去了特定的环境，非遗便失去了赖以生存的土壤和空间，文化传承发展的自然脉络就容易断裂。一些地方出现对保护当地文化生态的重要性认识不足，急功近利、片面追求发展的现象严重；一些地方将历史街区、古民居的原住居民迁走，让其原有的生活方式、文化空间不复留存，当地的传统文化信息也逐步丢失。维护非遗的生存空间，加强文化生态保护刻不容缓。

一、文化家底与文化遗珠

文化的传承与发展，应合理分配有限资源，增强对文化遗产的保护意识，比如历史保护项目与纯商业项目捆绑售卖，在西方建筑界，这种做法有专门称谓“开发权转移(TDR transit development right)”，因为保护给开发商带来的经济损失，政府通过给予其他地块开发权进行弥补，正确处理保护与利用、传承与发展的关系，更好地发挥出文物资源作用，以弘扬优秀传统文化，许多知名企业赞助大型文物古迹的修复工作，其中包括罗马的古斗兽场、水城威尼斯的著名标志性建筑古迹等。

(一) 保护城市文化之根

追求历史沧桑感，凸显城市的历史文化符号，对有价值的历史建筑进行分类分级保护，是国际通行做法。树立了高度发展城市保护历史建筑的典范。历史建筑是指经政府确定公布的具有一定保护价值，能够反映历史风貌和地方特色，未公布为文物保护单位，也未登记为不可移动文物的建筑物、构筑物，是城市发展演变历程中留存下来的重要历史载体。保护好历史建筑，实质就是传承城市发展的血脉，让人真切地体会到属于自己的“魂与根”。这些建筑所折射出的烙印，远比文字记载更生动、更真实。

历史建筑在活化保护中，延续文脉。众多城市有历史建筑，应尽可能实现原有建筑功能的延续。由于古建筑本身拥有的历史信息，国内外部分城市在进行历史街区改造中，优先将原有的金融机构建筑交由金融单位使用，临街商业区继续做商铺。活化后的功能与原先相同，原有设计就能够基本满足当代使用，乌镇“长街宴”“香市”等传统江南节目，鼓励老乌镇原住民来景区里种花种草、爆米花、拉二胡、下象棋。

不仅包括物质形态，活态保护也很珍贵，对活化建筑的改造，要保持原貌并非什么都不能变动，而是区别对待。每个活化利用的建筑外部都应有对本建筑原有情况的详细介绍，收集与活化建筑有关的文物和口述史资料，鼓励在建筑内部辟出一角布设相关展览。1999 年，桐乡市委市政府提出开发乌镇景区的计划，准备 20 万元启动资金，联合 13 家单位筹集 1250 万元，并把资本主要分为两类，一类是保护性资本，比如乌镇的桥、房子，属于百分之百国资。另一类是经营类资产，比如酒店的经营，与中青旅合作分成，税后收入以每年 30％的速度在增长，世博会那一年翻了几倍。

（二）多样性文化遗产生态

国家主导古建筑等文化遗产的保护，既有利于提升古建筑保护的规格和层次，保证保护资金到位，发挥传统优秀文化价值，实现老城保护与复兴和历史文化遗产的整体保护，又能强化遗产在物质和精神层面的国家凝聚力，提升国家形象和文化软实力。国家级文化生态保护，欧美一些国家设有不动产税，将其作为地方政府的主要税源。有了这一稳定的税源，地方政府着力提供公共服务及基础设施建设，从立法和体制层面给予刺激旅游行业发展的积极信号。

二、政策环境的构建要素

通过保护开发不断丰富古城的文化内涵，历史建筑具有普遍性的特点和地域性的特点，我国住房和城乡建设部印发《关于加强历史建筑保护与利用工作的通知》，要求各地加强历史建筑的保护，已确定为历史建筑的老房子、近现代建筑和工业遗产，强调“不拆真遗存”，许多历史建筑是具有极其重要的历史文化价值、艺术价值、科学价值的。

历史建筑遗存不仅仅是城市的物质资源，更是文化资源，是“一个城市文化传承的重要载体”，在一座城市中，可以有不同时代的建筑和平互处，互相依存，共同形成城市发展变迁的脉络，体现城市的价值特色。对于承载民族历史和文化记忆的历史建筑，意大利就于 2002 年在文化遗产部的主导下成立“文化遗产和可持续旅游交易所”，将《资助文化产业优惠法》进一步规范完善。需要修复、保护和经营的文物古迹以及所需要的资金以“招标”的形式公开展示，民间资本可以自主自愿地“竞标”投资，参与投资的企业可享受减税的待遇。历史建筑的文化价值属于全社会，则要发挥国外政策杠杆作用，政府以政策代替现金投入，鼓励更多民间力量参与，让他们看到将来的利益，愿意投入。

（一）民间资本输入另辟蹊径

建立以文化遗产地为主体的国家体系，促进文化传承，涉及古风貌、古建筑保护等诸多方面，需要巨大资金投入，意大利有着丰富的文化遗产，这也意味着需要巨大的维护资金投入，为了便于政府对文物古迹的维修和保护，在 2014 年 5 月，意大利文化遗产和文化活动部颁布一项名为《保护文化遗产、文化发展和刺激旅游产业紧急措施》的新法案，新法案的出台，缓解政府压力，民间资本的输入为解决文化遗产维修问题提供资金支持。

多保多留不同时期和不同类型的历史建筑，注重城市近现代建筑遗产的保护，做到应保尽保。社会力量愿意投入保护，是政策给了利益，对企业来说，这是一举多得的好事情：既可以少缴税款，又能收到良好的广告效应。政策环境的构建要素，是包括政策优惠、政策倾斜、政策服务和政策机制的有机统一。在政策环境方面，发达国家注重促进产业升级的差异性政策，鼓励创新的政策环境，降低企业税负，增强创新活力。意大利总理提出，通过税收这一有效手段，刺激旅游企业创新并加速意大利旅游业机构的现代化。将历史建筑纳入国家保护范围，是最基础也是最重要的工作。有了被保护的身份，一方面扩大了历史建筑保护的实质载体；另一方面也扩大了时空内涵，这对于国家文化的传承和遗产的整体保护是一个重要补充，有利于在保护的过程中发挥历史建筑在当代的价值。

（二）税收优惠政策

文化遗产融入现代生活，显得更为急迫。使其对公众发挥更大价值，这也是人类保护文化遗产的动因。通过保护和合理利用，发挥文化遗产在现实生活中的积极作用，使之成为优秀的文化表达、传播的基地和源泉，在政策配套方面，细化历史建筑的管理，建立自下而上和上下结合的机制；方法上体现因城、因街、因房制宜，体现管理的灵活性；在符合保护规划要求的前提下，对于历史建筑维修给予资金上的支持，意大利2000年颁布的《资助文化产业优惠法》规定，企业对各类社会文化活动的赞助可直接抵税，这一法案的出台使旅游业的迅速复苏具备了一切的必要条件。

捐助维建文化事业可抵税，这项法案最吸引公众目光的是在第一项即提出了“艺术奖励”方案。该方案规定，对捐助维修、保护和修复公共文化遗产以及赞助建设博物馆、档案馆、公共图书馆、公共剧院和交响乐基金会的个人和企业，其捐助的款项最高可冲抵需缴纳税额的65％。对于个人和非营利性机构，其捐助款项不应大于年收入的15％；对于营利性企业和机构，其捐助款项不应大于年收入的5‰。长期鼓励赞助文化活动，用税收优惠政策来鼓励私营企业投资保护文化遗产在意大利并不是第一次。

三、历史建筑当代活化

世界文化遗产是大型的、年代久远的，甚至濒临毁灭需要挽救的，在古城打造过程中，在对古建筑实施修缮和维护的同时，延续古城的本土特色，从人与社会的视角来看，古建筑是广大普通民众生活经历的真实承载物，保护历史建筑就是传承一个城市或村镇的大众集体记忆，使之有效融入现代生活。

荷兰人对文化的传承不是刻意所为，而是让它成为一种生活方式，文化才能得到更好的传承。社会内容发展了，外在形式却留了下来，成为每个人都可亲近的文化遗产，还原古城历史发展的城市建筑肌理，适当加入现代旅游功能，遵循“修旧如旧、建新如旧、建新胜旧”的原则。

（一）荷兰“风格派”设计

历史建筑是一个城市和村镇文化遗存的空间本底，这个本底的价值在于它真实展现了城市和村镇人居环境千百年营造的传统智慧，人们可以持续地从中发现、学习、汲取经验，历史建筑保护不同于文物建筑的保护，它涉及千家万户居民和业主的切身利益。有关国家对私有财产和居住权保护的法律法规，对于历史建筑保护而言是一个强有力的法律保障，“里特维德之家”小楼最初由里特维德公司负责管理，成立了专门的里特维德基金，并制订了专门的《里特维德保护和管理计划》，后来乌德勒支市政府接管了小楼的保护，将其变为博物馆，严格保持房间、家具的原貌，向公众游客开放，2000 年，因为其标志性的设计理念，被列入世界文化遗产名录。

让历史建筑的业主和使用人作为合伙人参与到政府、市场对历史建筑的修缮、改善、再利用中，从中持续受益，由于其独特的设计艺术理念，有几根交错的红、黄、蓝直线立杆与灰白色的墙体形成鲜明的对比，全面展示了荷兰“风格派”运动的设计理念，这一理念、风格和元素全面渗透到众多现代建筑设计之中。

这座灰白的 2 层小楼，始建于 1924 年，是建筑设计师 Rietveld 的代表作，每 5 年严格按照原本的色彩设计刷新。小楼与中国长城，印度泰姬陵、埃及金字塔一同被列入“世界文化遗产名录”历史建筑。与大多数文物建筑不同，它更多地承担着日常的使用功能，可持续地对它予以再利用是实现历史建筑价值的最佳途径。历史建筑如果全部用作文化、商业、参观景点来使用，虽然能够实现公众的“可进入”，但其实是不可行的，特别是居住类的历史建筑，比如北京的胡同、上海的里弄、苏州的传统民居、侗族村寨的吊脚楼等，需要寻找新的解决方案。

（二）文物古迹游

民族文化的瑰宝，文化旅游主题是露天博物馆，露天博物馆是一种收藏和展示历史民居建筑及其生活方式的博物馆，具有很高的旅游价值，它最早出现在欧洲工业革命纵深发展的时代。那时人们的生活环境和生产方式急剧变化，城市与乡村不断翻新，历史建筑被抛弃，民居更是首当其冲。有历史文化眼光的人们开始搜集这些"行将灭亡"的老屋，作为先人的人文见证与历史财富，辟地重建，集中保护，称之为"露天博物馆"。在开发中保持资源整体性、文化完整性和景区规模性，开发和保护并举，选择那些有绝对比较优势、单体资源价值最高且有可能产生最优要素组合效应的资源整体开发或重组。

最早的露天博物馆建于100多年前(1891年)瑞典斯德哥尔摩的吉尔卡登岛。近100座由各地迁移来的古代民居，被错落有致地陈放在一片草木丰盛的坡地上。在今天看来，很像一个古老的村镇，房舍、教堂、粮仓、杂货店、作坊、磨房、畜舍、马厩，应有尽有，室内还有着昔日特有的生活物品，充盈着那时的生活细节。经过了1个多世纪，这里所有的树木都成了古木，深郁的光影里也已有了历史的气息。一些建筑里还安排了古代手艺的活态演示，如陶艺、织布、木刻、食品制作等等，以展示他们祖先的生活情态。

(三)"城市遗产风貌保护"

提高区域旅游协作和协同水平，从欧美到日韩，从俄罗斯苏兹达里的老木屋博物馆到泰国的老屋博物馆，这种露天博物馆的意义是将最难保存的人类遗产——历史民居及生活细节保存下来，进行整体推介，使历史真正得以活化、古城得以重生、文脉得以延续、生态得以保护。走上一条文态、生态、业态协调发展、相互促进的可持续发展之路，这种露天博物馆的出现，立即唤起了人们保护传统民居的文化自觉。数年之后，丹麦人在其北部的奥胡斯、荷兰人在阿纳姆的郊区相继建成了展示自己先人生活方式与场景的露天博物馆。如今，世界上这种露天博物馆愈来愈多，有大的战略思想与和谐的城镇生态，吸引世人的目光，变成世界瞩目，激活文化旅游消费的一道风景。

(四)绿色理念与生态文化

注重把文化元素变成旅游产品，让中外游客深度感受和体验它的独特魅力，环境就是民生，上海江宁路115年的老街掸去浮尘，打造新芳华，多彩的城市建筑和居民区淹没在大片的绿色丛林之中。现代化建筑和优美的海边风光，赋予这片土地魅力，现代风格的建筑及其周边的精致风景，让人感到宁静和祥和。对古建筑进行保护性开发利用，实现历史与现代在艺术和空间上的巧妙融合，提升这些普通历史建筑的价值，例如海派文化老城区、老洋房、老厂房，以及江南吴越的老运河等历经岁月沉淀的建筑风貌和人文风情等。

伊朗古堡当之无愧成为最神秘的人文遗迹。几乎每一个有些历史的绿洲城镇附近都会有一座古堡，或已经修葺一新，或只剩断壁残垣。从外表看，古堡无一例外由砖石垒砌而成，再用掺有草屑的湿泥加以保护。古堡大抵以四方结构出现，并且在四个角上建有圆形塔楼，一些古堡为沟渠环绕，是当年的护城河防御工事。古堡内部则根据不同的用途，呈现出五花八门的构造——以仓储为目的建造的古堡，内部多分割为上下 2 层，每层均分布有数十至上百不等的穴室，冬暖夏凉；以防御为目的建造的古堡，垛墙上留有密集而且整齐的小孔，供侦察和投射武器之用。在众多古堡中，最著名的当属巴姆古堡。这处由砖块和鲁特荒漠特有的红土所筑成的古老建筑，半数以上的城墙被脚手架所覆盖，它们艰难地支撑着这处世界文化遗产 2000 余年的历史。

（五）文化旅游与艺术创意空间

历史建筑保护得当的国家，几乎都有相应的城市风貌保护法规支撑，加上持续不断的资金投入，制定保护规划，并由专门机构管理。西班牙为保护历史建筑，形成了一个较为完善的保护体系。在立法、行政、公民教育和专业人才培养等方面都进行了努力，历史建筑是重要组成部分。把历史建筑的保护利用和文化旅游、艺术创意活动发展以及改善环境结合起来，作为一个系统工程来做，提升街巷魅力、活力，体现人文空间的回归，宏伟的布拉格城堡和老城中心市区，为旅游发展提供广阔的空间，来自世界各地的游客穿梭于景区闹市，为这个繁华、忙碌的城市增添了一道靓丽的流动风景线。

古人的智慧结晶是今天的文化遗产，历史文化遗产是对“文化遗产”全新的理解。学习前人留下的优秀传统，继承的同时又融入了对现实环境的理解。保护优秀历史建筑，不仅仅要保护建筑本身，更要关注它周边的物质环境、人文环境和社会环境。为此，在历史文化街区以及其他历史建筑集中成片地区,1991 年欧洲议会参照法国模式设立欧洲文化遗产日。法国文化部于 1984 年发起了文化遗产日活动,向公众免费开放包括总统府爱丽舍宫、国民议会波旁宫等在内的 1.5 万多处名胜古迹,因为优秀历史建筑真正的魅力源于它的历史文化内涵,而周边的历史风貌环境是烘托出它们价值的关键。

第十七章
绿色发展也是软实力

绿色成为幸福色，强化了绿色发展的分量。哪里有绿水青山，哪里就是发展高地，把“美丽”列为现代化强国的基本特征，将生态优势作为转型升级的重要方向，成为最好的发展资源和最大的竞争力。“绿色＋”思维，改革生态文明体制，制度出台频度之密前所未有，中央全面深化改革领导小组审议通过 40 多项生态文明和生态环境保护具体改革方案。构建绿色金融体系，财政部门在研究制定国家绿色发展基金的方案，到 2035 年，生态环境根本好转，美丽中国目标基本实现；到 21 世纪中叶，把我国建成富强和谐美丽的现代化强国。

一、创新发展模式，从追求更多到追求更美好

绿色发展，是在生态环境容量和资源承载能力的制约下，通过保护自然环境实现可持续科学发展的新型发展模式和生态发展理念。绿色发展理念倡导生态价值观，生态价值观认为，不仅人是主体，在某种意义上自然也是“主体”；不仅人有价值，自然也有价值；传统田园的特有魅力，巴西边陲小城伊瓜苏，因有世界自然遗产伊瓜苏大瀑布而声名远播。这里还有一处“百鸟园”，好莱坞动画影片《里约大冒险》就取材于这个“百鸟园”，也是各国游客必访之地。

构建绿色产业体系，使绿色成为产业发展的底色，绿色产业不断发展壮大，促进经济发展向更多依靠节约资源和低碳循环经济转变，通过激发新动能，培育新主体，涌现出一批新技术、新产品。重点绿色产业迅猛发展，推动

产业深度融合，推广新发展模式，产业业态不断创新，实行“互联网＋旅游＋采摘＋销售”等模式，推动一、二、三产业关系深度融合的旅游业发展项目，国际合作逐步深化，绿色产业逐步成为国民经济的新亮点和支柱产业。

“绿色＋”风情之旅

丰富旅游新业态，强化“旅游＋”的思维，统筹生态建设，构建生态文明体系，让绿水青山成为亮丽的名片，提供更多优质生态产品以满足人民日益增长的对于优美生态环境的需要。沉浸式的文化体验，吸引着世界各国旅行者的目光。富有异国情调的风景，巴西生态游，尤其是雨林和湿地很有吸引力。

优化生态空间布局，坚持高标准规划、高品质建设，站在统筹推进总体布局的战略高度，将“全域大景区”画卷展开，以“整体保护”与“活态保护”的概念为指导，让古城的历史文脉在发展中永葆生机和活力，加强调空间聚合和业态融合、重视市场运作和创意引领，加快生态产业发展在文化体验领域的繁荣，无论是旅游景点的手工制品还是特色美食，还是当地知名政客和文科大家，如哥廷根大学的洪堡、梅特涅、格林兄弟、叔本华、海涅、俾斯麦、胡塞尔等，都成为一个地方的文化符号而受到游客的青睐。

提升绿色观赏体验，绿色生态是最大的财富、最大的优势、最大的品牌。生态环境就是核心竞争力，保护好生态，“全域皆景、村村是景、村景相融”的特色县情，绿水青山变为可持续“开采”的金山银山，把生态优势持续转化为经济优势，将绿色转型进行到底。旅游发展模式经历变革，按照创新、协调、绿色、开放、共享新发展理念，实现旅游、经济、生态相协调，到冰岛观光旅游，体验“冰火之国”独特的魅力。奇特的自然风光，冰川、火山、瀑布、温泉，自然风光吸引着国际游客。

二、生态协调，山水“金饭碗”

绿水青山的民生价值，在于人们可以采用生态技术，发展生态经济，生态资源走出一条新路子，把生活资料转化为生产资本，协同推进人民富裕、国家富强美丽。在这个意义上，绿水青山就是“金山银山”。加快高原特色旅游文化资源开发，开展高原观光、探险、科学考察等旅游项目推介，保护环境，事关人民群众健康和可持续发展，必须强力推进，走出一条经济发展与环境改善双赢之路。自然生态系统是经济发展的资源，也是每个人每天生活其中的环境，树立和弘扬生态文明价值观，运用生态技术和生态工艺，改造传统产业，形成生态化的产业体系，提供生态产品。在巴西举行的“里约＋20”峰会，也是联合国可持续发展大会，就倡导推动全球绿色发展。

（一）绿水青山的民生价值

良好生态环境是最公平的公共产品，是最普惠的民生福祉。生态环境直接关乎人民群众生活质量。保护生态环境就是保障民生，改善生态环境就是改善民生。青山就是美丽，蓝天就是幸福，森林旅游发展成为绿色产业，2013年，在一项国际性“全球最美河流”评选中，漓江成为唯一入选的中国河流，获评全球15条最美丽河流之一。漓江喀斯特入选世界自然遗产名录。

对于国外城市的旅游，加拿大被称为四季皆宜的旅游胜地。春天的荷兰，一旦阳光在田野上舒展，转眼蓝天如洗，轻纱般的薄雾且隐且退，风信子、白百合花事正盛，满目的繁荣，站在略显空旷的海边，感受着海牙的幽静与树篱的繁茂，还可品味荷兰美味点心；坐落于山水之间，森林之中的乌法，是俄罗斯为数不多的人口超过100万人的大型城市，与大片的草场、麦田和平整土地相接，周边环境是略有起伏的小山和绿树，别拉亚河从山脚下缓缓流过，河对岸则是一望无际的森林。

（二）城市绿色文脉

一个文脉深远的地方叫作哥廷根牧鹅少女。在集市广场的西南角，即旅游中心门前，有一个六角形的喷水池，水池中央立着一座牧鹅少女铜像，她身边还有一只鹅，每逢颁发博士学位，戴博士帽的学生都要来此亲吻牧鹅少女，拍照留念。这个浪漫的举动已成为哥廷根的传统，牧鹅少女也成为大学的精神象征。《牧鹅少女》是格林兄弟的童话故事。在中国，格林兄弟应该是知名度仅次于安徒生的西方古典童话作家，在《牧鹅少女》这则童话里，心地善良的公主带着坏心肠的女仆出嫁远方，不料被女仆陷害，变成看鹅女。女仆自己则冒名顶替，嫁给了王子。后来，这个骗局终于被老国王发现，恢复了公主原来的身份。

生态文化是一种行为准则、一种价值理念，是一种发自心灵深处的醒悟和外化于行的素养。衡量生态文化是否在全社会植根的标准，就是要看这种行为准则和价值理念是否自觉体现在社会生产生活的方方面面。今日之中国，生态文化已融入生产、生活、经济等各个领域、各个方面，成为人们日常生活的一种意义深远的文化自觉。绿色文化作为一种新的文化自觉，将开启生态文明发展的新时代。毫无疑问，推进绿色发展，既是经济增长方式的转变，更是思想观念的深刻变革。加强生态文化建设，在全社会确立起追求生态优先的价值观，是建设美丽中国、追求美好生活的重要前提。

三、绿色转型优势转化为经济优势

（一）绿水青山的文化价值

以休闲旅游改变生活为指引，扩大生态环境的“绿色优势”，弘扬文明绿色旅游理念。人们过去求生存，现在求生态；过去盼温饱，现在盼环保；过去希望尽快富起来，现在不仅希望生活更富足，而且希望生态环境更良好，希望蓝天常在、青山常在、绿水常在，生态环境质量是关键，坚持绿色发展，使良好的生态环境成为人民生活质量的重要增长点，自觉把生态纳入民生福祉，拓宽惠民、利民、富民之道，为人民提供干净的水、清新的空气、安全的食品、优美的环境，为人民提供更多优质的公共生态产品。“绿水青山就是金山银山”包含着深厚的文化价值，这一重要论述，既揭示了自然与人、生态与发展、生态与社会的内在关联性、统一性，又极大丰富和提升了生态文明观。

（二）区域生态经济国际化

现代旅游已经升级到休闲、消费为主的旅游，来自国内外的游客体验塞上冬季的美景和民俗文化的魅力。宁夏沙湖冬季文化旅游节，提供以“冬游宁夏・享受阳光”为主题的冬季旅游项目，创造性地将当地独特的文化、民俗、美食、冰雪等旅游元素紧密结合，在沙湖景区，湖面上厚厚的冰层为冰上娱乐广阔的舞台，原来金黄的沙丘被造雪机喷撒出的雪花所覆盖，变成了理想的滑雪场。

深耕文化旅游产业，首尔都市圈内的港口城市仁川，第 17 届亚运会开跨界创新之先河，在开幕式加入更多的人文内涵，娱乐明星《大长今》女主角李英爱点燃主火炬，文化需要载体，点燃主火炬仪式充分体现了人文精神的传承，明星的号召力产生了世界影响力。很多风俗和仪式体现着文化精神，如亚运会的人文办赛特色，主办城市仁川举行庆典、演出、展会等文化活动多达171场次，持续影响国际社会民众的关注度，使仁川的体育文化活动"韩流"，成为洲际亚运会体育大赛的主流，因此，亚洲地区对韩国文化产生兴趣，推动韩国经济国际化进程。

（三）品质旅游时尚，从旅游到度假

民众生活水平提高，休闲方式也发生了变化，更多人走出国门到海边度假，享受沙滩、海风与阳光，游客爱上"远地方"，非传统旅游目的地受欢迎。顺应旅游消费需求升级趋势，让绿色、生态成为新的生活消费导向，生态产品"旅游＋"思维，推进绿色发展，推进"旅游全域化，全域景区化，景区生态化"，使绿色、生态成为产品和服务的附加值。

推动形成生产生活生态协调发展的格局，从发展实际出发，探索"绿色＋"特色产业、休闲农业、乡村旅游等转型升级发展模式，从"旅游＋农业""旅游＋科技"，到"旅游＋体育""旅游＋文化""旅游＋互联网"，注重体验和休闲的体育游、科技游等，融合发展，快旅慢游成为新的旅游方式，推动康养游、美食游等，跟上市场需求的步伐，健康保健旅游转型和价值提升，受到越来越多国际游客的青睐。

四、多元化和集群化，旅游业与其他产业深度融合

旅游业供给侧不断创新，在产品开发上注重进行复合型业态创新，提供更贴心的服务、更优质的产品，利用"互联网＋影视＋旅游"的产业概念，借助于影视剧的知名度和美誉度成为热门旅游景区，完成集产业园、度假村、旅游、演艺、休闲于一体的产业链打造。

注重多元化和集群化发展，在发展中，旅游演出成为演出业与旅游业跨界融合的亮点，注重推动度假设施及歌舞演艺、策划设计、动画、网游、主题消费品等相关联的其他产业的综合发展，通过度假区、美术馆、剧院、运动场等

多种形式，利用各自优势，使得业态之间积极互补，释放“乘数效应”，以发挥整体效益。

（一）旅游对目的地经济发展的贡献

推出特色鲜明的旅游商品，加强酒店等配套建设，共享经济发展给消费者出行提供了新选择。旅游业盈利的增长要依靠合理的开发和严格的管理，宝贵的景区旅游资源要做连锁管理，对现有旅游产品进行联合拓展、整合包装，不断进行创新、精细化管理，让每个景区都呈现自己的故事和精彩。

创意是文化旅游的主要功能之一，它能够综合各种因素，包括资源、环境、市场、社会背景等诸多方面进行创造，离开创意，文化旅游亦将会失去生命力。十分独特的旅行体验可以满足旅游者要求丰富市场供给，提高消费品质，讲求品味的需求。旅游就是文化，旅游业让不同国家和区之间的关系拉得更近，如历史名城圣彼得堡和度假胜地索契，都成为令世界人民喜爱的度假疗养胜地。

（二）新型城镇化的新经济增长点

作为促进发展休闲产业的重要途径，文化旅游产业要挖掘地方文化，建设100个特色产业小镇、1000个美丽乡村，推动各产业、各行业与旅游业的深度融合。引导社会资本建设一批满足大众化、多样化、多层次休闲度假需求的国民度假地；支持景区和城市发展旅游演艺；支持引导社会资本大力开发温泉、滑雪、滨海、山地休闲度假产品，推动环城市休闲度假带建设，在业态创新、机制改革、集群发展等方面先行先试。

（三）健全完善政策体系

构建较为完整的旅游法律和政策体系，英国、美国、新西兰、韩国等国家十分注重旅游业与文化创意产业的融合发展，相继制定鼓励旅游业与文化创意产业融合的法律法规和产业政策，完善旅游业发展的法制环境，支持产业融合并付诸实践。政府意识到旅游业对于拉动经济发展、带动国家实现经济复苏的重要意义。

世界主要新兴经济体旅游竞争力不断提升，印度拥有32处世界遗产，其中25处为世界文化遗产，近年来，印度政府在遗产地的保护领域通过资金倾斜唤起保护意识，对古迹保护软硬件设施进行整体提升。根据世界经济论坛公布的2015年《旅游业竞争力报告》显示，新兴经济体与发达经济体之间的旅游竞争力差距在逐渐缩小。

五、构建大旅游综合协同管理新机制

为振兴旅游经济，各国政府都推出了一系列措施，例如，加拿大的创意产业，实施的是文化管理分权制。大致可分为四级：第一级为联邦内阁和议会；第二级为联邦政府机构（包括遗产部、外交部）和各省政府内设的文化部；第三级为由遗产部协调的一系列分管各文化领域的联邦政策文化机构；第四级是各类文化艺术事业的基本经营单位。文化市场的运作及其管理体系，主管文化艺术及文化市场的遗产部对各省文化部，既无业务领导关系，也无行政领导关系，只在其内部设"联邦和省政府关系局"，负责与各省就文化事务进行联络、协调和沟通；各联邦政府文化机构，名义上归遗产部协调，实际上具有相当的独立性。

接轨国际、保护生态文化环境和自然资源，许多幅员广阔的国家，不仅有国家公园，也有省（州）一级的自然公园，拥有大型主题公园的城市，以草原、生态文化等为主的秋游目的地最受游客欢迎。现代的游客追求深度体验，境外游选择多元，随着自己的心意去旅游，通过自由行、自驾游方式，深度体验异域风土人情。国家公园始于1872年的美国黄石公园，经过100多年的发展，国家公园的经费主要来自捐款，次要来自公园为游客提供的各种服务。在美国，以捐款和拨款为主要财务来源，以环境和资源保护为主要目的的全部54座国家公园，重保护、轻开发，统一交由1916年成立的国家公园管理局管理。加拿大和坦桑尼亚的国家公园，里面所有的自然资源归全民所有。

六、"绿富同兴""全体系"构建生态文明——国家公园经营管理

国家公园体现着自然之美的吸引力，被国际上公认为是资源禀赋最高、旅游体验最佳、保护与发展关系处理得最好的地理空间。美国于1872年建立了世界上第一个国家公园即黄石国家公园，其显著特征是地质地热现象，这

里拥有比世界上其他所有地方都多的间歇泉和温泉，还有彩色的黄石大峡谷、化石森林等。班夫国家公园位于加拿大阿尔伯塔省西南部的落基山脉北段，其奇峰秀水，居北美大陆之冠。其中，路易斯湖漫湖碧透，又称翡翠湖；梦莲湖畔的十峰山，倒映在湖中，风景秀美，被采用为加拿大 20 加元纸币 1969 年到 1979 年版本的背面图案。在国家公园文化方面，俄罗斯的北极国家公园留有北方原住民的历史文化遗产遗迹。萨加玛塔国家公园即珠穆朗玛国家公园，尼泊尔人称珠穆朗玛峰为“萨加玛塔”，意即“摩天岭”。四周群山气魄雄伟，冰峰林立，园内还有代表喇嘛教宁玛派的夏尔巴人文化的寺院庙宇。富士箱根伊豆国立公园位于日本东京，保留着许多史迹，其主体部分是被日本誉为“圣岳”的富士山，它是日本民族的象征。

西方国家公园大多具有公益文化特征。作为非盈利事业，加拿大政府重点从财政上给予国家公园支持，在资金保障体系方面，国家公园管理体系成熟。英国的国家公园管理采取政府资助、地方投入、公众参与相结合的方针。澳大利亚国家公园的资金主要是由联邦政府专项拨款和各地动植物保护组织的募捐组成，国家公园事业被纳入社会范畴，不搞赢利性创收，公园范围内的一切设施，包括道路、野营地、游步道和游客中心等均由政府投资建设。多数公园不收门票或票价很低，国家公园优美的环境给人们提供无限的休闲空间。日本的国家公园实行免票制度，西方发达国家每年投入大量资金建设国家公园，采取有利于生态完整的措施。

国家公园经营权与所有权相分离，在资金管理上实行收支两条线政策，其内在的保护理念、价值、管理和经营方式在发展中不断得到完善和拓展。针对自然资源保护，制定了严格的管理制度，国家公园管理局定期调研评价国家公园的服务设施、环境容量和旅游者的感受，加强生物物种监测、管理，关注可持续发展，以生态环境、自然资源保护和较小范围的适度开发，给予生态系统最高层次的保护。而去非洲旅游，每个公园虽各具特色，但是那里的国家公园门票都很贵。例如，在坦桑尼亚这样的国家，拥有着很多的热带动物，有着非洲著名的国家公园，作为一个纯粹的冒险之地，园区里面却还有昂贵的酒店费。野生动物爱好者，到这里看动物“到处走，到处吃”。非洲国家公园集中了多样的大型陆地动物，也增加了游玩的乐趣。例如，塞伦盖蒂国家公园是非洲最大的野生动物保护区，这种景致是在其他大洲所看不到的。

第十八章
绿色价值观引领生态文明建设创新

“绿色化”包括生产方式的绿色化和生活方式的绿色化。要把绿色发展融入文化建设，绿色价值观引领生态文明建设创新，奥洛莫茨是位于捷克中部的文化名城，历史上曾是摩拉维亚地区的中心，现在则依托帕拉茨基大学，成为一座集古老历史与现代科技为一体、散发着独特魅力的城市。逢“奥洛莫茨生态日”，从 1992 年开始已连续举办 20 多届。通过实践养成，传统建筑美学在延续文脉、建设美丽城市中发挥重要作用，打造文化旅游古城镇，融合文化旅游、特色购物、民族美食、精品酒店、文化居住、文化建筑景观等于一体旅游生态体系，带动经济文化的繁荣。

一、多元主体参与，构建环境文化传播体系

加强引导，培育绿色发展理念和意识，从宏观管理角度而言，要制定适合休闲产业发展的产业政策和制度法规，促进休闲产业的发展，休闲度假市场需要多方共同培育，从受教育程度上讲，休闲方式的选择与受教育程度密切相关，因此，通过提高全民受教育水平来倡导健康的休闲文化和休闲消费，以倡导选择健康、积极的休闲消费和生活方式。

（一）践行绿色理念

做绿色文化，把环保的理念引入到文化的设施当中，包括绿色的市场、屏幕、音乐、时装和时尚等，使人们更好的实现低碳和低排放。从仁川国际机场驱车进入仁川市，首先经过仁川大桥，无论在白天或是夜晚，跨海大桥给人的

视觉效果都十分惊艳。这座世界第五大跨海大桥，主桥柱高达230多米，在英国建筑专业周刊的报道中，曾被评为“世界十大惊人建筑”之一。

作为韩国出入境的门户，仁川以浪漫著称，拥有传灯寺和龙宫寺两座古刹，寺边观海，景色壮美迷人，凉爽的海风，清澈的海水，盘旋于海面上的翩翩海鸥，美丽的白沙滩，半月尾状的岛屿，一条长达1200米的文化街，街头的画家即兴为游客们作画，戏剧公演是开放式的，令人感受到轻松惬意；仁川有一座中国城，它是1883年在仁川港开埠后逐渐形成的华人聚居地，吸引着外乡和海外的游客前来。

（二）休闲时间与文化消费

旅游目的地特有的异地地理环境和特殊场景，是对旅游者期望的响应，天蓝水净的环境文化传播提升“国家颜值”，法国建筑师设计“绿色巴黎”，寓意是以自然文化资源以生态促发展，创建天蓝、地绿、水净的美好家园。伊斯兰堡整个城市绿树成荫，生机盎然。巴基斯坦首都伊斯兰堡是世界上最年轻的城市之一，始建于1961年，气候宜人，景色秀丽，被称为世界“花园城市”。

政策鼓励人们在休闲时间进行更多的文化消费，在20世纪90年代，美国的老布什、韩国的金大中甚至亲自出演电视广告片，招揽外国游客，旅游经济活动对地方、国家和全球的社会、经济产生影响，游客也为世界经济发展带来了强劲动力，旅游业对促进经济社会发展发挥积极作用。

旅游业和文化创意产业均为现代服务业的重要组成部分，产业融合有助于在产业边缘地带激发全新的产品和服务形式，我国着力推进文化创意和设计服务与旅游业的融合发展，加强产业融合系统布局和顶层设计，2014年3月发布的《国务院关于推进文化创意和设计服务与相关产业融合发展的若干意见》，明确提出提升旅游发展文化内涵，随后，又发布境外旅客购物离境退税管理办法，2015年国家税务总局制定并发布《境外旅客购物离境退税管理办法（试行）》，对符合条件的地区实施境外旅客购物离境退税政策。

（三）融合创新发展的重要性

其实，文化旅游也在创意产业范畴之内，创意经济可以理解为利用综合方法对创造力进行管理：如《公司中的创造力：创新型组织行动指南》，强调使创意从随意性较大的“点子”，转化为公司的组织制度。旅游业是高度融合的业态形式，优秀文化资源与创意设计、旅游等跨界融合，是加强旅游业与文化创意产业深度融合的有效途径。

随着旅游业与文化创意产业边界的模糊，文化创意元素充分融入旅游活动全过程，进行产品创意设计和商业模式创新，重视文化创意旅游新业态的发展，将文化创意元素渗透到传统旅游产品中去，西藏的多吉顿珠深度开发传统的手绘唐卡、藏香制作、手工布艺和民族歌舞表演，先后培养了500多名当地农牧民青年传承艺人，为西藏的旅游增加独特的文化内容。

与文化旅游较为密切的创意产业如演艺娱乐、民间工艺品生产销售、会议展览、文化节庆等，给人一种超然的文化感受，这种文化感受以饱含文化内涵的旅游景点为载体，实现了审美情趣的激发，并通过虚拟现实技术和特定表现手法赋予动漫、影视、游戏、主题公园、旅游节庆和旅游演艺活动更多的创意内涵。

二、注重“特色空间”概念

旅游业的持续发展一直引领着世界经济的增长。协调地区经济发展，不遗余力地推广各具特色的旅游路线和项目，让人们感受到一个地区独特的自然和人文景观。如人均“大自然拥有量”远胜我国的俄罗斯，不仅有被“无数田野和森林”包围的环境，而且极具文学音乐的深厚底蕴和忧郁气质，向每一个到来的游客展示着其独特的自然和人文风情。

（一）国际旅游产品类型完善

旅游是文化发展的重要途径，绿色文化也是支撑旅游业可持续发展的核心资源。沿西伯利亚大铁路从伊尔库茨克坐火车到莫斯科，旅程窗外竟是同一景致：白桦林、草地和野花。有时看出去是一大片草地，但在遥远的那头，一定有一个密集而壮观的白桦阵。细溜的白桦在野花大放的原野里扎堆。白桦林既不深邃也不肃穆，但它秀气清新，特别是颜色明朗洁净，相当养眼。

通过完善旅游产品类型，朝向特色旅游、特色餐饮、特色购物、特色娱乐、特色交通、特色住宿、特色休闲社区的综合型旅游模式发展，形成持续赢利的文化特色休闲街区和休闲旅游空间。埃及被誉为“大地之母”，又被称作“尼罗河的赠礼”，异域神话传说和神的形象远播。奔流不息、滚滚北上的尼罗河，孕育了埃及文明，其冲积出的河谷盆地和三角洲沃土，哺养了一代又一代埃及人。在人类历史的最初阶段，埃及人创造了高度发达的农业、手工业和商业文明；造出了纸草、墨水、玻璃、时钟、象形文字等象征着文明进步的物品；留下了巨大的金字塔、庙宇和方尖碑等令人叹为观止的标志性建筑；拥有丰富多彩的文学以及高度发达的天文学、医学和数学等科学知识；埃及正努力恢复昔日的辉煌，让全世界慕名而来的游客不仅仅为古迹而惊叹。

（二）异质文化的吸引力

在旅游过程中，对游客吸引力最大的是深度了解国外城市和城市的独特的文化、历史及建筑，可以增加文化旅游的体验性、参与性。人文旅游资源又称人文景观旅游资源，指由各种社会环境、人民生活、历史文物、文化艺术、民族风情和物质生产构成的人文景观，皇家驿站成为西班牙旅游业文化点的一个标杆，用修缮一新的历史建筑展示着西班牙的文化和过去，用高质量的服务展示着西班牙的专业与水准。西班牙在世界历史文化遗产数量排行榜上高居第三，西班牙政府探索古建筑保护在经济上的可持续发展，开发出了皇家驿站的发展模式。从 1928 年成立第一家酒店以来，皇家驿站酒店的数量达到 94 家，几乎遍布西班牙所有省份。此外，从成立到现在，皇家驿站作为国有资产的基本属性从未改变，即使是目前负责酒店经营的皇家驿站旅游集团，也是 100％国有控股。

文化的吸引力也在于体验其他国家、地区和民族的文化生活，风土人情、社会经济生活及民族传统习惯。小鸡港位于巴西东北部最大城市累西腓的南部，是巴西最热门的旅游目的地之一。殖民时期奴隶贩子的船经常在此停靠。由于船上除了奴隶载满安哥拉鸡，因此当船靠岸后上面的人都会喊：“装鸡的船来了！”暗示又一船奴隶抵达，小鸡港因此得名。这里的街头巷尾摆放着很多鸡形象的雕刻品，形态各异、憨态可掬、颜色艳丽，鸡的创作者“与时俱进”，经常会根据热门话题创作出新的形象。如 2014 年世界杯前夕，就制作了以各国球星为主题的小鸡形象，有不少还被拟人化成了著名球星和影视巨星。例如内马尔、梅西等，各种不同形象迎合不同人的口味，已经成为了小鸡港的名片。

这里有着长达18千米的纯净海滩，仅2013年小鸡港就吸引了世界各地80万游客前来游览，使得小鸡港知名度越来越高。在巴西甚至全世界都小有名气，曾在2001—2010年连续10年击败著名的里约科帕卡巴纳海滩，获得"最美巴西海滩"称号。

三、轰动效应，运用特色活动进行文化国际营销

在旅游业的持续发展中，亚洲太平洋地区的增长值得瞩目，政府大力发展旅游业并有着引领世界旅游业发展的决心，致力于将旅游业打造成为国家发展的新动力。国外经营者倾向于利用已有的形成影响力的资源或是将情感需求与功能性利益结合，在确立定位的同时也借此进行差异化发展。

（一）风车文化传承和保护

瞄准海外旅游客源市场的巨大潜力，荷兰鹿特丹附近金德代克村的19个风车甚至被联合国教科文组织定为世界文化遗产。位于南荷兰省阿尔布拉瑟丹圩田的小孩堤坝。这里有19座风车，是世界上最大的风车群，绝大多数风车目前仍在发挥排水功能。在小孩堤坝的风车阵里，布罗克维尔是最令人瞩目的一座，现在它已变成一座风车博物馆。

随着时代的发展，荷兰剩下的风车只有1000余座了，主要作为历史遗迹供游客参观。风车曾在荷兰星罗棋布，守护风车磨坊，就是守护荷兰的传统。因此，在风车保护方面，荷兰政府和民间组织都不遗余力，在位于荷兰和德国交界处的小镇泽弗纳尔，政府每5年会拿出3万欧元补贴给磨坊主，用于风车的维护。便于更好地传承和保护民族文化遗产，利用特色文化吸引国际游客。

（二）西方玫瑰文化传统

乘着玫瑰的芳香，文化传播民间推广，欧洲的玫瑰风情小镇有近1000亩玫瑰，娇艳欲滴、香气袭人，玫瑰谷游人络绎不绝，花田游憩，浪漫的玫瑰花海建成了以"美丽·浪漫·爱"为主题的甜蜜世界，早在三四千年前的中国、波斯、两河流域、埃及、希腊就开始了栽培活动。在吟游诗人歌谣中，玫瑰代表女性的完美和爱的神秘，热爱玫瑰传统深深根植于西方的文化当中，在古希

腊、古罗马以及文艺复兴后的欧洲，玫瑰是伊甸园、巴比伦的空中花园和古波斯的花园中不可缺少的植物。在古希腊，玫瑰是爱与美的象征，罗马贵族用餐时，他们的客人戴着玫瑰花环，用有着玫瑰香气的水沐浴，被奉上玫瑰布丁和玫瑰葡萄酒。

以玫瑰文化为载体，集玫瑰种植、种苗培育、衍生产品加工销售、休闲度假于一体的旅游综合体，吸引众多游客纷至沓来。玫瑰在西方是大众文化的一部分，无论是世俗的还是宗教的，玫瑰都扮演了一个非同一般的角色。玫瑰风靡全球，成为人见人爱的国际花。犹太人亦流传着希伯来语经典歌谣《夜玫瑰》。玫瑰曾是伊朗、叙利亚、摩洛哥、卢森堡、英国、美国等国的国花，荷马也在《伊利亚特》和《奥德赛》中多次歌咏玫瑰。

玫瑰作为鲜切花生产基地，也给这片土地带来了生机，山地玫瑰谷采取“公司＋合作社＋农户＋科技＋生产标准化”经营模式和“五统一分”的管理模式，即“统一种苗、统一农资、统一技术、统一品牌、统一销售，分散种植”，引导当地农民种植玫瑰花，将种植基地作为景区试运营，使农业和旅游业融合发展。

四、以游客为中心，休闲经济溢出带动效用

文化消费总量快速增长，发展休闲度假类型的旅游区，形成观光和休闲度假并举的旅游产品体系，休闲度假游成为新时尚。旅游消费转型升级，需以游客为中心，满足他们“丰富体验、休闲身心”的需求，作为提高旅游品质的新载体，提高人们的幸福指数。旅游＋度假，旅行方式的变化，在游客消费上起到乘数效应，文化旅游致力于满足人们日益增长的物质和文化的需要，法国文华旅行社针对自由行游客推出的短期“乡村小镇游”“博物馆主题游”等，引导体验当地不同的生活。

（一）定制旅游，品质化升级

个性化旅游体验升级，由观光旅游到休闲旅游，旅游的多样化、个性化、分层化的消费特征出现，为文化旅游产业发展带来重要的战略机遇，定制旅游，玩的就是个性，随着旅游观念、方式的迅速改变，旅游个性化、产品定制化

正在成为趋势。注重私人定制旅游产品，显得不可或缺。围绕体验经济，发展包括出境旅行的新业态新模式，注重体验、休闲娱乐、满足幸福感的服务型消费升级。

旅游消费结构朝着个性化、品质化升级。当今，越来越多的人特别是年轻人个性化出境游，选择休闲度假式的深度游。休闲度假游不以游遍景点为目的，而是在一个地方充分休息、放松，或者从事自己喜爱的运动，也可以花更多时间从各个方面去了解一个国家。提升旅游业发展质量效益，开发多层次、多样化旅游产品，给消费者不一样的完美体验，是对文化产品的极致追求，为了给观众创造一个与雪山高原融为一体的别样感受，提高游客满意度，《文成公主》作为海拔最高的实景演出，保证了一流的演出品质，与布达拉宫、大昭寺一起，成为游客拉萨之行的"标配"。

（二）民宿旅游

将旅游业培育成为名副其实的现代服务业，培育以现代信息技术为依托的新业态。"互联网＋"盈利途径的出现，与游客需求的转变密切相关，典型的例子如面向民宿等非标住宿的各种互联网服务，民宿旅游起源于日本、英国和中国台湾地区，大规模兴起时间也只有30多年，在日本及中国台湾地区，居民发动社区营造运动，深化旅游产业的消费性功能，展现旅游产业作为"民生产业"的价值，以文化为核心，走向生活化，对私有古建进行修复养护既增添了乡土魅力，为大批民宿既提供了经营性收益来源，又形成了良性循环。

五、深化国与国之间的互利合作

亚洲是多元文明共同体，亚洲拥有全世界67％的人口和1/3的经济总量，亚洲是今日之世界最具有发展潜力的地方。中韩两国地缘相近、人缘相亲，文化交流源远流长。马来西亚前总理马哈蒂尔曾评价海上丝绸之路先驱郑和：他本来有强大的武装力量，但从未试图去霸占别国，而是与这些国家发展友好的外交关系。推进旅游领域的各项交流合作，2015年、2016年中韩两国互办旅游年，成为中国、韩国乃至东亚国家旅游业发展的良好契机，中韩合作是东亚合作的重要组成部分，首尔市旅游咨询服务，除了观景、购物、吃美食，他们希望中国游客能更多地感受当地传统文化的魅力。

（一）“跟着电影去旅行”

挖掘特色文化资源，激活特色文化活力，建设人文历史环境，促进城市文化经济良性循环地发展。文化旅游带动各种影视基地的发展，也创新了旅游目的地的营销方式，电影带火旅游虽属“无心插柳”，但文化旅游资源影视开发，却使游客的文化需求越来越大，他们非常希望开辟当地特色文化旅游路线。

根据热门影视剧开辟的专门外国旅游路线，使华语片走出国门，海外取景的影片，有的在捷克、韩国拍摄“走出国门”拍摄的电影将当地风俗、服装、饮食等特色融入影片故事情节，影片与国外场景所在地文化发生关系，助推“跟着电影去旅行”，产生电影产品附加值。《琅琊榜》的热播带动其周边产品在韩国也火了起来：韩国旅行社推出以《琅琊榜》拍摄地为主题的旅游产品，韩中两国的影视交流更加顺畅。

《小时代 3》辗转英国、比利时、在罗马街头取景，《有一个地方只有我们知道》选择了有“欧洲最美城市”称号的布拉格；“北美游”日趋热门，徐克翻拍红色经典《智取威虎山》把现代戏部分放在纽约。爱情片则钟意欧洲，《将爱情进行到底》取景波尔多，在希腊圣托里尼岛再度蜜月。将斐济美景作为镜头重点的《爸爸去哪儿 2》，带火了斐济游，影片赞助方为斐常假期（斐济）国际旅行社，斐济国家旅游部部长出席该片在斐济举行的海外首映礼。因地缘优势，在泰国取景，引领国产片“东南亚游”风潮。

（二）文化品牌信仰和品牌忠诚

塑造品牌信仰和品牌忠诚有助于建立国际竞争优势，韩国流行文化品牌吸引大批游客前往韩国旅行，其中，2014 年上半年，中国赴韩游客贡献了 76％的销售额。由于游客在韩国大量购物，为韩国的消费市场找到了新的增长引擎。由于人们在主观上，对于文化品牌会持有的良性评价惯性和情感依赖，在行为、认知、情感三要素上，表现为正面的态度，并会产生相应购买行为，韩剧《来自星星的你》在大火了一把之后，不断升温，女主角全智贤成为韩国阿莫尔太平洋化妆品公司旗下产品的代言人，在 2014 年，阿莫尔太平洋化妆品公司的股价飙升 105％。

六、作为旅游大国，旅游服务质量必须与之相匹配

旅游业蓬勃发展，无论是宾馆饭店还是景区景点，旅游接待服务向国际标准看齐。“游客为本，服务至诚”是旅游业的核心价值理念，这需要旅游服务更规范、更贴心。旅游服务应紧紧围绕吃、住、行、游、购、娱而展开。作为高度依赖信息传播的旅游业，需要以国际理念，推进旅游产业提质增效，打造一批国际标准的旅游产品和旅游品牌；酒店业是土耳其安塔利亚的支柱产业，仅五星级酒店便超过 100 家，大部分酒店提供全包式服务，旅客入住酒店后便可随意享受酒店的所有餐饮服务。建立科学规范的旅游服务标准化体系，在印尼，无论是旅馆、饭店，还是在商场，服务人员的态度都特别热情周到，热情淳朴的印尼人是这个国家最大的旅游竞争力所在。

（一）增长力，竞争力

为了坚持中文服务＋做好外宣，中东欧各国为中国游客提供更多中文导游服务、设立了中文标识牌、中文电视广播，“汉语导游＋”把握国际市场战略，依托“最美中国”栏目。传承和弘扬特色文化，启动 2015 旅游春晚，旅游卫视倾力打造经典栏目“最美中国”，表现出了积极吸纳国际游客的愿望与接待能力。为提供便利高效的指路服务，……在著名旅游景点增加中文讲解牌，增加景区内中文指示牌等。为了出奇招招揽中国游客，赴俄国旅游免签游客还将获得一份特制的汉语版“旅游手册”，可谓是解答游客困惑的“百宝囊”。

在莫斯科、圣彼得堡、符拉迪沃斯托克、特维尔等俄主要城市的多家酒店前台，都摆放着一块用中文书写的“友好中国”标识，这是“世界无国界”旅游协会从 2014 年起推出的一项专门针对中国游客的系列服务。为了参与“友好中国”项目的酒店都会针对中国游客的需求提供关于酒店、城市景观等相关资讯的中文资料，专门准备了适合中国游客口味的传统美味早餐，房间内均配备牙刷、拖鞋、开水壶、插座转换器等。

此外，博物馆、购物中心和旅行社等机构也计划加入“友好中国”项目，承诺以热情的接待为中国游客提供便利，在莫斯科，市区的主要景点还设有旅游警察，为游客保驾护航。在智利，越来越多的旅游业从业者学习中文，希望

能为中国游客提供更好的服务。为了让国际游客更为便捷地获得冰岛旅游文化信息,《冰岛时代》杂志专门推出中文版。西班牙增加西中之间的直航航班,西班牙高档酒店也开始备有米饭等中国餐饮。同时,西班牙也在与亚洲各国航空公司洽谈,准备降低机票费用。

在西班牙,旅游业者各出奇招招揽中国游客。马德里的提森·博内米萨博物馆提供中文地图。英格列斯百货商店为中国游客提供专门服务,如选购礼品有中文指导,还提供高档中餐。马德里的五星级希尔肯门美洲酒店调整了餐单,在早餐中添加了鸡肉面条、港式点心和白米饭等,以迎合中国游客的口味。据悉,酒店还提供中文电视节目,备有中文旅游指导手册,中国游客居住的房间内配有电茶壶。

(二) 多边境外旅游经济增长

文化消费和旅游消费密不可分,在阿根廷,中国游客的增加已经成为旅游业的一个重要增长点;根据阿根廷旅游部的统计,2013 年来阿中国游客数量达到了 2.5 万人,带动了阿根廷经济的增长。文化旅游业发展方兴未艾、增长势头强劲,旅游业已成为经济增长重要推动力,为了推进旅游业与三次产业融合发展,更好地发挥综合带动作用,世界经济论坛发布了《旅游业竞争力报告》,对 141 个经济体的基础设施建设、文化资源、商贸发展、安全度等指标进行分析排名。

据统计,当今旅游业产值大约占到全球国内生产总值(GDP)的 10%。南非旅游业产值占国内生产总值的比重超过 9%,为南非创造了超过 150 万个工作机会。在世界经济增长疲软的状态下,世界经济论坛旅游业理事会预测,旅游产业年增速将会达到 5.2%。这意味着,作为经济新的增长路径,旅游业地位举足轻重,旅游业能够显著提升一国的经济增长能力,是国家软实力的有效体现。每年旅英游客的花费达到 5 亿英镑,英国旅游局希望这一数字能够在 2020 年前翻倍。

(三) “汉语+”走向世界

为吸引更多中国游客,英国旅游局举办了“为英国著名景点取中文名”的活动,选出“最恰如其分、最机智风趣、最诗情画意、最令人浮想联翩和最值得铭记的中文命名”，通过取名的活动，给这些景点注入生命力，表达温暖和欢迎之意，一些中文名令主办方感到惊喜，如伦敦塔卫兵的中文名“大英锦衣卫”，英国第一高楼的中文名“摘星塔”，周杰伦婚礼举办地古堡的中文名“蓬莱琼宇”或“风月山庄”，剑桥大学和牛津大学的年度传统划船比赛的中文名“剑拔牛张”等。

用汉语为英国景点命名，既提升了英国景点在中国的知名度，也有助于汉语走向世界，扩大影响力和辐射面。英国旅游局已将新名称告知当地旅行社，建议他们为中国游客设置专门路标。韩国首尔市政府特别安排中文向导，推出二维码，向游客提供各类旅游信息，增强旅游体验服务。在芝加哥举行的2014年国际旅游交易会，鲜明凸显“中国元素”，在交易会入口左侧最抢眼处，是一张写有“中国”字样的咨询台；美国国家旅游局专设接待中国“买家”的桌子，桌上摆放着五星红旗；主办方还专门为中国“百人团”举办了情况介绍会；越来越多的美国“卖家”摊位上摆放着中文资料。

七、品质化、全程化、智能化的服务需求升级

消费市场需求经历新一轮升级，向多样化个性化发展，私人定制的概念在消费市场热了起来。很多商品和服务突出个性化，强调“尽最大可能匹配需求”。借助于大数据研判到此地游玩的客人类型、文化层次、年龄结构等，消费领域“打造新供给，满足新需求”，紧跟需求，供给侧涌现出一大批更过瘾的新产品，由于可以拥有多样选择，新供给正在改变人们的生活方式，让人们在文化消费中得到满足，增加了人们的幸福感。

（一）“微博＋微信”创新体验更丰富

智能互联网渗透了传统行业，提升其服务能力。在新媒体已深刻影响全球的大背景下，人们开始用智能手机游各国，在国外，2014年上半年，美国通过移动设备访问旅游网站的用户比例为58％，英国的这一比例高达69％。只要动一动手指，源源不断的海量信息会扑面而来，除了图文、音频和视频，精心制作的互动产品更让人身临其境、乐在其中。机场推进实施“互联网＋”行动，让微信融入旅客乘机全流程，增进了与旅客的沟通交流。依托在移动互

联、网络社交、电子地图等领域的专业能力，提升旅客乘机全流程体验。在旅客候机体验中融入微信公众号、微信支付等互联网创新工具，借助于微信提高机场公共服务信息的透明度和及时性，可以实时接收航班动态等机场内各类信息。

旅游业是服务型行业，面对游客要先把服务做好，各国游客主要通过互联网进行旅游前的信息获取、在线预订和旅游分享。随着智能手机和平板设备的迅速普及，游客只需一部智能手机，在旅游中的吃、住、行都不用发愁，不仅可以随时随地了解旅游目的地信息、攻略及游客评价，查询路线，还可以通过翻译功能克服外语障碍进行交流，借助于智能 3D 导游应用实时了解目的地景观及特色，并在旅途中随时进行分享点评等互动。随着移动互联网技术的发展，游客可以依托于微博、微信等平台、依靠智能设备等手段，将自己的感受、经历图文并茂地呈现、直播。

（二）"i 乌法"提升国际知名度

提升城市旅游功能，创新旅游产品业态，要以科学理念作为引领，现代科技为支撑，协同发力打造文化旅游产品的升级版。如乌镇世界互联网大会，在会议期间里面会放置电子设备，在会场和几大宾馆附近开设了 4 个旅游信息中心，为外国游客提供查询资讯、组织游览等服务，设立了俄国的"i 乌法"（"i"系英文"信息"的首字母）字样的小屋，有了这些工具渠道，前来参会或旅游的外国客人可以在这里查询地址、车次等信息。

一座江南古镇为世界互联互通搭建了国际平台，历史风貌的旅游加文化的驱动，带动整个镇的商业和产业。中国举办世界互联网大会，与古镇风格相匹的"乌镇现象"平台，是一个能承接现代艺术、科技、文化的平台，传统与现代完美融合，通过乌镇的平台，向周边地区的产业链和经济发展辐射，"乌镇模式"包括不断创新、拓展、转型和升级的内涵，为中国与世界互联互通搭建国际平台，沉淀千年中国传统文化底蕴的水乡乌镇，以"互联互通共享共治"为主题的首届世界互联网大会，由移动计算、云服务、大数据和分析以及社交网络等技术支撑的第三平台，最终将成为信息技术市场增长的新核心，引领新兴的文化消费形态。

第十九章
传统文化和异质文化认同平衡点

历史传承性，传统文化基因与现代文明的有机统一，在旅游产品设计上下功夫，探索创新工业遗产的保护和展示的方法与途径，开发出许多新的旅游产品，以吸引更多游客，促使国际游客数量快速增长。任何一个时代的文化都是在继承历史传统文化的基础上形成的，在构建新文化过程中，只有继承历史上遗留下来的传统文化的优秀成果，并在继承的基础上加以创新、发展，才有可能创造适合时代发展的新文化。

一、历史文化的现代传承

历史文化景点拉动旅游经济，即文化具有继承历史遗留下来的文化精华的特点，把传世之宝与现代新观念聚合起来，并转化、升华为有巨大凝聚力和内驱力的新文化。就比利时而言，文化遗产保护对游客的吸引力强，因为古迹整体保护得好，那氛围、那环境，就足够吸引游客驻足。新兴经济体的旅游业个性鲜明，印度境内被联合国教科文组织列入《世界遗产名录》的，有汉皮古迹群、拉贾斯坦邦的高低城堡、古吉拉特邦帕坦县皇后阶梯井等世界文化遗产以及北方邦的瓦拉纳西庙宇镇、阿密萨夏利玛公园等印度知名遗产地。

据意大利文化遗产和文化活动部统计，意大利共有约 2 万个历史文化中心、4.5 万座城堡和花园、3 万座历史建筑、10 万座教堂、2000 座考古遗址、3500 家公立和私人博物馆，既保护了文物又刺激了旅游业的发展。2014 年 5 月出台的新法案，既解决了文物保护资金的短缺问题，实现对文物古迹和文化设施的修葺和维护，又通过修缮文物等措施刺激旅游业的恢复和发展，拉动了国民经济发展，政府投入的增加，保护了公共文化价值，为意大利经济走出低谷注入新的活力。

（一）重新挖掘历史与文化内涵

旅游是体验经济，发展文化旅游的关键是凭借旅游文化资源，打造创意文化体验，博物馆、艺术馆要吸引更多的游客，就要挖掘巨大的文化资源，从民族文化、民族性格和民族习惯出发，从时代特点出发，确立城市建筑的价值取向、审美标准，牢牢把握地域性、民族性、时代性三个核心要素。被联合国教科文组织确定为文化遗产的博物馆岛当属柏林博物馆之最，坐落在施普雷河上的博物馆岛，包括佩加蒙博物馆、老博物馆、新博物馆、博德博物馆和老国家美术馆 5 座博物馆，收藏了古代文物、古典绘画、经典雕塑等诸多艺术精品，堪称艺术类的百科全书，尽显“师法自然，巧夺天工”的建造技艺。

文化遗产的生存空间，需要政府设计多种政策，1964 年，法国对“大到教堂，小至汤匙”的文化遗产进行总量调查。大约有 4 万处历史古迹受到保护。其中约一半为私有财产，它们也可以享受国家资助。如果是被列为建筑保护单位的建筑，其修缮费的 50%由国家提供；如果是在建筑遗产清查单上注册备案的建筑，其修缮费的 15%由国家提供。法国平均每年用于历史古迹修缮的预算达 3.05 亿欧元。

（二）风车历史文化的国际认知

从比较优势的角度讲，历史文化遗存丰厚且多姿多彩，为发展文化旅游提供了巨大潜力。风车文化在世界范围有较高的认知度，因此维护风车、保护好国家的历史风貌，成为荷兰发展旅游业的重点。荷兰鹿特丹一带有很多风车群，其中的金德代克风车群是最著名的一处。这里集中了建于 18 世纪、迄今保存完好的 19 座风车，1997 年被联合国教科文组织收入世界遗产名录。荷兰人如何让古老的风车屹立数百年？一个重要的原因是政府每年拨一部分预算用于风车的保养、维护。在政府监管下，风车村由一个基金会运作，自筹基金，风车村有近 200 名工作人员，其中 170 人是不拿工资的志愿者，当地市镇吸引了外国游客。

民族风俗旅游，可谓种类众多，文化深厚。在欧洲这些吸引游客的旅游胜地中，比利时的景点数量相对较少的。总体而言，比利时遍布全国的各个小城、小村，其吸引力远不像周边国家如法国、德国、奥地利等国那么引人入胜。由于比利时的政治运行体制，造成地域性局面，如果按语种区分，包括法语、佛拉芒语、德语 3 个语言大区，以及按地域分的瓦隆区、佛拉芒区和首都布鲁塞尔大区等 3 个行政大区，他们权力相对较大、预算相对充裕、决策相对迅速。但是，比利时的布鲁塞尔市、根特市等城市也都古迹众多、人文魅力与历史文化魅力并存，布鲁日市还是联合国教科文组织“世界文化古迹遗产保护”中“城市整体保护”的典范。

行走在现时的街道中，总希望能找到历史的影子，体验一把旅游目的地的风土人情，当你来到波罗的海小国家爱沙尼亚，漫步在千年古城塔林，到处可以感受到爱沙尼亚历史的沧桑，不仅能了解当地的风景文化名胜，而且能扩展眼界、充实人生体验，文化遗产旅游服务怎么做，才能推出更多让远方客人流连忘返的项目，才能让更多名垂史册的景点，更和谐地融入现代文明，是一个值得我们思考的问题。

（三）追寻文化名人遗迹

哥廷根大学城以历史名人著称，那里是“数学王子”高斯生活过的地方，大学城里的“圣雄”甘地公寓是一幢单身公寓，哥廷根往南还有一条绿化带，耸立着一对合作者“高斯-韦伯塑像”，高斯在一次会上听了物理学家韦伯的学术报告，便邀请他出任哥廷根物理学教授，开始了愉快而卓有成效的合作，他俩一个擅长理论；一个动手能力强，通力合作研究地磁学和电磁学。韦伯发明了既可测量地磁强度又可测量电流强度的双线电流表等。1881 年，在巴黎召开的一次国际会议上，德国代表建议用法国物理学家“安培”取代广泛使用的“韦伯”，作为电流强度单位。1935 年，作为一个迟到的补偿，“韦伯”成了磁通量的单位。

二、现代意义的文化遗产概念

就人类文化而言，具有现代意义的文化遗产概念是到 20 世纪中叶才逐渐成形的。法国大革命时期，为了遏制革命带来的破坏，1792 年革命政府宣布文物建筑遗产国有。1887 年法兰西共和国时期开始制定建筑保护规则，经过数次修订，直到 1913 年，《历史古迹法》得以通过实施。这是一部比较完备的法律，迄今有效，奠定了法国古建筑保护的法律基础。1943 年法国出台了有关历史古迹周边环境的法律，规定以历史古迹为中心，500 米为半径的保护范围，将保护对象从古迹本身扩大到周边建筑。

面对城市现代化发展带来的大规模开发及其引发的一系列后果，法国 1962 年开始将文化遗产的概念扩大到老城区，把有价值的地段划定为历史保护区，纳入城市总体规划严格管理。区内建筑不得任意拆除，维修改建等必须经过“国家建筑师”的咨询、评估和同意，符合规划要求的修缮，国家给予资助，并享受税赋减免优惠。1983 年有关分权的法律确认了国家对文化遗产负有全面责任，但同时规定相关地方当局根据各自的权限必须履行相应责任。1972 年，联合国教科文组织颁布《保护世界文化和自然遗产公约》，标志着人类对文化遗产的认识有了一个质的飞跃，也标志着世界文化遗产保护工作开始进入全球化阶段。

我国在 1985 年批准这一公约，正式加入《保护世界文化与自然遗产公约》的缔约国行列。中国是世界上拥有世界遗产类别最齐全的国家之一，也是世界自然与文化双遗产数量最多的国家。与此同步，中国从政府、学界到民间社会，也都开始重视对文化遗产的发掘、研究、保护与利用，是否具有文化遗产理念已经成为衡量人们文明程度的重要指标。2014 年第 38 届世界遗产大会在卡塔尔首都多哈开幕。大会审议 40 个申遗项目，讨论加强对濒危世界性遗产的保护方略，研究落实保护各级自然和文化遗产的资金保证，卡塔尔将向联合国教科文组织提供 1000 万美元，以加强世界遗产保护。

（一）古老文化之魅力

人文景观旅游资源可被人们有意识地创造出来，波斯湾著名港口之一卡塔尔首都多哈（Doha）是全国第一大城市和经济、交通和文化中心，多哈（阿拉伯语：الدوحة；英语是一座国际化大都市，多哈（Doha）市内有许多呈现阿拉伯民族特征的高大建筑，可以让人获得富有文化内涵旅游体验。发挥文化的潜力提振经济，如普洱文化之旅，重点打造了边三县茶祖历史文化、澜沧哈列贾乡村音乐小镇、宁洱那柯里“普洱艺术村”、普洱绝版木刻创作产业基地、黑陶文化产业基地建设等文化产业项目，同时开通边境旅游线路，加快边三县茶祖历史文化旅游、茶马古道遗址公园等文化旅游项目建设，使当地旅游收入大幅提高。

雄奇的自然风光叠加古老的历史文化，在尼泊尔，你可能首先想到的是佛像、唐卡、菩提子和信徒占其人口总数85%的印度教，而如今就在这样一个街头巷尾寺庙林立、人们终日焚香祷告的南亚山国，首都加德满都和190千米外的博卡拉已成为尼泊尔境内外游客最集中的两个城市。作为著名观光区的尼泊尔南部奇特旺，“大象节”对当地酒店业促进效果较为明显。节日期间，游客除可骑大象游森林外，旅游业协会还将举行大象赛跑、大象足球赛和大象选美等活动。景区之所以将一年一度的“大象节”定在12月26日，紧随圣诞节之后，是想通过当地酒店驯养的大象吸引圣诞客流并宣传保护亚洲象。

（二）老厂房华丽转型

改进和完善各种设施，与区域人流、资金流、信息流、技术流深度融合对接，增加服务项目，提高服务质量，用低廉的门票将游客吸引进来，再让他们自愿地多次消费，让景区增收的同时，也能为游客提供更多的选择和更好的体验，因为旅游除了资源丰富以外，最大的竞争力还在于完善的配套设施。在奥运会前后，里约热内卢通过基础设施的改进，恢复老街区、修葺旧建筑、重铺道路、新开商店，建设的“美丽港”工程使旧港换新颜，沉睡多年的旧码头区焕然一新，打造出了“处处是旅游环境”的品质旅游市场，并使之成为文化、商业和旅游中心。

三、从产品低端到价值高端：增强国际竞争力

将文化作为旅游来经营，通过发掘和宣扬文化来综合的发展旅游，以经营旅游的方式多方位的展示文化，赋予主题公园以丰富的文化内涵，从而创造出具有鲜明特色的旅游文化。旅游业是一种资源依托型产业，是建立在或实或虚的旅游“资源”基础之上。这中间既包括对遗失于现实生活，具有旅游开发价值资源的抢救、整理与呈现，也包括对已经开发利用的民族文化资源做更深层文化价值的探索、研究以及创造性整合，达到优化旅游资源组合

的目的。

(一) 民族味、亲切度

在挖掘整理的基础上突出民族味、亲切度,筛选出旅游资源的核心文化价值,侧重于其互动性价值的充分发挥。关于对外文化传播,旅游是进行对外文化传播的一个天然载体。在旅游文艺演出中,中国和东盟国家的艺术家们华丽地展现本国最具民族特色的音乐、舞蹈、服饰,通过不断变幻的布景大屏幕倾情演绎各自悠久的历史文化,表达对幸福繁荣新生活的愿景,向世界展示中国与东盟国家人文交流与合作的丰硕成果。

(二) 融合创新的国际化水平

优化旅游产业内部结构,鼓励大型企业规模化、中型企业专业化、小型企业特色化发展,实施文化创意旅游企业成长工程,通过并购或参股等方式购买国外文化创意旅游品牌、技术和市场渠道,组建跨界融合的产业集团和产业联盟,提高产业融合的国际化水平,通过资本融合、并购、组建战略联盟等进行深度合作,大量行外企业蜂拥转型文化旅游行业,打造文化创意旅游中小企业集群,培育具有地方特色的文化创意旅游企业。

第二十章
“软互联”寄深情，多彩文化展魅力

民众心灵联通，促进国际社会人民的理解与信任，倡导文明对话，“软互联”比“硬建设”更重要，打造官民并举、多方参与的人文交流新格局，阐释中国理念，讲好中国故事，加强同各国在文化、教育、青年、媒体、智库等领域沟通交流，国际社会的年轻人都以去中国留学为时尚。

一、促进文明互鉴，增进国际社会人民友谊

形成政府、市场、社会有机结合的合作模式，形成政府主导、企业参与、民间促进的立体格局。鼓励和引导民间团体更多地参与双边和多边文化交流活动，在哈萨克斯坦，汉语是俄语、英语之外的第三大外语，SEG哈萨克斯坦分公司外事部副总经理艾格琳曾在中国人民大学留学，阿特劳——这个跨越欧亚的古老城市，新丝路的故事写下它的第一页，以前这里是古丝路经过的地方，现在艾格琳们已经成为新丝路的参与者。更多社会力量投入“一带一路”建设，丰富中缅民间交往领域和内涵，结合“孟中印缅经济走廊”和“一带一路”建设等合作项目，加强与缅甸各界沟通交流。

（一）创新表达方式，向世界讲述中国故事

互联互通归根到底是人的联通、是心灵相通。除了开办更多的孔子学院，还可以举办美食节和音乐会等，促进国与国之间的相互交流。多彩文化展魅力，“文化中国·四海同春”亚洲团访演是为民间国际文化交流度身定

制，极具民族风情。国际文化交往寄深情，歌舞团在缅甸表演缅甸女子舞蹈《舞动传说》；在印尼，演奏印尼传统乐器“安格隆”，在韩国，用韩语演唱歌曲《蔚山姑娘》，均受到了热烈欢迎。

民间的友谊深厚，由伊斯兰堡孔子学院组织的“欢乐春节”中小学生文艺演出进校园活动，让民心相通等理念深入人心，成为世界读懂中国的价值标识。数所巴基斯坦中小学校学生表演30多个节目，主题包括中国传统服饰、春节、民歌、舞蹈、成语猜谜等，这些互利共赢的人文交流合作，对促进发展并增进金砖国家人民相互了解、友谊与合作具有重要意义。深化文化、教育、科技、体育、卫生、媒体机构、地方政府等领域合作，打造金砖国家合作的第三支柱，是巩固金砖国家伙伴关系的民意基础。

（二）对外文化传播，消除盲点甚至偏见

东西方文化交流，要讲好中国故事，就要创新表达方式，真正让中国文化“走出去”，舌尖上的传播、武术的传播、书法艺术的传播，既可以对外国人产生吸引力，同时更对全球华人具有吸引力。但是，随着中国经济发展和实力的增强，各方对中国的关注也在加强，如果缺乏文化方面的深入交流，就会很容易引起误会甚至曲解，如何去除种种外界误读，成为需要解决的核心问题。因此，在全球范围内的文化交流项目，对欧洲观众了解当代中国有重要意义。

对“一带一路”沿线国家，使中国故事、中国声音更多为海外受众所认同，用热情和汗水让各国的“民心相通”变得立体和稳固，为了便于当地观众理解，力求直观、形象，像川剧、豫剧、京剧等戏曲类节目在编排，尽量多使用肢体语言，集杂技和地方戏曲于一体的豫剧表演《美猴王》，优美的舞蹈诙谐幽默，《天府神韵》将川剧绝活——变脸、吐火完美结合在一起，带来强烈的视觉震撼，讲好中国故事，就要用中国实践升华中国理念，说讲好故事决定了“话语体系建设”的传播力。在生命意义的话题上，对人生终极意义的追问，一西一东的不同形式进行对话，反映出汤显祖和莎士比亚两位作者的人生观和美学观，在人文层面上产生比较和思考。

二、艺术传承者的“当代”创造

(一) “感知中国”艺术之旅

艺术作品不仅是承载美学思辨的载体,更是反映社会变革和发展趋势的一面镜子,为了丰富国际艺术生态,展现当代艺术的魅力,打造一场鲁尔区艺术之旅,德国莱茵鲁尔区等 8 座城市展出中国当代艺术作品,体现当代艺术多样性。早在 20 世纪六七十年代,鲁尔区就成为德国艺术的中心,正在经历从传统工业中心成为现代艺术中心的转型,在拥有 510 万人口的鲁尔区城市圈,举办的一次规模空前的博物馆汇集展览,丰富人们的艺术生活,鲁尔区民众可以参观一系列博物馆,体验中国艺术的多样性,他们有兴趣了解当代中国艺术家面对自己的传统,是如何处理传统与当代的关系的。

精彩纷呈柏林亚太周系列活动,跨越了地域和文化,给德国民众带来近距离感知和了解中国的机会,让他们能亲手参与非物质文化遗产手工技艺制作,体验京味儿文化魅力,还可以品尝北京正宗的传统美食。两国民间沟通加强,在 2015 柏林亚太周“感知中国”活动中,由 30 名专业的腰鼓队员组成的方阵亮相柏林,参加柏林文化嘉年华大型巡游活动。演员用哈萨克语演唱起民歌《卡玛斋》,当地观众即兴跳起舞来,顿时拉近了两国观众的距离,获得当地老百姓足够的理解与支持。

(二) 多元文化新生态和新氛围

中国当代艺术历史虽不长,但其蓬勃发展已成为独特的文化形态,并成为全球多元文化格局中的突出力量,举办大规模“‘中国 8’——莱茵鲁尔中国当代艺术展”,国际社会共享发展,培育社会力量参与,展览由德中两国民间共同策划,由范迪安担任总策展人,由德方发起并出资,是德国波恩艺术与文化基金会自筹资金做的项目,德方策展人之一是波恩艺术与文化基金会。

在国际文化交流基础上建构起新生态和新氛围,要完善“政府主导、市场引导、社会参与”供给模式,用和平交往、友好往来等方式进行,在文化部支持下，策划运作非洲、拉美等国的文化交流项目，例如，借助于“相约北京”艺术节的平台，连续举办数次拉丁美洲及加勒比艺术季，让中国成为世界的舞台，让世界成为中国的舞台。合作成果丰硕，民间友好不断深化。合作项目进行了充分的文化交流，受到当地民众的积极关注和热情参与。

三、“看不见的说服”，海陆丝绸之路以心相通

促进丝路精神的传播，人文交流密切推进民心相通，促进沿线各国人民之间的往来，搭建海陆丝绸之路上的人文桥梁，以鲜活的个体讲述中国人融入当地、造福居民的“美丽心灵”，实现“看不见的说服”，赢得相互之间的信任，通过文化交流打开心灵之窗，通过合作沟通彼此民心。

（一）搭建新平台，走进世界的聚光灯下

在哈萨克斯坦国家图书馆建立传统韵味与现代技术相交融的“中国馆”，重视人文合作，弘扬丝路精神，举办汇集文化精髓的非物质文化遗产展等，展示了气功、蜀绣、皮影戏、剪纸、泥人制作、吹糖人、葫芦烙画等各种传统技艺，让当地的民众在馆内文化体验区近距离了解和体验琴棋书画、算盘、七巧板等，增进当地民众对中国非遗的了解，用文化的魅力打动国际社会民众，加深他们对文化、风俗习惯的认识，“感知中国·哈萨克斯坦行”系列活动，使当地少女萌发学中国舞蹈的念头，少年则要求学中国功夫。

用好欧亚经济论坛、世博会公共外交的实践，通过米兰世博会与世界各国交流互鉴，国家馆日活动成为中外文明交流的重要舞台。中国国家馆日着力打造中国文化活动，整个世博园内回荡着中国传统民乐《茉莉花》，洋溢着浓郁的华夏文化的气息，世博会公共外交的短期效果和长期效果，旨在运用世博平台，立足与意大利的双边经贸合作，进一步阐释出既重视中意双边关系，又突出世博公共外交的深意。

（二）海外文化经济利益保护

文化外交和对外战略的新趋势，是坚持“外交为民”，走好海外维权之路。

从国家战略的宏观层面，以及企业行为的微观层面，就文化企业如何“走出去”，如何加强海外经济利益等保护问题，给出的答案是执法维权力量也要“走出去”，也就是“中国脚步”走到哪里，“中国保护”就跟到哪里，文化外交探索出一条具有中国特色的海外维权之路。

第二十一章
跨界融合与新形态

突出跨界合作，鼓励融合创新，文化创意产业是适应新兴的文化产业类别而崛起的产业新形态，最初与娱乐经济结合较为紧密，如动漫、游戏、数字艺术等，它以文化创意、知识产权和科学技术为核心内容，强调创意和创新，例如，英国 NESTA 基金会报告《跨界创意的价值》《软创新》等指出：采用良好的跨界合作模式，把创意、设计、艺术、工程、信息、商贸、教育、环境、旅游等多个部门的专业人士组合起来，把注重技术和材质的“硬创新”和注重情感和艺术魅力的“软创新”结合起来，充分发挥各个门类的知识和智慧、技能、方法，使得这种跨界合作的组合成为文化创新活力的激发源泉。

一、集群化发展优势互补

文化创意产业更加注重于产业集群化发展，形成一种跨行业、跨部门、跨领域的发展模式，文化创意产业与制造业、旅游、信息、农业等产业的融合趋势更加明显，文化产业的服务性功能更加突出，溢出效应开始受到更多的重视，在文化产业中，“文化创意和设计服务”最容易和其他产业广泛联系、发生作用，创造出巨大价值。比如，工业设计在全球来讲都是制造业发展中的“领头羊”，设计服务本身收费不高，但它创造的产品却可以有巨大的财富，苹果公司创造出来的苹果手机，从 iPhone 到 iPhone Xs，成就了一个全球市值最大的企业“航母”，市值超 6000 亿美元。

(一) 跨界合作研发

经过组合开发的文化产品,无论是在研发还是市场营销上,均增加了多种变化的可能性,提升了产品的内涵和质量。文化创意产业跨界合作,显现出集群效应,一些地方特别是大城市在发展文化创意产业过程中,着力打造具有特色的产业园区。处于产业园区的文化创意企业不仅能享有基础设施、教育培训等外部服务,降低成本,而且能依托园区内上下游企业形成的产业链,进一步提升产品的品质和价值,还可利用集群内部的资源、品牌、设施、资金、信息、技术等要素进行优势互补,实现一加一大于二的协同发展效应。文化创意产业对经济增长的贡献率不断上升。

(二) 融合性和渗透性

文化创意产业具有高度的融合性和渗透性,以创意集聚区为中心的结构融合,在纵向上,能通过销售渠道延伸到目标客户,第一时间获取市场信息,在市场经营战略上,进行快速响应;在横向上,可延伸到产业集群内部的关联企业,构建企业之间的战略联盟,形成合力以抵御市场风险,还可与政府以及高校、研究机构、中介咨询机构、教育培训机构和金融服务机构等进行合作,这种在经营过程中所构建的网络,以及企业与政府、高校、研究机构或中介服务组织等所构建的社会网络,共同组成文化创意产业集群中的创新网络,推动跨界合作、融合创新,文化经济与制造、通信、旅游、时尚等产业进一步融合。进入网络信息时代,新技术、新产品不断涌现,要实现文化、产品(服务)、技术和市场有机结合,文化创意产业就要以完整的产业链为依托,协同创新发展壮大。

现代传播手段的广泛应用和迅猛发展,需要面对现实所处时代的背景,把数字技术作为一种新文化来看待,才能开启创新话题。我们所处的时代是一个互联网改变整个世界的时代。信息技术和互联网技术的交叉科学,影响了很多传统行业,互联网技术带来的营销变革影响到了生产、供应链和制造的方方面面,重构着很多行业的价值。

二、融合创新加深用户体验

沿着从技术融合,到市场融合,再到产品融合和产业融合的创新路径,在数字化平台上推动新兴的文化产业发展，数字文化产业发展前景对世界的贡献越来越大，多媒体之父的加拿大学者哈威·费舍说：数字化所代表的科技革命，“在第一时间便渗透到我们人类活动的所有领域，已经展示了其彻底和不可遏制的爆发力”。阿里巴巴是中国乃至全球最大的零售交易平台——从海外的中小企业到跨国公司甚至到一个经济体，阿里巴巴都有实力提供平台，成为帮助其进入中国市场的窗口和渠道，由此形成的崭新商业生态，引领世界潮流。全球越来越多国家和企业向阿里巴巴抛出“橄榄枝”。

(一) 用户体验一致性

伴随发展中国家在用户数量方面开始占据多数，互联网、移动互联网将逐渐成为全球性基础设施。全球 30 亿人接入互联网这个最大的信息高速路，发展了在不同情境下的用户需求，推动多屏融通技术进一步发展。在 2014 年 6 月，苹果公司展示的跨设备交接(Handoff)技术，是下一代桌面和智能设备操作系统实现总体聚合的一项新技术，通过该技术，用户在一台苹果设备上中断某项任务后，可切换到附近另外一台苹果设备上继续执行。比如，用户可以在一台设备上开始浏览网页，随后切换到另一台设备上继续浏览同一页面。从苹果手机到平板电脑，再到个人计算机，各种苹果设备之间借由该技术高度融合在一起，虽然没有远程桌面，但是，可以使用户体验保持高度的一致性和互补性。

(二) 动漫“技术先行”

我国智能手机用户的数量巨大，为手机动漫的发展提供了良好的基础。手机动漫领域或许将成为国产动漫超越其他动画强国的新突破口。在 2013 年，文化部牵头制定手机(移动终端)动漫标准，这是动漫领域内的第一个国家标准，体现出政府在基于移动互联网的动漫产业发展上的信心，有利于动漫作品与运营商、移动终端之间无缝连接，解决手机动漫内容制作与发行的部分问题。虽然目前我国在传统动漫方面仍落后于美、日、韩等其他国家，但相较以往已经有了明显进步，在世界范围内初露头角。

将技术与艺术紧密结合，顺应动漫“技术先行”的行业要求，互联网技术对于动画发展起到决定性作用，转描机、多层摄影台、电脑三维动画、动态捕捉，动画史上无数的艺术进化由技术进步所引发，艺术与技术形成合力，使动漫得到进一步推动，动画学科的领域不断拓展，艺术家和研究者的创新视野进一步放宽。

动漫的总体发展轨迹，是和大众媒体的发展轨迹并行一致的。这意味着面对瞬息万变的媒介环境时，必须重视新媒体，敏锐地发现各种平台的特殊性，并充分利用这种特殊性。不同类型的动漫产品依赖于不同的传播媒介，而媒介特性随时代而变。正因为做到了这一点，动画与数字艺术才能够在以动画、漫画为中心的诸多相关领域取得丰硕成果，这些成果既包括将动漫与桌面卡牌游戏相结合的“三国杀”，也包括网络表情“兔斯基”，还包括首先在漫画网站上连载、再推出单行本，后来又被改编为网络动画的《馒头日记》。在属于移动终端的时代，移动平台为动漫产品提供创新的试验场。

三、颠覆式技术创新

注重文化与科技融通，一些颠覆式技术创新在酝酿胎动，给世界一个惊喜。颠覆式创新链的形成，进一步推动结构调整，推动经济发展转型升级，重组价值链、供应链、产业链，加快信息交换，整体推进文化企业软、硬件交融。而实行创新、创业、创投、创客“四创联动”，关键是要建设文化科技融合创新基地。创新基地整合五大资源服务手游行业，建立“最牛导师团”，聘请腾讯、阿里巴巴、小米科技、中国移动等全国30家最具影响力的游戏开发商、发行商和渠道平台商组成创业导师团，一对一指导企业如何建设团队、如何开发产品、如何进行市场推广等；日新月异的技术、不断进化的传播平台，预示着新的机遇，吸引着越来越多的创意人才投身其中，奉献创新力量。

“最全配套服务”，则为创业企业提供一站式配套服务，包括政策咨询、财税管理、审批协助、版权认证、软件登记等服务。2014年6月30日举行首次公开招募，每年计划孵化80家优秀创业企业。当下，经过筛选已有2家手游创业团队签约，让民营企业更多参与到国家级、市级科研项目中，与国外一样参与经费申请和竞争，让这些“活鱼”刺激创新水平提升，位于上海市中江路的高科技产业园区天地软件园落成后，园中许多民营科技企业陆续进入手游行业。

(一) 跨界融合,互联网文化产业的裂变效应

互联网与电影融合创新,如腾讯影业涵盖了电影、电视剧、网剧等全版权联动,泛娱乐项目既改变电影商业模式,也影响内容生产知名 IP 有《上海堡垒》《藏地密码》《西行纪》等。腾讯影业的“大手笔”来自“不孤立地做影视,要做开放的内容平台”的新理念,不做传统的影视公司,而要基于泛娱乐文化生态”的战略布局,产业融合碰撞出新的创新活力,助力成为中国电影未来新起点,互联网正在瓦解传统电影制作方式,新媒体与影视产业结合,在这个层面,中国电影产业与欧美发达国家处于同一起跑线。

在新媒体文化创意产业方面,优酷土豆将入驻上海;资金雄厚的互联网企业进入电影产业,在制作环节,2014 年 3 月,阿里巴巴收购文化中国 60%股权,随后文化中国更名为阿里影业。在跨界融合方面,上海国际电影节设置手机电影节,是唯一在手机平台上展映授权参赛作品的 A 类电影节。历经 4 年发展,2014 上海国际电影节手机电影节共征得 1951 部短片,其中 1451 部为境外作品,“手机院线”单片票房最高达 502 万元。手机电影节面向国际的短片竞赛,2015 年将升级为互联网电影节,促进互联网企业与影视机构进一步融合。

(二) 互联网带来创新变化

电影的生产和创作方式发生深刻变革。互联网企业从生产、销售等多环节全面介入电影产业,跨界融合成为 2014 上海国际电影节一大主题。腾讯在上海电影节期间宣布,2014 年将参与推出 6 部大片;音乐家谭盾和财经作家吴晓波联袂宣布启动跨界电影创作计划,谭盾在电影节平台开展《六个梦·复活》微电影大赛,吴晓波则开始《我的诗篇》纪录片电影创作计划,并于 2015 年电影节期间发布成果。

《六个梦·复活》微电影国际电影比赛将在全球范围内,征集年轻导演以三重协奏曲《复活》为灵感的微电影,并在 2015 年电影节期间播放,参赛者可在上海电影节官方网站上查询大赛消息及三重协奏曲《复活》的音频网络下载地址;纪录片电影《我的诗篇》聚焦 10 位“工人诗人”,走进他们的真实生活,找寻诗意的来源,深刻地讲述“中国制造”背后的不平凡故事。跨界融合制作电影,围绕电影产业链布局创新,运用电影艺术语言,来记录生活传达创意。

四、创新，存在于社会各个领域

众人拾柴火焰高，创新型国家前景可期，发挥中小企业灵活度高、创新力强的鲜明优势，最大限度地把创新要素引入基层，党的十八届三中全会决定进一步强调，要打破体制壁垒，扫除身份障碍，让人人都有成长成才、脱颖而出的通道，让各类人才都有施展才华的广阔天地。不断培育和提升中华文化创新力和文化软实力。《大繁荣》的作者埃德蒙·费尔普斯认为，创新是由草根基层的想象力和创造力推出来的。

盯准各细分市场，中小企业是创新主体

这些企业，成功源自创新能力及专门化程度，通过在细分市场上难以匹敌的技术优势，实现精专制造和高端制造的完美结合，很多大企业的配套设备和软件系统都来自中小企业，后者对创新有着十足的动力。德国中小企业占注册企业总数的99.7%，雇员占总就业人口的80%，上海普陀区为扶持小企业、发展新兴产业，通过政企合作方式，借助于互联网企业的领先技术与全球视野，丰富的产业创新与市场资源，配合普陀区的人才、资本和市场优势，推动信息产业发展。

众多亚洲中小企业在多年的摸索与磨炼中已经具备了较强的软硬实力，体现亚洲特色、代表亚洲文化、具有成长性的亚洲企业逐渐扎根世界的土壤。“中国制造”对欧洲和意大利公众具有极大吸引力，特别是在充分展现文化创意的建筑行业。2015年米兰世博会中国企业联合馆展馆，技术要求难度不亚于北京鸟巢体育馆。它以钢结构为设计框架，以中国元素为基调进行装饰，其建筑设计理念展现了极高的现代化水平。

“中国制造”融入经济全球化和信息化潮流，其内涵在智能化、国际化和品牌化三个方面超越以往，世博是一场未来秀，各国无不选择最具代表性和影响力的本土品牌作为文化传送带，展览范围非常广泛，精心的展项安排，优良的运营服务，使世博会大放光彩。米兰世博会的中国企业联合馆内，集聚了包括宝钢集团、中国航天、中国商飞、中国中车、上海电气等中国各领域最具先进性和代表性的企业，是中国品牌的一次跨领域团队合作，其首要目标就是向世界诠释什么是“中国制造”。米兰世博会上，参展企业大多数已经和欧洲有实质性的交流与合作，其行业地位已经得到充分的认可，是中国创新的生动写照。对外贸易的发展，让世界联系更加紧密，中国企业和中国品牌，打入了世界市场，吸引了世界的目光。

五、非公有资本企业在创新中的主体作用

建立以企业为主体、市场为导向、产学研深度融合的技术创新体系，加强对中小企业创新的支持，德国无论大小企业，创新意识都非常强。此外，日本企业也非常重视技术研发，据报道，日本一些企业在技术研究方面的投入甚至会高达公司利润的三成左右。我国中小企业研发投入增长，明显低于大型企业，中小企业创新活力面临严峻挑战。根据中国企业家调查系统2013年针对3545位企业家的调查显示，超过三成的中小企业经营者认为，“创新动力不足”是存在的突出问题，叫得响的民营企业很少。小企业的生存发展环境还不理想。

（一）非公有资本民营企业国际化视野

文化创新提升企业产业竞争力和自主创新能力，开拓了非公有资本民营企业的国际化视野，民营科技企业借鉴世界500强企业成功经验，高起点建构，非公有制大型民营企业进入互联网文化内容提供商行列，国际市场业务规模化、标准化和国际化，在技术水平、产业规模和增长速度上有了长足进展，成为文化产业升级的标杆。

从客观环境看，制约中小企业创新活力的重要原因是创新资金不足、缺乏创新人才，法律法规不完善等。深化科技体制改革，优化政策性制度供给，优化科技资源配置，全面释放创新创业活力。需要加大与国内民营企业的合作力度与信息渠道建设，共同实现中国企业走向海外。让“中国制造”成为走向世界的一张名片。

（二）专项扶持

一个国家要形成强大的文化创新力，仅仅有国家层面的战略是远远不够的，还需要在文化大都市和特色文化城市区域层面上的文化创新政策，例如，

在 2014 年，上海市文广影视局拨款 1.3 亿元，专项扶持各类文化产业。同年用于向社会力量购买服务的资金将高达 2000 万元。专项资金更加突出扶持重点，聚焦各产业和领域的关键环节，比如，动漫游戏产业资金将重点扶持原创漫画、原创动画、原创动画电影与原创网络游戏产品，并按照社会效益与经济效益兼顾的标准，对优秀作品予以重点扶持。

在 2014 年 6 月 23 日，成都发布了《成都市关于促进当前经济平稳增长的二十二条措施》，为经济社会发展注入新的活力，创新研发是本轮财政支持的重点。高校、科研院所与区（市）县共建的创新驱动试点示范区，可获最高 1000 万元资助；围绕成都重点产业领域开展技术创新、商业模式创新和战略性新兴产品、重点新产品研发的企业，可获得最高 100 万元资助；牵头制定并获批国际、国家、行业标准的企事业单位，将给予最高 60 万元奖励。新政策在强调增强创新驱动、推进转型升级、着力支持小微企业和实体经济等方面制定了针对性强的具体措施，全力促进当前经济平稳增长。《措施》对新兴服务业给予着重支持，根据具体标准，对发展电子商务、会展、旅游等进行奖励和补贴，给予企业新开发具有成都特色的旅游商品最高 100 万元贴息扶持；重大展会组展等都将得到相应的政府补贴。《措施》提出扩大消费市场的新政策，培育新的消费热点，提出加快发展信息消费、体育文化消费，鼓励书店、演艺场所延长营业时间等。

六、文化政策鼓励创新

（一）文化原创获支持

金融业创新使文化原创获支持，2010 年以前深圳市欢乐动漫公司的主要收入来自为国外动漫企业加工原画和代理销售国外动漫产品，虽然公司已经达到每天生产一集 10 分钟，每年 3000 分钟以上的制片水准，但是，没有原创作品，就只能挣微薄的加工费。2010 年，欢乐动漫利用自有资金，生产了 60 集原创动画连续剧《欢乐宝宝》，由于资金紧张，剩余的 40 集无力再制作下去，如果银行不能提供资金支持，公司就将被迫回到为国外公司代加工的老路。中国建设银行深圳分行在调研后，审批通过了以欢乐动漫实际控制人担保为主要担保方式，以欢乐宝宝动漫形象等 6 项著作权质押作为辅助担保方式的授信方案，并分批向公司配发资金，利用从中国建行获得的1000万元资金，欢乐动漫公司完成了200集《欢乐宝宝》系列动画片，获得了国家播映许可，相继在央视等80多家电视台播出。多门类动漫衍生品开发上市，2013年销售额达5000万元，2014年预计年销售额为1.3亿元。创意与版权是文化企业的核心资产，但这种无形资产如何评估，是一直困扰银行的难题，随着各种金融服务和产品不断创新，以版权作质押担保的模式有所突破，使原创文化企业得到了急需的资金扶持，对我国文化产业的创新发展价值巨大。

（二）支持电影发展经济政策

在2014年6月，财政部、国家发展改革委、国土资源部、住房和城乡建设部、中国人民银行、国家税务总局和新闻出版广电总局等7部门，联合发布《关于支持电影发展若干经济政策的通知》，在相关专项资金支持力度方面，中央财政继续安排电影精品专项资金促进电影创作生产，其中每年安排1亿元资金，采取重点影片个案报批的方式，用于扶持5～10部有影响力的重点题材影片；在文化产业发展专项资金中，专门安排资金支持推动高新技术在电影制作中的应用、支持中国电影企业走出去、支持重要电影工业项目和高科技核心基地建设等；以提高中国电影的整体实力和竞争力。

在国家战略层面，在2013年8月8日，国务院办公厅颁发关于增强金融支持，促进小微企业不断发展的文件；在2014年4月16日，国务院办公厅发布《关于印发文化体制改革中经营性文化事业单位转制为企业和进一步支持文化企业发展两个规定的通知》（国办发〔2014〕15号，完善一系列推动文化改革发展的重要经济政策，《通知》贯彻党的十八届三中全会和《深化文化体制改革实施方案》精神，紧密结合文化改革发展的新实践新要求，《通知》包括《文化体制改革中经营性文化事业单位转制为企业的规定》和《进一步支持文化企业发展的规定》两个文件，主要涉及财政税收、投资融资、资产管理、土地处置、收入分配工商管理等多方面支持政策。国家财政政策强调扩大文化产业发展专项资金规模、加大对文化科技创新的支持。

（三）激励创新的制度体系

激励创新的制度体系，是经济转型的重要组成部分之一。把创新作为未来一个时期重要的抓手，建立以科技创新为核心，科技创新、产业创新、金融创新、商务模式创新、管理创新等多领域互动、多要素联动的创新生态体系。中小企业市场融资也面临难度大、成本高的困难。受到规模、资金等因素的影响，中小企业很难吸引创新人才特别是科技创新人才的加入。多年来政府科技投入多向高等院校和政府所属科研院所倾斜，投入企业的很少，而投入到中小企业的更少；而在法律环境方面，我国知识产权保护力度不足，相关法律法规体系不够完善。

知识产权支撑国家中小企业发展方面的能力，我国专利质押融资总额大幅提升，有效解决了一批中小企业融资难融资贵问题，制度建设可以从以下几个方面着手。

1. 政府应当对小微企业进一步营造宽松的政策和税收环境，以利于草根创新和大众创新。

2. 通过市场化的手段鼓励和支持应用先进手段对小微企业提供人力资源、财务、金融服务。以金融行业来举例，深化金融体制改革，增强金融服务实体经济能力，提高直接融资比重，促进多层次资本市场健康发展，更多金融资源配置到经济社会发展的重点领域和薄弱环节，更好地满足人民群众和实体经济多样化的融资需求。

七、支持创新发展，助力供给侧改革

实现金融业的重要职责使命，应发挥开发性金融在建设市场、创新发展、引领资金等方面的功能和优势，加强实践探索，把金融的制度创新、产品创新与企业的技术创新结合起来，与经济结构调整结合起来，与实体经济发展结合起来，努力为创新型企业发展和创新驱动战略实施提供系统性的配套金融支持，积极助力创新型国家建设。“文化 IP 通”，通过产品创新、模式优化、机制变革等方式，文化金融提升至战略定位，针对文化创意企业推出专属产品“创意贷”；创新版权质押打包贷款模式，探索推出普惠文创产品“文创普惠贷”，支持文化创意产业发展。服务质效的全方位升级，以“升级版”的金融供给激活文化资源的巨大潜力。

(一) 探路发展文化金融

加大对文化创意产业的金融支持力度，不断创新服务手段，建立起特色鲜明、健全完善的金融服务体系，助推文化创意产业可持续发展，互联网来了，金融分包开始出现，对传统金融业提出新挑战，银行要做供应链金融，那就有了创造，用云技术手段和后台支撑可以为众多的小微企业提供服务；有了后台服务，小微企业的经营状况和成长潜力这些都有相应的数据记录可以查阅，方便风险投资对企业进行评估，同时也便利了银行对小微企业提供信贷过程的手续简化。银行机构对风险控制的技术也发生变化，从供应上开始考虑，在审贷等各个环节都不一样，比如小微贷款当中最重要的三表和三品(除资产负债表还要看电表、水表、报关表，这是三表，三品则是除了对传统银行抵押品之外，还要看产品、人品，人品就是所谓的信用)。

(二) 全社会研发投入

当下，在全社会研发投入中占比长期徘徊在5%，与创新型国家逾15%相去甚远，我国无论从投入的强度上和积累上都有很大差距。国际著名智囊、罗兰贝格管理咨询有限公司创始人罗兰·贝格，画出两条曲线表明中国与欧洲在世界GDP“大蛋糕”中的历史变迁。中国曲线是“U形”或者说“微笑”的，近代以前，中国GDP长期占据全世界三分之一份额，也可以说国家创新能力一流；而到20世纪60年代，据其测算，中国GDP占比跌落至4%左右；此后，这条曲线重拾升势，向世界四分之一迈进。欧洲曲线则是一条长长的“抛物线”，从第一次工业革命起进入上升通道，如今也落在“中国曲线”之下。

八、走出“微笑曲线”低端，打破“搭便车思维”

微笑曲线”低端，模仿跟风现象严重。与世界发达国家相比，我国出现跟风现象严重，尚需要增强有足以支撑未来持续发展的鲜活元素，“中国制造”需要走出“微笑曲线”低端。中国经济已经取得了举世瞩目的成就，到2013年，中国已经成为世界第一货物贸易大国，但是，从全球范围来看，我国在国际分工中长期在低端产品上依靠拼成本、拼数量、拼消耗，粗放微利保本经营，在“微笑曲线”的低端摸爬，占领不了附加值高的研发这端。造成这一结果的原因之一，是欧美、日本等发达国家强大的品牌影响力，掌控了在全球价值形成的链条中以设计、渠道、分销为代表的高端价值链环节，从而掌握了绝大部分资源的价格决定权和渠道分配权。

（一）创新要打破“搭便车思维”

文化引领风气之先，最具创新力，是国家层面、社会层面、公民层面的价值取向和理想引导，用新思想、新观点和无穷的创造力，不断持续文化创新，深化科技体制改革，建立以企业为主体、市场为导向、产学研深度融合的技术创新体系，加强对中小企业创新的支持。

而当今的现状是文化创新力不足，文化产品“大而不强”“多而不优”，效益“有而不高”等问题依然突出，涉及价值观层面的影响和复杂的制度设计。需要有效的保障制度，需要有吸引力的激励制度，需要有创新动力源泉，创新驱动发展，最紧迫的是要破除体制机制障碍，最大限度解放和激发科技蕴藏的巨大潜能，点燃创新的引擎。

文化引领作用不突出，创新动力不足，曾经依靠引进和模仿，实现技术和产业上的创新，认为既然创新创业是大环境、大趋势，只要搭上车就一定能进入发展快车道。其实不然，催生创新成果，没有捷径可走，我国经济体量大、产业层次低、发展不平衡、资源环境约束性强，只有通过创新破除思想、理论和制度的藩篱，让创新在全社会蔚然成风，才能激活各领域、各行业、各地区的发展活力，释放巨大的发展潜能。建设成为国际物质科学前沿原创基地、新兴产业与变革技术创新基地、高新技术成果转移转化基地、高层次创新创业人才培养基地，科技合作与交流平台，提升创新能力。

创新创业虽然具有无限可能，很难预先设计，但是，自身积累到一定程度才会瓜熟蒂落。开放带来进步，英美创新动力的源泉是他们的价值观，瑞典设计师曾说：国际设计周中国设计师去拍照、去抄袭，一些欧洲设计师不怀好意地说“他们现在已经学会制造了，千万别再让他们学会设计”。可见，外国设计师认为，中国产业发展现在就面临着突出的问题——“山寨”，模仿能力强，会“山寨”，设计创作创新能力弱，在创新创业变成一种时代风尚的当下，创业者要有不走寻常路的勇气，吃别人嚼过的馍没味道。

（二）文化领域盲目追求 GDP

当今，在创新领域还隐藏着诸多问题，创造少、山寨成风、虚标参数、技术造假等，如许多科技产业一样，在技术研制开发和应用过程中经历负面的影响，缺乏核心技术、山寨现象严重。究其原因，主要是制造成本较低，所有山寨产品几乎没有制造门槛。例如，山寨 VR 作坊往往仿照成熟产品采购 VR 套料，然后进行贴牌加工，设备出货量巨大，每年达上千万件。山寨产品涌入市场，售价低，便宜的只卖到几元钱，会给行业造成非常恶劣的影响；多数生产 VR 硬件的企业，山寨机从内到外都没有核心技术，没有硬件竞争力，迟早会被淘汰。

人均 GDP 是反映经济发展整体水平的重要指标，国内外指标体系均选择该指标并将其放在核心位置。第三产业产值占 GDP 比重可以反映出城市的辐射力、凝聚力和综合服务水平。在 2014 上海第 17 届国际商业论坛上，上海纽约大学商业与工程学院院长增莫尔教授作了题为“质量、信誉与中国制造”的演讲，他认为，中国必须通过抓质量来树立良好的口碑，并从质量的内外部属性、短期利益与长期利益、追求卓越等方面，做好质量管理。

GDP 使用已经 80 年，从诞生至今却从未能摆脱质疑之声。在经济学家眼里，GDP 并不是衡量经济健康的有效指标，不但不能反映出经济增长的社会成本，也无法同社会进步画等号。然而，GDP 仍是一个国家发展程度的重要标志。作为一个重要的宏观经济管理工具，美国商务部经济分析局网站也将 GDP 标榜为“商务部在 20 世纪的最大成就”，许多观察家也将其纳入 20 世纪最伟大的发明之列。美国曾喜好用 GDP 排位“抓眼球”。美国有人常用俄罗斯比较加州，用墨西哥比较得克萨斯州，为了更好地形象展示，媒体甚至会把同各州 GDP 相近的国家直接拼合在美国地图上，因为 GDP 增长意味着经济活动增加、收入提高和就业改善。

以 GDP 作为单一衡量指标对人类社会发展十分危险。英国《独立报》网站甚至援引法国以大革命为代价消除君权神授观念为例子，论证必须及早摆脱对 GDP 的错误痴迷。如此高声呐喊，就是因为 GDP 的统治地位并不容易撼动，探寻一套能够清晰描绘人类社会永续发展的替代性衡量指标，诸如“真实发展指数（GNI）”、“人类发展指数（HDI）”之类的指标，是很多国家不懈努力的方向。《自然》杂志最近刊登的文章标题“是时候抛开 GDP 了！”在文化经济的产能指标着力点方面，越来越多的呼吁使用“国民微笑”替代GDP。

九、全球价值链竞争，着力优化文化外贸结构

从总体上看，我国文化贸易规模仍然较小，与国际文化大都市纽约、伦敦、东京等相比存在明显差距。我国大力实施文化“走出去”战略，推动中国文化企业和文化产品“造船出海”，增强中华文化的国际影响力。然而，我国文化产业占世界文化市场比重不足4%，文化产业在国内生产总值中所占的比例，大大低于西方发达国家已经达到的10%以上的水平。在与世界文化强国竞争的过程中，既缺乏代表性的世界级文化产业集团，又缺乏以高新技术为基础的文化产业整体性结构竞争力。在大力弘扬优秀传统文化的基础上，应当更加深层次地思考和推进优秀文化传统的现代转化。

在全球化时代，对于越来越融入全球价值链竞争的中国来说，如何在短期的利润追求和长期的信誉导向之间取得平衡，是目前面临的主要问题。我国文化创新力不足，在文化领域盲目追求GDP，在舞台艺术上表现为“注水猪肉”式虚浮肿胀。与舞台艺术的创造规律背道而驰，有些戏剧文本的“胳膊腿”为了某种功利原因，生生安装上去，有“大师”把那些根本没有接通血脉的“大腿”、指甲，修剪包装得美轮美奂，香艳无比，急功近利的催生，诞生没心没肺的怪胎。对当下没有感召力，对未来没有昭示感的构建，再热闹而重大，可能只是昙花一现。

人们所期待的精品之花，历久弥香的思想精神舞台，即使让第四堵墙——大幕合上，仍能穿墙破壁，余音绕梁，经久不衰，不事张扬的“捞干货经典”艺术，无法仅仅是企图以扩充自然舞台的物理方式，和挤压精神空间拓展的创造所能取代的，无论中国戏剧，还是世界戏剧，任何新观念、新创造，都会被无情的时间纳入恒常性中去考量。

由于普遍追求商业和经济价值，这种文化价值对商业和经济的影响，出现了本末倒置，文化的主体性、本质精神出现消解和丧失，文化变成了服务于商业和经济的工具。在文化消费主义的影响下，在商业资本的作用下，文化的这种品质和特质，日益被解构、消融和颠覆，几乎所有的文化形式、文化样式，正在向技术化、工具化、世俗化、欲望化和商业化方向发展。追求所谓“打

造”文化、野蛮“开发”文化、大干快上文化，几乎成为常见现象。文化越来越趋向于浮躁化、泡沫化和空心化，变成时尚流行的“消费品”，带上浓厚的商业色彩。这种对待文化的态度，彻底背弃文化的属性，违反文化的发展规律，抛弃文化的品质。减少文化领域盲目追求 GDP，文化发展少一些商业泡沫，尊重文化的本质和规律，按照文化的内在精神价值去发展和创新。

文化创新力不足，盲目追求 GDP，还表现在电视台纷纷“扩容”，频道越来越多，造成电视节目重复、重叠，电视频道内容平庸无聊，甚至低俗的现象。节目克隆和攀比俯拾皆是，属于文化垃圾的海量的“戏说”和暴力影视剧，基本上成了某些电视频道的主打品牌。有些节目与中华民族传统文化背道而驰，甚至有些可能对儿童心理造成不良影响，电视频道一天 24 小时播出，可看的内容不到一半，还有 1/3 的电视频道由于没有内容而不得不长时间“休克”。电视频道近年来有增无减，虽然可以看几十个上百个电视台的频道，但一些热播的电视剧或者电视节目，没完没了地在一个频道循环播放，有新剧上映，更是三五个台同时播出。频道多了，可看的却少了，相关数据显示，我国仅省以上的电视频道就将近 500 套，地市级电视频道有 706 套，需要科学规划和治疗电视频道“增生症”，加强频道内容水准，提升频道质量，改善文化创新力不足的现状。

在商品经济时代，越来越多的文化元素进入经济生活，文化正在并且已经成为经济的一部分，成为“文化产业”。文化产品中的审美因素，一方面会发挥其内在价值给人以温暖和力量；而另一方面，它正在通过与经济无关的审美方式，反过来拯救经济发展，最终，经济生活一点一滴地改变着人们的生存方式和思想观念，便形成了一种正在缓慢成长的新的文化形态。这一种正常的健康的文化生态，体现的也是文化和经济与商业合理健全的关系。文化的本质精神在一个文化厚实底蕴深沉的社会里，文化的所有表现形式，应该是社会和个人激发的创造力和想象力，思想的内涵和美学的品位总和创新。

第二十二章
国际人文交流，出行领域“供给侧改革”

我国护照的“含金量”成色提高，对促进国际社会的人民多边往来、增进中国同这些国家人民之间的相互了解发挥积极作用。不但有走出去的“快车道”，在签证便利化方面取得重要进展，签署了互免或简化签证手续协定，给予持普通护照的中国公民免签和落地签的国家和地区达到了50多个，能够免签或落地签的目的地的增加，提高了中国护照含金量，国际人文交流能够更安心、更舒心。

一、全球吸引力——签证便利化

随着签证等政策的优惠，出行更加便利，旅游的可达性逐渐提高，带动文化走出去。在“一带一路”带动下，中国和众多国家的合作不断加深。尽快打通“一带一路”的经络，解决国家间“不联不通，联而不通，通而不畅”的问题，作为出行领域的“供给侧结构性改革”，侧重签证便利化的问题，护照的含金量持续飙升。

（一）简化签证程序

越来越多的热门国家开始对中国护照敞开大门。截至2017年1月，全球已经有61个国家或地区对中国开放了有条件免签/落地签，我国公民出境旅行目的地已扩大到151个国家和地区。至2015年6月，我国已和99个国家缔结涵盖不同种类护照的互免签证协定，与37个国家签订59份简化签证手续协定或安排。36个国家和地区单方面给予中国公民落地签证便利，11个国家和地区单方面允许中国公民免签入境。

先后与多个国家签署互免签证协议，多个国家和地区将“落地签”的待遇给予持中国护照公民，使中国公民可以便利地走向世界。泰国也面向中国游客的半年多次往返签证政策落地；越南下调短期签证费。在此之前，新加坡向中国游客发放“10 年签证”；2014 年实施的中美签证互惠政策，让很多赴美商务考察以及旅游签证申请者拿到有效期为 10 年的多次往返签证，美国政府为解决中国游客签证问题做出努力，签证申请时间大为减少。随着旅游签证限制的放宽，签证签发方式全面改变为针对性服务体系。韩国推出赴韩签证新政，个人游多次签证有效期延长，签发范围扩大，并在中国境内开设签证申请中心。

（二）实施电子签证

通过网络办理签证的出境游客量已经超过 100 万，2015 年 3 月出台的土耳其旅行签证新政，让中国人不再需要其他附加条件就可以进行电子签证，中国游客只需要在官方网站填写个人资料并付费，便可以轻松拿到土耳其个人旅游签证；简化中国游客签证申请、审批过程。

中国公民今后可在线申请赴新西兰签证，流程更简洁，不用亲自去送交护照，而且申请过程都是中文。包括针对中国游客的电子签证系统，以及新西兰政府服务网站 RealMe 的中文注册和登录系统等。韩国法务部推出中国人赴韩签证新政，主要内容为：为团体游客引进电子签证制度，电子签证制度是指签证申请人通过互联网申请并获得签证的制度。有关部门进一步放宽游客签证，签证面谈方式也可以改为更为便捷的视频面谈。

（三）签署互免签证

中国护照的“含金量”大幅提高——亚洲、欧洲、澳洲、美洲的 10 多个热门目的地国家推出免签、简化签证程序、缩短办理时间等新政策，日本对中国赴日邮轮游客实施免签新政，智利也将从 2015 年 7 月 1 日起对中国公民的旅游签证免签证费，若中国公民持美国或加拿大有效签证（过境签证除外，签证有效期为半年以上），可免签进入智利，单次停留时间最长可达 90 天。拉美国家加强对华合作，在巴哈马，巴中互免签证协议实施，中国游客持有效护照，可

免签在巴哈马停留30天，

（四）过境免签政策

亚洲方式是一种合作共赢的伙伴关系模式。亚洲国家利益前所未有的相互联系，亚洲国家的发展命运前所未有的紧密相联。亚洲国家逐渐形成了相互尊重、睦邻友好、求同存异、真诚相助的相处之道。服务业开放是全球大趋势，云南积极简化旅游手续，利用昆明长水机场72小时过境免签政策，吸引第三国游客来昆明中转和旅游。建设大湄公河次区域“金四角”及孟中印缅黄金旅游圈，开辟和推广“七彩云南—丝绸之路”国际精品旅游线路，打造特色旅游品牌。

2005年韩国宣布对华游客实施过境免签后，5年内游客总数增长64.5%，到韩国旅游，为韩国经济注入了一针“强心剂”。中韩两国互相成为重要的贸易交易国和海外旅行地，签证便利化程度进一步提高，韩国在中国发放的签证数量持续增加，年均增幅达41.3%。“说走就走的旅行”逐步成为现实。推进完善韩国签证制度、简化多次签证办理手续，放宽签证签发范围，济州岛地区对中国自由行游客实行免签入境制度，开发订制型旅游产品一系列项目，为维护外国游客的合法权益，首尔市针对游客投诉的主要内容在4月—5月成立了专项检查小组。

游客的消费额增长。韩国商家对中国游客投其所好，采用“中国红”“黄金”等中国人喜欢的元素作为营销战略，并利用中国人常用的微博和微信，制造“粉丝经济”效应，吸引他们来韩国购物旅游。在2014年，韩国的观光收入为181亿美元，外国访韩游客达1420万人次，访韩游客的人均消费达到了1272美元。印度尼西亚推出免签政策，政府豁免四国游客签证，对中国、韩国、日本、俄罗斯的游客入境免签政策，“中国、韩国、日本、俄罗斯购买力都在全球前15名，这些游客的到来将迅速提升印尼外汇储备，对坚挺印尼盾币值都大有帮助”。印尼是世界上最大的群岛国家，旅游资源丰富，兼有秀丽的热带自然风光和壮美的人文景观，被称为“神之岛”的巴厘岛、跻身世界七大奇迹的婆罗浮屠和各具特色的火山令游人流连忘返。

二、打造“整体体验”最佳目的地

从 1985 年日本的文化输出到 1998 年韩国的文化输出，文化产业迅速崛起后，成为赚取外汇最多的产业之一。日本“观光立国”提出后，陆续放宽对外国游客特别是亚洲游客的旅游签证，日本对中国赴日游客新增 5 年多次往返签，让“观光立国”战略的红利惠及更广的范围和更深的层面，日本政府设立以首相安倍晋三为首的“观光立国推进会议”，着力推动各地方行政机构之间联合打造的“跨区域观光周游路线”；由于日本新签证政策的调整、汇率降低，激发了春节期间大批游客赴日旅游。

由于地理位置、物价水平、签证政策、语言环境等客观因素，日本在国际旅游市场上一直缺乏足够竞争力。在亚洲，日本屈居第 8 位，排在中国、马来西亚、韩国和新加坡之后，在 2013 年的外来游客人数排行榜中，日本的世界排名仅为第 27 位。为了推广日本文化，同时吸引外国游客赴日旅游，日本各地均想方设法推出一系列独具特色的旅游项目。TripAdvisor 号称全球最大的旅游社区，一共设有 39 个分站，覆盖 22 种语言。每月来自全球的直接访问者近 2.6 亿人，同时，收录超过 1.5 亿条来自世界各地旅行者对酒店、餐馆、景点的评论和建议。2014 年，全球知名旅行社区的服务网站 TripAdvisor 就挑选了全球 37 个主要旅游城市，请超过 5400 名受调查者根据自己的亲身旅行经历，从 0 至 10 给这些城市的不同方面打分。此次调查报告的结果显示，东京成为全球旅游“整体体验”最佳的目的地。

三、多国简化签证办理手续，放宽对华签证门槛

扩大国际文化交流，提升人员往来便利化，欧盟在中国 15 个非设领事馆的城市设立签证中心，以便利更多中国公民申请赴欧签证。此外，中欧在便利人员往来和移民领域对话（简称 MMD）框架下就商签便利人员往来协议启动实质性谈判。中欧人员往来的新画卷徐徐打开。

推动欧盟国家增加中文导游、中文电视、中文标识等，方便中国游客赴欧旅游；加大旅游资源的相互宣传和推介，增强民众对旅游资源和产品的认识

和了解。推动中欧在旅游业投资、联合推广、旅游教育、人才培训等领域开展合作。西班牙当局落实多项措施,包括更快捷地批准签证,促进中外人员往来便利化,统筹推进与有关国家商签互免签证或简化签证手续协定,签证的放宽对文化旅游有明显促进作用,签证便利化,提高护照“含金量”,作为欧洲著名的旅游目的地,捷克方十分重视推动发展旅游业。捷克计划扩大在华签证接收能力,简化签证办理手续,吸引更多中国游客将捷克作为到欧洲的首站旅游地。

意大利、德国、英国、比利时等欧盟国家竞相推出包括简化签证程序、缩短办理时间等在内的对华签证新政策。在签证材料齐全情况下,意大利驻华使馆和领馆承诺在36小时内发放个人旅游和商务签证;英国内政部宣布,简化中国公民签证申请,允许中国公民在同一个签证中心申请英国和欧洲申根国家签证;中国公民只需到北京、上海或广州的英国签证申请中心提交一套申请材料,即可同时申请英国和申根签证,申请受理时间预计在10个工作日内。在阿根廷,旅游部门正在考虑简化中国游客赴阿签证手续,改革后的手续有望“非常简单”;克服拉美各国的签证不太好办,各种公证、双认证、面试手续特别烦琐。

四、加强人文交流,促进人员往来便利化

南非对金砖国家企业高管放宽签证政策。在2015年,南非已对金砖国家的企业高管放宽签证政策,来自巴西、俄罗斯、印度和中国的符合条件的企业高管无论持有何种护照,均可以获得有效期为10年的多次往返签证,该签证规定每次的最长可停留时间为30天,5个金砖国家的人口占到了世界人口的40%,其GDP总量也占到了世界GDP总量的近25%,因此另外4个金砖国家对南非有“重要的投资潜能”。

(一) 特别签证

世界杯期间,巴西曾对中国游客开放特别签证,凭世界杯门票申请签证可以免除提供多种证明,大大简化程序。而在APEC成员内部,实施双边开放签证政策的比例达40%,享受到免签入境待遇的游客比例达25%,“商务旅

行卡”免签通行扩展至19个成员。

（二）中欧出台便利人员往来新举措

与多个国家签署互免签证协议，多个国家和地区将“落地签”的待遇给予持中国护照公民，便利他们走向世界。“72小时过境免签政策”。北京2014年欧洲推介旅游资源，在意大利首都罗马建立更多合作，继2013年在德国和奥地利推介“72小时过境免签政策”后，增进欧洲游客对北京的了解，进一步拉动欧洲入境旅游市场。

争取欧盟国家实施更加便利的签证政策，如缩短办理签证手续时间、减少签证费用，简化通关手续等。为进一步吸引来自中国的旅游者和投资者，德国简化签证申批手续，加快签证办理时间。德国加快为中国商务及旅游人员办理签证的程序，旅游签证的办理时间将从5天缩短为3个工作日，根据中德政府先前的磋商成果，普通旅游者有望在2天之内拿到赴德签证，申请材料也将减少；赴德签证简化措施还包括：向商务人士发放48小时内签证且不收取加急费；经常旅行的商务人士可获签有效期长达5年的申根签证，显著提高一年/多年多次往返签证的发放比例，使德国的环境更具吸引力。

欧洲其他各国进一步放宽对华签证。比利时和英国在中国推出一站式通用签证项目。比利时和英国政府联合在2015年推出一站式通用签证项目。在比利时—英国游客服务中，中国客户只需要前往英国签证中心一次，就能同时提交比利时（申根国）和英国签证的申请。根据申根国签证规定，申请比利时签证成功的人可以在申根其他25个成员国自由旅行。

五、国际文化交流年增进了解

中韩两国政府在2015年和2016年互办旅游年，韩国国务总理披着“韩国欢迎您”的汉字条幅，视察仁川国际机场，向中国游客赠送礼物。韩国的地方政府大幅增加自由行游客的方便措施，韩国面向中国自由行游客推出集公众交通、便利店购物等为一体的“旅游交通卡”。该卡为预付卡，游客事先需存入一定金额的现金。持该卡的中国游客不仅能够乘坐地铁、公交车以及出租车，还可以在便利商店、咖啡店以及西餐店等指定加盟店进行消费。

为方便国际游客参观，扩建、改建的设施包括景观环境、遗产地标志、演艺中心、公园、残障设施等。为迎接“五一”小长假，首尔市政府将5月1日设为“中国游客欢迎日”，游客享受获赠礼品、试穿民族服装等特别优待；为更好地欢迎外国游客，首尔市将4月29日—5月8日指定为游客欢迎周。欢迎周期间，明洞观光信息中心为游客举行抽奖、赠送优惠券等活动，在游客集中的主要景点增设观光咨询所并举行乱打秀、农乐表演、假面舞等颇具韩国特色的表演。

接轨国际文化交流活动，带动文化经济的繁荣和发展，从境外游的具体国家情况看，中国公民赴境外旅游超过100万人次的国家先后包括：赴韩国、泰国、日本、美国、越南，以及赴新加坡旅游等，其中访韩中国游客占据的比例最大。在《来自星星的你》引发新一股“韩流”等各种因素的强力推动下，2014年成为非正式的“韩国旅游年”。汉语的“游客”一词也进入韩国，成为对中国游客的专用名称，时常出现在韩国媒体，变身为时事热词。2014年前10个月，韩国旅游收入已经超过2013年全年的旅游收入，创历史新高。

（一）应对东盟一体化进程，增强东盟凝聚力

以东盟为依托，促使其在地区事务上扮演更重要角色。在轻缓柔绵的民族音乐声中，美丽的缅甸姑娘们翩翩起舞，深情的《缅甸的祝福》舞蹈拉开了2014中国-东盟文化交流年闭幕式文艺演出的序幕。中国国家副主席李源潮、缅甸副总统年吞出席并致辞。1000多名缅甸和东盟国家各界人士出席了闭幕式。

积极推行全方位的平衡外交，重点放在建立互信方面。建立东盟共同体、探讨制定东盟发展目标、推进区域全面经济伙伴关系协定等重要课题上。印尼是东盟的创始国之一、不结盟运动的倡导者之一和二十国集团的成员，印尼与海洋相关的产业相当丰富，包括旅游业，它也是一个多民族国家，有100多个民族，其中88%的人口信仰伊斯兰教，是世界上穆斯林人口最多的国家。印尼地处亚、澳大陆之间，北接马来西亚，南邻澳大利亚，是连接太平洋和印度洋的战略要冲，以东盟为依托，推行平衡外交。

（二）国际文化交流融入平常生活

以生活化服务拉近与游客之间的距离，这种交流和认知就在平常的生活里，作用在每一天、每一个人的心里。泰国向外籍游客签发半年多次往返旅游签证，优质服务是泰国旅游的名片，友善是泰国人从内而外的气质，不管您身处何地，景点还是酒店；不管您身在何时，清晨还是傍晚，都会被泰国人不知疲倦的礼貌和友好所包围。信仰为上的微笑之国，可以享受到最优质的细致入微的服务，根据泰国旅游与体育部的数据，2015 年泰国约迎来 2800 万人次国际游客，在旅游方面，泰国已成为中国第二大旅游目的地国。

六、“纯粹观光”让位“深度体验”

推进“一带一路”国际旅游合作示范，日本、土耳其、印度、印尼、澳大利亚、马来西亚、智利、新加坡、意大利、法国等国针对中国游客推出了签证便利政策，主要包括：开放免签落地签、延长多次往返签证、简化签证材料、实施电子签证、免签证费、缩短办签时间等。

（一）国际旅游合作

成员国和半成员国在旅游签证、旅游贸易等方面实行优惠便利政策等。加勒比的岛国格林纳达则对中国普通护照实行互免签证政策。古巴有了更宽松的签证政策，中国是新西兰第二大国际游客来源地，新西兰启动一系列便利政策，把中国游客多次入境旅游签证有效期延长至 2 年，并开放 3 年多次入境商务签证。马来西亚则为中国游客免除签证费，并落实团队游客免签；马来西亚政府近期宣布，将在 2016 年农历新年前落实中国 2 人以上游客免签证措施。

政府计划制定索契免签证制度。放宽签证政策，简化入境手续，团队免签，便利的签证制度是吸引国际游客的重要原因，根据俄中政府间旅游团免签协议赴俄游，在此协议的框架下，中国公民只要超过 5 人便可以团队旅游的方式申请长达 15 天的免签赴俄游。手续简化等因素为国际游客创造了良好的客观条件，2014 年，中国游客数量已经连续 2 年在赴俄外国游客中占据领军位置。据俄罗斯国家旅游局统计，在去年 570 万访俄的外国人中，中国赴俄游客数量超过 110 万人，比 2013 年增加了 10%。俄媒体惊叹，中国观光客进军俄罗斯的脚步，创造了访俄数量的新纪录。

以色列旅游部重点关注中国市场,以色列已采取一系列有效措施来提高赴以中国游客数量。这些措施包括简化中国游客商务签证和旅游签证的程序。澳大利亚宣布计划向中国公民提供10年期多次往返签证。欧洲英、法、德这3个最有分量的国家采取签证简化措施,欧洲国家如英国、西班牙和意大利签证办理时间仅需24～48小时,法国向更多中国公民提供5年有效期多次往返签证,并在法驻华使领馆外设立若干签证办事机构,方便中国公民就近获得签证。为吸引更多中国游客在法旅游更长时间,法国把中国游客赴法旅游签证审核时间缩减至48小时。法国新的目标是,1年吸引1亿人来游玩。

(二) 国际间直达航线,提升国际往来交通条件

提高交通便利程度,开通更多直航,美国政府希望通过增加航班或增设总领馆等举措,为中国游客提供便利;推动增加跨境航班,便捷双方人员往来,减少旅行费用和时间成本,争取开通更多中美直航航班。据美国国家旅游局的统计数据,中国游客赴美旅游人数每年达200余万人次,且连续4年保持两位数增长。直航线路和低成本航空,促进航空和邮轮航线的扩充和各国交通的便利化,在古巴首都哈瓦那,与上海的第一条直航航线于2015年9月开通;在熟悉又陌生的哈瓦那,哈瓦那老城的景点,依稀留存的"小西班牙"之感。中央广场附近,如旧国会大厦、哈瓦那大剧院,穿过何塞·马蒂大道,拐一个弯就到了古巴革命博物馆。哈瓦那的大街小巷遍布着切·格瓦拉的纪念品,这位曾经的古巴革命象征,而今成了商品化的标志。

从旅游资源大国向世界旅游大国的转变,我国旅客差异化需求开始显现。以色列促成海南航空公司明年开通从北京直飞特拉维夫的航班;培训会说中文的导游来接待中国旅游团;增加旅游部在中国拓展市场的预算;邀请中国知名厨师来以色列,培训当地酒店厨师做出符合中国游客胃口的中餐;改善旅游基础设施,满足中国游客需求。此外,旅游部还接待了一些中国知名人士,特拉维夫大卫洲际酒店成为以色列第一家提供中文服务、开通中文电视频道的酒店,这家酒店丰盛的自助早餐开始提供中国食品。2015年12月初,以色列旅游部邀请了4位中国知名厨师,在以色列4个城市举办"中餐烹饪工作坊"。

《国务院关于促进旅游业改革发展的若干意见》特别提到,支持低成本航空和旅游航空发展是促进旅游业发展的重要举措,中央对民航业发展“基本航空服务计划”明确定位,使低成本航空在我国进入市场大发展阶段。《国务院关于促进民航业发展的若干意见》提出实施“基本航空服务计划”,以低票价作为核心特征的低成本航空是实现基本航空服务计划的重要手段。但是,在旅游业发展质量效益、现代化水平、国际竞争力等方面,同旅游发达国家还有较大差距,在美国,低成本航空提供30%以上的定期国内航班服务,欧洲这一数字接近40%;短短10年,东南亚航空市场低成本航空份额上升至近60%。

第二十三章 高端化“品质革命”彰显全球效应

文化创意体现品牌价值，品牌市场机制提升市场经济总体效率，催生市场经济新秩序，保证先进的合理的规则、契约的遵守，它代表了市场经济成熟阶段控制市场乃至全球经济的最高形式。全球步入品牌经济时代，做强做大品牌，是提升国际竞争力的必由之路，提升品牌力是未来发展的关键，品牌建设高级阶段，体现为知识输出控制、品牌输出控制。品牌被称为的无形资产，是一个国家软实力的象征，甚至决定着这个国家在全球经济文化体系中的话语权。

一、文化创意提升品牌力，赢得国际市场

品牌是一种垄断资源，有重要的行业价值和社会意义。是真正的核心竞争力。品牌带来的溢价，能确保企业有能力投入技术创新，能使企业获得良性发展。但品牌力的提升不是一蹴而就的。纵观国际一流企业，无不经过数十年的努力和传承，中国提高品牌力的道路才刚刚开始，高铁成为走向海外的“新名片”。

（一）中国设计，欧洲制造

让企业成为技术创新的主体，创造新的经济增长点和动力源，是实施创新驱动发展战略的重中之重。在国家相关政策助推下，企业纷纷加大投入，进行技术改造、产品创新，推动产业链向高端迈进。直抵欧洲高端市场，凭借先进技术、可靠质量及完善的服务网络，技术创新推动更多国产品牌走向世

界。中国安检设备生产商落户波兰，进入欧洲市场，产品销往英国、德国等30多个欧洲国家，从2014年起，波兰海关采购的设备80%以上都来自同方威视，中国设计加欧洲制造，让同方威视的安检设备在欧洲市场站稳了脚跟。同方威视生产的集装箱/车辆货物检查系统。它可以在卡车行驶通过不停车的情况下，对卡车上的货物及集装箱进行快速扫描，同时自动避让驾驶舱，同方威视在欧洲与200多个供应商合作，绝大部分零部件都从欧洲国家采购或委托生产。

（二）本地化发展，品牌效应持续扩展

从国际上看，新一轮科技革命和产业变革正在孕育兴起，创新战略竞争在综合国力竞争中的地位日益重要；换一个视角，就是创新的起点，在波兰的投资是“一带一路”倡议下的合作典范，同方威视华沙公司90%的员工来自波兰。在波兰中部城市科贝乌卡，中国安检设备生产商同方威视华沙公司新工厂建筑面积近6000平方米，是中国高科技企业在波兰的首个绿地投资项目，该厂建成后，同方威视华沙公司将成为欧洲最大的集装箱/车辆货物安检设备生产制造基地。占据欧洲高科技产品市场的半壁江山，同方威视收获的不仅是市场规模的扩大和经济效益的增加，更重要的是中企品牌效应的扩大，中企在波兰的投资给当地带来税收并促进就业，为波中两国在地方层面合作提供更多可能，提升在欧洲高科技领域话语权。

二、健康文艺生态，文化精品出口转向优化

文化外贸出口实现国际化，必须走自有品牌道路，有国际影响力的品牌，也是提升文化软实力的主要途径。优质文化产品和供给积极满足人民群众日益增长的需求，在从《百鸟朝凤》到纪录片《舌尖上的中国》、电影《西游记之大圣归来》一批制作精美、质量上乘的电影作品将民族文化精髓融入其间；追求高品质制作效果，鼓励原创，孵化、产出优秀作品，致力于为优秀原创编剧、剧本找到投资平台，为影视投资公司、文化传媒企业找到好的投资项目，实现优秀作品“孵化—创作—交易”的全链条打造，引入可持续创新发展的轨道，以期在海外产生现象级的观赏热潮。

（一）春风化雨，润物无声

中外文化交流机制日渐成熟，“一带一路”的倡议规划，国际人文交流的品牌更加闪亮，以润物无声的方式深度滋润着中外人民友谊的土壤，为中外关系发展注入不竭动力。培育一批具有世界影响力的文化品牌，截至2016年年底，我国已和“一带一路”沿线的60多个国家全部签订了政府间文化交流合作协定；已在140个国家建立了511所孔子学院、1073个孔子课堂，建成海外中国文化中心30个、中国馆14个，通过国际交流品牌平台渠道拓展，提升了国际文化影响力。

但是，如果从品牌经济来读解一个国家的发展动力，在产业链的最上游，是卖创意与品牌包装的，所以，迪士尼的行政总裁奥维兹说：“工商界中无论谁，其全部未来都维系在他的品牌资产及有关的一切之上”。当今，中国的产品虽然行销世界，在多个领域走在世界前列，能为国际社会提供高性能、低价、世界级的品牌，但缺少狂热的拥趸，缺少能俘获人心的高端品牌，例如在文化领域，中国是外国文学翻译大国，每年有海量的外国作品翻译到中国，比较之下，又有多少中国作品翻译到国外，我们对此并不乐观。

（二）品牌文化输出的重要性

品牌是品牌经济中最为重要的组成部分，品牌强大，国家就在世界经济中处于强势地位，这已经成为国际经济发展中的重要规律。品牌输出的重要性，重内在品质，树品牌形象，弘扬工匠精神，让文化跨越国界，掌握国际话语权。打造有国际竞争力的文化品牌，中国对外文化集团推动中国演出走向世界，工作已经做了近60年，推出去的国内演出团体数以千计，奠定了深厚的国际社会的民意基础。

（三）根据国际受众群体的不同，采取更加有针对性的方式

走出一条“品牌产品—品牌企业—品牌产业—品牌经济”的品牌发展之路，是实施“走出去”战略的重要保障。一个超越国界的节目，邀请来自全球的艺术家合作，使文化品牌符合国际受众群体的品味、风格、气质、身份、趣味等，符合文化产品消费者认知的生活态度，在情感上引起认同和共鸣，才能产生积极需求，说服发达国家成熟市场易生倦意的精明客户，攻克海外成熟市

场客户对文化营销传播冷淡反应。

创意产品交流平台要具有国际可比性，它具有较高国际认知度和国际参与度的特性。坚持品牌是生命，特别是精品力作的文化品牌，第16届中国上海国际艺术节设置加拿大文化周，由艺术节组委会与加拿大政府共同主办，集结8台演出、2个展览。作为文化周开幕演出，在蒙特利尔交响乐团的乐曲中拉开帷幕，加拿大文化周全面融入艺术节其他策划，指挥家长野健执棒的加拿大蒙特利尔交响乐团音乐会带来理查·斯特劳斯《家庭交响曲》《最后四首歌》，皇家温尼伯芭蕾舞团演绎莎翁经典名剧《罗密欧与朱丽叶》；加盟青年艺术创想周的加拿大七手指剧团新马戏《幻影寻踪》、克蒙德两姐妹流行组合访华倍受追捧。

（四）品牌文化构成的国际化和多元化

经济辐射是依空间和产业为途径，以各类资源，主要是自然资源、资本、技术、劳动等的流动为纽带来完成的，经济和文化产业发展链条长、辐射效应广，其辐射的特点表现为缩小差距，TCL集团2010年后开始以自主品牌亮相美国市场，在TCL美国公司官网，就以亲切的语言向美国消费者介绍：“我们制造高品质电视已有30多年。事实上，我们可能早就制造了您家旧电视中的许多部件。虽然我们未正式见面，但我们可能已经在您家里很多年了。中国中兴积极融入美国社区，通过与美国职业男篮休斯敦火箭队合作，提高品牌知名度。

品牌是整个价值链高端化的集中表现，携手全球优质品牌平台是形成美誉度的重要途径，品牌国际传播取得好的经济效果，引领全球关注度，国际文化交流实施文化“走出去”的长期战略，不仅把中国的特色文化产品带出国门，更把国际贸易推进出去，然而，由于中华文化占世界文化市场的份额较低，经济“走出去”和文化“走出去”并不相称。文化“走出去”面临困难和瓶颈制约，如何进一步提高国际文化交流的实效，借助于世界级文化活动品牌平台，接轨全球盛会的国际渠道，扩大世界影响力。

三、“一带一路”大平台，品牌文化全球传送带

品牌是有价的，它们具有特殊的市场价值和社会价值。“品牌中国”文化

特色闻名于世，历史悠久，如汉字、中餐、孔庙、泰山等，这些中华文化特色品牌之所以重要，是因为品牌是由时间的累积、资金的堆积、影响的叠加而成，如果缺少品牌的支撑，难以具有全球“影响力”。“一带一路”本身是优秀传统文化在当代的唤醒和延续，它所承载的历史使命、所蕴含的精神理想与融合中西文化、广纳八方精华的汉唐风度一脉相承。

作为打造人类命运共同体的重要组成部分，如今，中国将自身发展与世界的兴衰荣辱连接在一起，从“同舟共济”到“亲、诚、惠、容”，传统文化作为战略底色随之不断彰显。“一带一路”体现了我国崇和向善的传统文化特征，这些创新理念将内化为软实力，对提升国家形象具有重要作用。随着“一带一路”沿线国家经贸合作的深化，具有中国风骨、时代风尚的精品力作找准着力点，弘扬中国精神和弘扬传统文化。

（一）“创牌”进入全球市场，提高质量效应水平

品牌的集聚和塑造，通过国际经贸文化交流活动，帮助文化企业和城市找到优质合作伙伴，强强联合，建立很好的国际交流平台，与外方企业合作的全球发展，对于中国品牌的国际化意义重大。近年来，中国优秀的本土品牌正积极走向世界，拓展业务，国际交流与合作具有引领和辐射的作用，可以获得更多国际社会的认可。

（二）“创牌”进入欧美市场，高性价比胜出

国际社会的消费者注重的价值，并不仅仅在于价格便宜。中国品牌作为一种价值选择，能够在竞争激烈的全球市场上吸引消费者目光，中国拥有“把创新性的设计转变成可靠、具有合理价格的制成品”的能力，这是中国相对于发达国家的独特之处，在提供具有相同或类似功能的产品时，中国品牌在价格上通常有很大竞争优势。国产地铁服务巴西奥运，中国北车长春轨道客车有限公司开发了 65 种城轨车，其中巴西里约 1A 线地铁列车和电动车组在世界杯期间已经成功运营，所制造的巴西里约 4 号线地铁列车，在 2016 年为巴西奥运会服务。

在世界第一大消费市场打出高性价比品牌，闯出品牌竞争新天地，摆脱对低价竞争策略的依赖，海信的策略是“以消费者承受得起的价格提供新的

科技产品”，品牌在美国“创牌”有一定起色，使用中国品牌产品的美国人正在多起来。品牌持续推行这样的策略，就能成功赢得国际市场份额。为将触角更深植入用户的生活之中，具有中国自主品牌的电脑、电视、冰箱、空调等也越来越多地打入美国大卖场，进入寻常百姓家。比如，联想集团收购 IBM 个人电脑业务并进行整合后，品牌下的个人电脑已是美国市场的主流商品。

在带动国际市场方面，中兴通讯致力于为消费者提供高性价比的高科技用户体验。打造自己的品牌，进军美国这一全球重要的消费市场。中国制造商在美国“创牌”的努力，有了一定起色，海尔集团 1999 年到美国设厂，走本土化战略，该品牌的小冰箱、小冷柜、空调等产品在美国已占据相当高的市场份额。在电子和家电领域，许多其他中国制造商也努力在美国打造自主品牌。

四、好感度、好口碑与品牌国际传播广度

文化精品项目对垒国际市场，通过“一带一路”，世界将感受到更加立体、鲜活、充满历史底蕴又与时代同步的创新文化。在发展中外文化关系方面，歌舞团体作出了贡献，绛州鼓乐奏出保家卫国的悲歌慷慨和民风民俗的玲珑鲜活；踏足文化土壤，将世代流传下来的传统艺术展现在舞台上，传统的乐器和乐曲穿越时空，让现代人听懂其中的情感和优美，《又见国乐》远赴国外演出，不管是在纽约还是在墨西哥城，都演绎了博大精深的中国传统音乐，赢得国际观众的喝彩。在满足国际社会民众需求的高度和广度上，让他们拥有更多、更富创意的选择，让国际社会民众的精神文化需求得到有效释放。

(一) 品牌大国迈向品牌强国

从品牌大国迈向品牌强国，是一项软硬结合的大工程；一个品牌要成功走向世界，首先要有全球思维，其次要有全球战略、全球布局，最后还要有市场化定位，根据不同市场的具体需求推出差异化产品。品牌不是一个简单的创意，简单的选择，不是一次性解决的问题，而是可以连续操作的一种模式，品牌是一个联系和复制工业的模式；同时，根植于世界的品牌，还要从营销策划、促销活动、广告宣传、客户关系等各个方面进行整合。“德国制造”品牌全球输出，在增强商标的知名度和影响力，扩大行业覆盖范围方面，德国的三大

品牌(宝马、奔驰和奥迪)占据了70%的高端车世界市场份额。德国三大品牌创新的步伐非常快,奔驰的设计师和研发部门平均每一季度就推出一款新车型。

品牌的文化特征,适用的是最多数人群的价值观。文化领域的品牌建设是系统而长期的工程,它更大的回报是通过市场来实现。强调创新是德国制造领域的一大特点,产品给整个行业带来的活力和重构,成为欧洲的经济明星,德国制造占据全球市场主要份额,其产品越来越多地走向世界,以国际市场份额来看,其品牌的竞争力集中于技术最先进、利润最高的高端乘用车世界市场上,可见,一个好的品牌文化是可以不断延展的,对未来的高质量创新发展带来深远的影响。

(二)以市场为主导,摒弃粗放发展

适应全球化,建立和完善化解产能过剩矛盾长效机制,德国制造对自身生产体系作出适时调整。德国大工业企业如西门子、大众集团都调整了内部结构,把亏损的部门坚决处理掉,靠形成龙头方能盈利的行业,无疑缺少核心竞争力、缺少稳定盈利模式,并不健康。突出依靠市场力量调整和优化存量产能,良性发展的行业出现,享受良性竞争带来的更多创新、发挥市场配置资源的决定性作用,形成充分的市场竞争;更好的用户体验。同时,制定并执行严格的质量标准,运用财政、价格、税收、金融等经济手段,为化解过剩产能提供保障和支持。围绕贯彻中共十八届三中全会精神,完善有关法律法规,2013年10月颁布了《国务院关于化解产能严重过剩矛盾的指导意见》,立足当前、着眼长远,综合治理、标本兼治化解过剩产能。

(三)改变核心专利、知名品牌、精品版权较少短板

品牌化运营以资金作为主要动力,以创意为核心价值,以产业为价值延展和利益实现的方式,可以帮助克服处于全球价值链低端的不足问题。但是,我国品牌意识建立尚相对滞后,精品薄弱、质量粗糙、缺乏创意,由此,也缺乏高成长性,在全球化的竞争中长期处于弱势的地位。根据世界品牌实验室(World Brand Lab)编制的2012年度《世界品牌500强》排行榜,入选国家共计26个,从品牌数量的国家分布看,美国占据500强中的230席。同时,排

名前四位的谷歌、微软、可口可乐、脸谱网均为美国企业。法国以44个品牌位居第二，日本以43个品牌入选；中国内地入选的品牌共有23个，其中入围百强的品牌有CCTV、中国移动、工商银行和国家电网。从全球品牌排行可以看出，西方发达国家拥有强大的企业及品牌优势，而中国尽管也在企业品牌方面有较大进展，但入选较高位次的主体事实上大部分并不属于严格意义上的国际性企业，难以形成全球布局的价值链、产业链和供应链，缺少国际竞争力。

五、创新魅力打动人心

艺术的无穷魅力在于，影片题材类型丰富、风格形式多样、观众喜闻乐见，在表现方式、艺术表达、类型化生产等方面有所突破，创造出优秀作品，展示影视产业生态格局，中。因此，在"同质化"屡见不鲜的当今社会，"新"才越发显得难能可贵。

（一）荧屏综艺创新突围

综艺的魅力在于创新，创意方面涉足未曾有综艺踏足的模式，风格各异的新综艺，道具、灯光、布景都挺震撼，制作、呈现上有新的突破，对观众来说新鲜感十足，内容和嘉宾组合"尝新"，将海外综艺的经典元素，自然嫁接到中国，把社会热点与本土情感嫁接到海外节目模式中，综艺节目引领市场风向，是创新的践行者，因而颇具魅力，创新综艺的水准在同质化趋势竞争中一举"破局"。

（二）同质化竞争，处于文化经济价值链低端

广阔的国际市场，既要成为世界各国电影文化的共享平台，更要将市场优势转化为文化主动权，但是，我国的文化贸易逆差仍然较大，电影虽然"走出去"的不少，但多为资本形态，还有待转换成用真心、动真情的文化形态，影视文化贸易出口额与目前中国影视文化走出去的现状，存在着有数量缺质量、有"高原"缺"高峰"的现象，与我国经济实力和国际地位还不相适应。改写世界电影的格局，提高国家文化软实力，让世界全面认识中国电影、中国文化，像《战狼2》《西游伏妖篇》这样特效制作水准及类型化程度都更高的重工

业大片要更多，电影要讲好中国故事，提高国产电影的核心竞争力。

影视文化国际交流工作已经获得了较好的国际反响，由于全球文化产业实际形成了全球化分工的产业链，主要发达国家掌控具有高附加值和掌控全局的高端环节，而中国文化在“走出去”的过程中，缺少文化产业的支撑。文化的产业化水平，直接影响着文化资源优势向文化输出优势的转化能力，产业大部分不在产业链的高端，还没有形成从创意—研发—形成产品—包装宣传—出口贸易，再到提升附加值这一整套完整的产业链。

六、告别粗放发展

据国家新闻出版广电总局电影局公布的数据，2013 年中国电影票房首次突破 200 亿元。我国已形成规模庞大的内容制作生产体系，图书出版量、电视剧动画片产量、电影故事片产量均居世界前列。借助于电影终端院线的大力开发，中国电影数量领先，

经历着爆发式的增长，令人遗憾的是，这种增长尚体现在数字层面上，优势更多体现在商业模式创新和市场容量方面，国产影片产量多，走出去的少，电影类型的单一化，国产电影难以进入国际主流社会。影视文化产品和服务出口市场份额较低，市场开发力度不够，电影制作还没有跟上步伐，技术研发水平与发达国家相比仍有较大差距，问题丛生。如何形成自己的电影特色，使体现中华文化精神的优秀作品涌现出来，成为国际电影市场上的精品佳作，成为亟待解决的问题。

（一）文化同质化的趋势

有普遍持续影响力的，长期扎根于国际社会的文化精品不多，电影故事情节的套路化，造就了平淡寡味的平庸之作，浅薄的逗乐，各种嬉闹搞笑雷同，使创作面貌趋同，作品个性不突出，风格不鲜明，单调乏味，电影市场的不稳定状态，还表现为题材重复，几乎成为固定模式。

我国文化产业不发达，开发海外市场，生产输出的能力有限，文化产业大部分不在产业链的高端，样式手法低层次重复。题材单一，缺乏必要的独特的艺术语言，产生一批又一批面貌近似的作品，反映出视野的狭窄和创作思

路的僵化，作品如同流水线生产的工业产品，加剧了“千人一面”的趋势。虽然文化经济发展势头快，但离产业成熟有序发展还有一定的距离，例如虽然中国电影产业站在 200 亿元票房的起点上，但是，占领产业链高端，把握国际文化市场的能力尚存在欠缺，距离找到适合本民族电影发展的独特道路，还有很长的探索之路。

同质化竞争现象严重，环视当下影视产业，真正能长期保持高水准专业化创作的制作团队屈指可数。中国的电影创作者、投资人一窝蜂似的去复制别人的成功经验。一些“新生代”的“跨界”导演，因专业能力不足，作品质量参差不齐，电影人看到中小成本电影的潜在市场，市场整体佳作不多，电影水准、口碑都面临高度不确定，于是，当代题材、情感话题、新人导演成了国产电影的市场主流，自《失恋 33 天》在 2011 年光棍节档期以小搏大以后，有口碑不俗的《中国合伙人》与《全民目击》，也有观众评价高低不一的《北京遇上西雅图》《致我们终将逝去的青春》《一夜惊喜》，在同档期的市场争夺战中，国产片票房一举打败外国电影。但是，影视行业整体的专业水平、制作水准不提高，影市在 2013 年下半年再度遇冷，一批复制《失恋 33 天》成功经验的国产中小成本爱情影片全军覆没。

综艺“拼明星”，产生“同质化”的困惑，一档现象级节目常常会引来若干个“姊妹篇”，制作者大有要让观众看到审美疲劳为止的架势；大资本繁荣了综艺市场，生搬硬套国外火爆模式，什么类型火就一窝蜂全上，不去进行本土化改造，畸形的市场供需关系绑架，中国综艺进入“亿级”时代，成本达到国产电视剧的 20 多倍，大多用在明星身上，大牌明星的加盟费是投资的“大头”，综艺“拼明星”，成为一场资本的狂欢。中国综艺节目的投资是美国的 10 倍，在美国一档 A 类综艺节目的单集投资成本约为 250 万美元，这个数字仅是 A 类美剧单集成本的一半。而一线明星资源基本被开采完毕。明星的“综艺首秀”，“同质化”屡见不鲜，甚至出现过一位明星同一时期现身多档综艺秀的现象，当然，这些也牵涉生产要素定价等深层问题。

（二）面临创新能力不足、投入有限等问题

而处于加工链的低端，避免单纯为了“新”而求新，为了与众不同而刻意求变，使得文化格调和竞争力无法对于全球文化产业供应形成积极的推动作

用，我国已经成为世界上长篇小说产量最高的国家，与世界科幻文学水平相比，我国在此方面的出版状况并不乐观，根据所发布的《中国科幻产业发展现状与趋势》显示，尽管科幻图书出版量一直呈现稳步增长的态势，但在长篇新书出版方面低迷，与此同时，世界科幻产业的发展日新月异。美国涌现出很多新生代作家，他们的创作范围不再局限于书籍，还包括漫画、电影、游戏，但在我国，出版图书目前仍是科幻作品的主要出路。

（三）文创产品的趣味性、实用性、对话性不够

在对外贸易方面，与世界贸易强国相比，无论从人均贸易量、贸易结构看，还是从全球产业分工中的位置看，我国都存在较大差距。作品题材、手法有趋同之势，以往单纯的模仿，把现成的中国戏剧搬到外国，或者去国外演出人家的经典优秀作品，创作风格的趋同化，面貌相似或者格调近似，甚至不同品类之间的创作语言也在逐渐靠近。

近来，我国对外贸易快速发展，主要得益于大力引进外商直接投资以及“三来一补”加工贸易。这种简单依赖生产要素投入的外贸增长，导致企业自主研发与创新能力低下，产品长期处于国际分工链条低端，利润微薄，抵御外部冲击能力弱。因此，提升我国自主研发与创新能力，实现向“中国创造”转变非常重要，寻觅新的表达路径，新的艺术语言在“混搭”中，使文化产业发展脱颖而出自成面目，研究受众喜欢什么，对电影衍生品进行创新设计，令外国观众关注欣赏，从而获得国际社会广泛认可，日益展现出蓬勃的生命力。

七、影视制作水平、传播能力，成为国家软实力重要构成部分

电视剧作为大众主流意识形态的集中表现，常常关联着国家文化形象建设、文化安全、文化自信与文化活力，具有较强的意识形态属性、艺术属性和产业属性。如今，尽管我国电视剧产业取得了长足发展，但国际竞争力仍然偏弱，影响力远不及欧美日韩的影视作品，与我国文化大国的地位并不匹配。因此，如何在占据“数量高峰”的同时抵达“质量高峰”，成为电视剧产业亟待破解的现实问题。

(一) 专门基金助推转型升级

回首这些年的电影道路你会发现，一些创作者总在选择捷径——复制成功经验、跟随热点话题、追逐资本的脚步，而鲜有创新之处。这样的产业背景给只看市场却忽略了艺术探索的电影产品提供了生长土壤。打破单调感，寻求丰富和变化，是人们本能的审美需求，国产电影借助于好莱坞的经验，在21世纪之初，复制大投资、大制作、大演员阵容道路，这条“大片”之路自《英雄》开启，《无极》《夜宴》《十面埋伏》《满城尽带黄金甲》等影片紧随其后，对中国电影的贡献不可抹杀，它建立起中国观众的影院思维，并持续发酵观影热情。大片也给电影带来了一些问题：过度依仗视觉，规避人性复杂性，甚至价值观暧昧不清，最终，引起作品口碑和票房回落。

(二) 借助于“合拍”创新

市场对于质量上乘的题材影片有着很高需求，“十三五”期间，中国即将成为世界最大的电影市场，中国电影的传播力、影响力及其在世界电影格局中的话语权，将跃上一个新的台阶。寻求外部突围，中国电影借助于“合拍”方法，与其他国家和地区合作制作，以发展本土电影。但是，与其他国家的合拍面临着与各种机制对接的难题，很多打着“合拍片”旗号，实则是纯外片的电影进入内地市场，在政策和市场面前很难蒙混过关，因为无法满足“合拍”条件只得改头换面。《钢铁侠3》本想走合拍路线，结果不符合条件，只得将中国明星范冰冰出演的3分钟戏份加入了在中国上映的版本中，被调侃为“中国特供”。

八、影视产业的供给侧问题

电影行业存在一种人气和话题凌驾于艺术创作之上的风气，质量不行，流量说话。这其中有的仅仅是依靠热播的电视栏目撑起半边天，天价片酬是影视行业被劣质作品“绑架”的产物。纵观《战狼2》《美人鱼》《捉妖记》等近年来打破票房纪录的电影作品，天价明星从来都不是其成功的决定因素。国家新闻出版广电总局、发改委等五部委联合下发文件，严禁播出机构以明星为唯一议价标准。中国广播电影电视社会组织联合会等组织又联合发布了《关于电视剧网络剧制作成本配置比例的意见》，规定全部演员的总片酬不超过制作总成本的40％。

湖南台的真人秀节目《爸爸去哪儿》经包装被推上了大银幕，在春节档影市票房大卖。知名导演用热门段子拍出的电影赚得盆满钵满；年轻导演急于表达，但思想还不够成熟，演员和作家凭借自身人气，渴望在电影界大展身手，但却呈现出一些无关痛痒的搔首弄姿或脱离实际的主观臆断。中国电影人以“创作禁区”为借口，掩盖自己无力的表达。

（一）用心才有好口碑

国家的电影市场应该是丰富多样的，由于国产电影还没有很好地展现出与这个时代和社会共同呼吸的气魄，没有真正创作出能树立文化形象的有分量的严肃作品。在改进方法上，可以借鉴亚洲国家的电影制作经验，诸如伊朗、日本、韩国电影的艺术创新，对人性和社会现实进行深入挖掘的《一次别离》，取自一个谁也不会认为有话题性的题材《入殓师》，将一个封闭环境空间下的气氛营造得如此紧张的《恐怖直播》等，当然，相应的文化配套以及民众文化素质都需要及时跟上。

（二）“话语体系建设”拥有大格局

优秀传统文化与影视创作的融合，依托于一种情境和文化表达的特色，在艺术创新处理上，策划制作大型新闻纪录片《共赢海上丝路》，以深圳企业“走出去”为样本，讲述这些企业在海上丝路沿线20多个国家拓展打拼的故事，纪录片创新方式方法，运用海外第三方视角叙事，更融汇着普通人有血有肉的人生历程，为“话语体系建设”提供生动故事。邀请了肯尼亚、埃塞俄比亚等地的受访者谈论互利共赢，从“第三方”视角阐释中国主张和中国方案，在纪录片中积极推进“话语体系建设”，表现“一带一路”的核心理念是互利共赢，是与沿线国家共同演绎发展这个最大公约数，解决中国形象在世界上很大程度上是“他塑”而非“自塑”的问题，面对这样的舆论环境，为“一带一路”建设争取国际理解，例如，在柏林亚太周“感知中国”活动框架下，中国电影周在柏林巴比伦电影院隆重举行，最新的影片展现中国社会生活的方方面面。

(三) 产业良性生态圈

通过资本运作，适度向上下游延伸，可以打造以电影为核心、适度多元、协同发展的产业生态圈。中国文化产业还有很长一段路要走。中国纪录片的产业链非常不完整，以资本为核心的商业运作体系尚未形成，收入来源单一，主要依靠广告，纪录片行业的品牌理念薄弱，品牌研发创新乏力，需要突破产品类型单一瓶颈。

(四) 创新产业链不完整

随着政策带来的各类播出平台渠道增加，这一矛盾在2014年将加剧。在中国纪录片行业，其运营人才、金融人才、营销人才和具有国际视野及执行力的项目负责人、项目制片人、制作人才等都非常短缺。2013年可以称作中国纪录片的平台年，中国纪录片在这一年重组资源、拓展平台，中国纪录片产业进入高速发展期。

中国的纪录片专业频道公司化运作全面启动，民间力量迅猛崛起，市场化的制作体系正在形成，纪录片年生产规模超过15亿元，市场规模超过22亿元，年均增长速度超过40%。在现代文化市场体系的构建和完善过程中，中国纪录片产业也正在经历一次重要的升级。2013年10月12日，国家新闻出版广电总局下发《关于做好2014年电视上星综合频道节目编排和备案工作的通知》，被称作“升级版限娱令”。《通知》规定，上星综合频道每天6点至次日凌晨1点之间，至少要播出30分钟的国产纪录片，这个政策非常有力地拓展了中国纪录片的市场和发展平台，市场的需求将成为纪录片行业发展的内在动力。2013年7月17日，由央视纪录频道发起的中国纪录片制播联盟在郑州宣告成立，11月11日“中国纪录片联播网”《纪录中国》栏目在几十家地面频道播出，标志着中国纪录片行业从此进入联盟时代，对行业整体提升有重要的意义。但是，中国纪录片市场精品供不应求，供需矛盾非常突出。

第二十四章 知识产权强国建设扬帆起航

品牌强国建设，紧扣创新发展需求，发挥专利、商标、版权等知识产权的引领作用，打通知识产权创造、运用、保护、管理、服务全链条，我国知识产权大国地位日益巩固，成为世界上首个年发明专利申请受理量突破 100 万件的国家。探索支撑创新发展的知识产权运行机制，2016 年底，国务院办公厅印发《知识产权综合管理改革试点总体方案》；党的十八届五中全会又进一步提出，要“深化知识产权领域改革”，使知识产权改革从运用和保护拓展到了知识产权的“全领域”。

一、品牌经济与国家创新良性互动

努力提高知识产权质量，突出了专利的质量导向。在知识产权强国的建设中，国家知识产权局确立了“数量布局、质量取胜”的导向，把更多精力放在提高专利质量上来，稳增长、调结构、促转型，实现专利的高水平创造、高质量申请，2014 年底，国务院印发了《深入实施国家知识产权战略行动计划（2014—2020 年）》，“量增质更优”成为在部署知识产权创造工作中的关键词；2015 年 12 月，《国务院关于新形势下加快知识产权强国建设的若干意见》印发，指出了强国建设的要点，明确了强国建设的路径。2016 年，国务院印发《“十三五”国家知识产权保护和运用规划》，也将提高知识产权质量效益作为一项重要工作加以部署。

（一）新兴创新国家全球领先

全球领先的创新型国家如美、英、法、日等，以及迅速崛起的新兴创新国家如芬兰、爱尔兰等，其品牌经济与国家创新形成良性的互动循环。一方面，品牌经济为创新提供经济基础和利益动力；另一方面，国家创新体系为发展品牌经济提供良好的外部条件，如美国、日本都有一整套完善的支持创新的服务体系。更好满足创新发展需求，在国际市场规模、知识型工人、提供正规培训的全球公司占比、知识影响力、创意产品出口在贸易总额中的占比等多项指标，排名均居全球前列。

（二）品牌经济跨域化与国际化

尽管全球一体化正在形成，但全球经济在很大程度上还是由国家或区域经济组成，进入品牌经济阶段，由于地缘、文化与民族、地区利益的原因，总会形成自觉的或事实上的国家或区域的品牌经济体系，品牌经济具有跨域化与国际化特征。国际化的盛会——“设计上海”国际设计创意博览会，世界知名艺术设计品牌齐聚，声誉卓著的国际设计品牌，包括 HAY、Boss Design、Magis、Alessi 等，携各自最经典和最新颖的设计作品登陆，“设计上海”博览会为推动多边人员往来，为国际社会的友好交流关系，打下坚实的人文基础。

（三）知识产权的优势制度

2014 年 11 月 16 日，上海浦东新区率先在全国成立了集专利、商标、版权行政管理和综合执法职能于一身的知识产权局，在知识产权管理体制创新和保护、运用等方面深入探索，确立了专利、商标和版权“三合一”的集中管理体制，形成了司法保护、行政保护、调解仲裁、社会监督“四轮驱动”的知识产权大保护工作格局。

二、品牌经济优势形态集聚

品牌的质量效益导向，所谓品牌经济，就是以品牌为核心整合各种经济要素，带动经济整体运营的一种经济形态，它是经营的高级形态，是以品牌为核心各种经济要素整合，从而带动经济的整体运营。品牌经济形态是一种局部经济形态，但却是先导形态、精英形态、优势形态，也是一种跨越形态，能够形成全球优势乃至领导地位。在一系列事关国计民生的重大项目、重大工程、重大创新中，知识产权为实体经济品牌发展提供了重要支撑。

(一) 品牌价值的国际传播

品牌内涵充分体现文化创意，也就是说品牌卖的不是一个简单的产品，卖的是一个创意，创意的价值比产品本身的价值要高。品牌对于文化产业发展的意义，即品牌化是文化产业取得更高社会价值和产业价值的重要途径，具有品牌价值的文化产品，由此产生的文化附加值也很巨大。所以，品牌传播是一种价值传播、文化传播，阿玛尼(Armani)是世界知名奢侈品牌，追求一种至高的简约、优雅的设计方向，以使用新型面料及优良制作而闻名，根据Giorgio Armani品牌官方公布，乔治·阿玛尼(Giorgio Armani)先生被任命担任2015年米兰世博会特别大使，作为米兰世博会开幕之夜的一部分，Armani举办大型时装秀活动，同时，庆祝自己品牌成立40周年。由于品牌也是商业运营概念，在文化产业蓬勃发展的当今，树立品牌精品意识，打造自己的核心品牌，具有重要的意义。品牌能够带动产业进一步升级，促使文化产业呈现健康良性的创新发展势头。

(二) 国资与民营企业战略调整

实行化解过剩产能措施，对于国资的战略调整、重新定位，国务院2014年3月印发《关于进一步优化企业兼并重组市场环境的意见》，提出兼并重组是企业加强资源整合、实现快速发展、提高竞争力的有效措施，是化解产能严重过剩矛盾、调整优化产业结构、提高发展质量效益的重要途径。《意见》强调，进一步优化企业兼并重组市场环境，必须尊重企业主体地位、发挥市场机制作用，互联网平台催生文化企业“巨无霸”，提高了文化企业的市场竞争力，腾讯影业向中国的“迪士尼”迈进。

(三) 政府管理和服务配套

力争实现体制机制进一步完善、政策环境更加优化、企业兼并重组取得新成效等主要目标，大力发展文化产业新业态，不断提高我国文化的总体实力和国际竞争力，但是，文化企业和文化相关机构，对本土文化资源的创新能力及与之配套的市场开发能力，均不能满足主动参与国际竞争的要求，不仅是经济全球化条件下增强国家经济实力的重要任务，也是文化多样化背景下提高国家文化软实力的工作重点。

三、深度融合，创新大市场主体

创新产业融合业态，促进强强联合，鼓励跨国并购，加强重组整合，健全企业兼并重组的体制机制，充分发挥市场机制作用，消除跨地区兼并重组障碍，放宽民营资本市场准入，深化国有企业改革，解决民营、国有条块分割“二元体制”问题。加强产业融合系统布局和顶层设计，发挥产业政策引导作用，孕育了文化产业发展的广阔市场，形成了多元化经济力量共同推动文化产业发展的良好态势。

（一）混合所有制经济，文化创新力得到认可

深度融合并非完全依靠市场或企业来实现，政府必须主动参与，做好顶层设计，党的三中全会明确提出要推动混合所有制经济发展，文化发展多元主体，坚持公有制主体地位，充分发挥国有经济主导作用的基础上，鼓励、支持、引导非公有制经济发展，推动产能过剩企业的技术改造，重点推动产业布局调整优化，解决产业结构不合理、集中度低、企业小而散，资源配置效率低等长期困扰，阻碍提高发展质量效益的问题，大文化产业集群化解过剩产能，深入实施创新驱动发展战略。

党的十八届三中全会通过的《关于全面深化改革若干重大问题的决定》指出，“国有资本、集体资本、非公有资本等交叉持股、相互融合的混合所有制经济，是基本经济制度的重要实现形式，有利于国有资本放大功能、保值增值、提高竞争力，有利于各种所有制资本取长补短、相互促进、共同发展”，不断激发非公有制经济活力和创新创造力。

（二）混合经济所有制融合模式

在“文化强国”战略背景下，实现混合经济的所有制融合模式，建立国有、

私营、外资包容开放和公平竞争的体制平台。为各类市场主体提供自由竞争、公平交易的市场环境，形成文化—科技—资本—市场，以及自主创新、组合创新、赶超创新的多样合力和多样化路径。随着各项具体改革措施的逐步到位，国有经济和民间资本的市场准入门槛与退出机制趋于平等，各种经济成分在合法经营的前提下推动经济更有效率、更加公平、更可持续地发展。配以完善的产权保护制度，积极发展混合所有制经济，推动国有企业完善现代企业制度，支持非公有制经济的健康发展，不断提高民营经济的地位，促进民营经济大发展，提高文化企业经济的运行效率，化解产能过剩。

（三）大型集团闯出海外新天地

国际话语权的大小，取决于文化软实力的集聚能量，文化建设主力军，重视国有企业公平、公正参与市场竞争，不断扩大的产业规模和国企的发展空间，优质影视企业主体集聚资源，打造电影全产业链，构筑全球化的电影生态系统，吸引了更多的影视从业人员，提升制片、发行、放映、后期制作的产业能级；国有影视企业重组上市，借鉴国际影业集团模式，从单一制片厂转变为有世界影响力的大型影业集团和战略投资集团，在高度国际化电影市场中，担当起“文化走出去”的责任。国有大型文化企业集团成为走出去中流砥柱，“国际化”步伐加速，闯出海外市场新天地，努力为世界贡献属于中国的电影色彩，以及中国文化产业的文化自信。

（四）国际文化市场博弈

对外文化贸易面临“与高手下棋”，与全球经济发展大环境紧密相关，作为增长速度最快的市场，2011 年，中国成为世界第三大电影生产国和第一大电视剧生产国，但巨大产能优势尚未充分体现在对外文化贸易中。从世界范围看，全球五大电影市场包括美国、法国、德国、英国和日本，其中，第一大市场美国电影占全球 90％市场，剩下 10％海外电影市场份额，才是通过竞争可获得的市场。发达国家文化市场结构格局既定，强势品牌站位牢固，市场霸主领导品牌似乎难以撼动。推进国有企业市场龙头地位的建设，培育主业突出、品牌名优、实力雄厚、具有显著行业竞争力的大型电影支柱企业，一批文化企业“修成正果”，完成上市的考验，特别是国有文化企业经过几年的转企改制和奋发图强，迎来一个上市的“小高潮”。通过将集团资产注入上市平台，从而打造出大平台、大产业链的模式，建立电影市场主体，理顺体制机制。

文化体制改革拓宽融资渠道，制片企业上市拥有充足资金链条，利用充沛资金流支持其强大能量，提升市场竞争力，影视集团改制上市，创新电影投融资机制，根据2009年文化产业专项规划——《文化产业振兴规划》，文化产业上升为国家战略性产业。支持有条件的文化企业进入主板、创业板上市融资，做大做强；党的十八大报告把文化软实力显著增强，作为2020年全面建成小康社会宏伟目标之一，解决文化企业融资难瓶颈，通过上市融资、信贷融资、股权融资及财政政策扶持，“做大”“做强”商业化大型影视集团，促进电影业国际化步伐。

由重点企业建设好影视基地，保障制片效率，扩大影院布局增强旗下院线经营能力，布局最为完整的产业链，多片种发展，拥有策划创作、生产制片、院线发行营销、市场传媒、拍摄基地、后期制作、主题公园等系列产业部门，具有国际影响力。提高制片生产国际化水平，资源配置转向国际化，提升制作能力，尤其是企业后期制作实力，跟上世界电影发展潮流。影视企业国际化布局重要战略，是收购海外企业，通过并购制作公司掌握国际顶级的制作，弥补国产电影后期制作的弱势，提高自身国际竞争力，与好莱坞电影竞争国际市场。

四、培育外向型大文化企业

适应国际文化产业市场竞争规则，开拓国际市场空间，印度宝莱坞是其文化创意核心，每年孟买宝莱坞出厂的影片达到13300个，几乎是美国好莱坞2倍之多，通过培育外向型文化企业，倒逼提升影视创作者的文化素质，激活文化积淀，宝莱坞同一套电影可能会有不同语言的版本，以新时代的影视创作，到达大洋彼岸，响彻全球。

（一）建立合资公司，打造“东方好莱坞”

电影产业体制机制改革，调动社会力量参与电影事业的发展；国有企业在获取资金、破产和竞争立法方面与其他企业使用相同的规则和法律。投资、制作、教育乃至整个行业的支持。合资公司为中国国内市场提供视频制作、管理、传送及接入解决方案等，同时，兼顾海外市场。上影集团与影视技术公司特艺集团（Technicolor）建立合资公司，打造“东方好莱坞”。在2010年6月13日，双方签署合作协议，共同出资成立面向影视、广告、动画等行业合资公司，全面涉足影视后期制作（含前端处理、Dailies、DI、VFX、DCP、水印技术、声音及拷贝等）、动画制作、胶片3D及游戏等业务。特艺集团（Technicolor）前身是法国汤姆逊集团，拥有95年卓越历史，为全球最大影视后期制作公司，在全球一贯与顶级影业制作公司合作，致力用科技把艺术发挥到极致。

专注于影视内容的制作、数字媒体的加工管理以及家庭宽带终端服务的上影集团，2009年11月，与当时的汤姆逊集团签订合作备忘录，首个项目为3D版的《大闹天宫》动画片。作为文化体制改革的龙头，与海外合作的动作，包括在2010年上影集团与韩国CJ公司合资的拥有6个影厅的莘庄CGV影城竣工，与北美最大娱乐地产商EPR共同投资宁波国际影城，同时，上影集团进驻2010中国上海世博会，在世博演艺中心里建造有6个大规模、多功能、高享受影厅的影院。

（二）用顶尖技术流程，向世界“讲述”中华文化

推动和扶植文化产业，要把文化产业打造成支柱性产业，其中，电影产业要做大，工业化必须要跟上，影迷走进影院看的不光是故事、角色、情感和主题，也是感受先进技术，电影艺术与工业相结合，用最先进的技术和流程，将丰富多元、古老而现代的中国文化向世界“讲述”，《西游记之孙悟空三打白骨精》在海外上映时，炫目的特技和孙悟空的形象受到了观众，尤其是青少年的追捧。

《猩球崛起3》采用世界最尖端的真人CG技术，引领了电影工业技术潮流，从2011年第一部《猩球崛起》上映开始，影片中高智慧黑猩猩与人类的战争格外引人注目，Weta工作室3次为此系列电影做视觉效果，进行电脑特级制作，吸引了大批全球影迷。在全球竞争中，专业化、国际化、市场化的现代工业体系，推动电影产业链条各个环节聚集，影视产业在新事物、高标准方面大力发展，找准自己的特色，上海立鼎作为全亚洲最先进录音棚，为《功夫熊猫 3》中文版配音。

（三）电影走向世界，离不开工业技术的助力

海德格尔说这是一个视觉图像时代，人们的观影方式以及对影片画面的需求都有很大的改观。在电影工业化大潮的席卷下，视觉冲击的震撼力受到关注，采用协同方式进行文艺创作，弥补科幻、科学类型和题材制作的缺陷与不足。科学与艺术的共同点，都是创造思维、创新冲动，协同创新，推进科文联姻沟通，为创新发展出力，创作出科学与文艺相互嫁接与融合的让人喜闻乐见的文艺作品，如《阿凡达》是既具有科学依据又充满想象和人文风格的作品，《生活大爆炸》是既有数不清的、让人眼花缭乱可又几乎都经得起检验和推敲的数理公式，又能与幽默、搞笑、意蕴、爱情等紧密结合在一起的作品。

影视作品如果缺少了科学的吸引力和文艺的审美魅力，艺术感染力会大打折扣。科学文化与生动、形象、美丽、动情有关，由此产生创新意识、创新自信。科技与文化相连接，产生很多潜在创新，在 2003 年 7 月，中国首家与好莱坞合资的多厅影城——上海永华电影城开业，率先引进加拿大 IMAX 商业超大银幕，建造和平 IMAX 影都，其放映设备全部从加拿大引进，银幕高 15 米，宽 20 米，采用 70MM15 齿孔胶片，画面清晰度极高，且配以 12000 瓦的立体声音响，极具视听冲击力。上海的另一家和平影都 IMAX 巨幕影片放映厅，可以放映 DMR2D 或 3D 故事片。

五、走向世界，系统建设国际合作产业机制

只有把“国家电影”变成“世界电影”才能真正实现“走出去”的意义。确立“互利、包容性对外文化开放体系”，实施互利共赢战略，国际合作中强调共识，“一带一路”是国际电影合作的主题之一，沿线国家电影节代表共同签订“一带一路”电影节战略合作协议，通过互办电影节增进观众对各国民族文化和人文民俗的了解，采取切实措施促进各国电影人之间的合作。

当今，影视节目制作播出各个环节的分工日益细分和专业化，节目创新研发、节目编剧、节目营销等新行业正在兴起，在国际市场上，越来越多专门企业合作组织出现。2012 年 8 月 7 日，好莱坞动画公司“梦工厂”投资中国影

视产业，此为投资规模最大的中外合作文化项目之一。中美合资“东方梦工厂”落户上海徐汇滨江，其动画生产基地项目与国际顶尖水准接轨，2012 年初，中美就 WTO 电影相关问题达成协议，进口片发行牌照从中影、华夏两家，扩大至民营企业准入，其中包括首家中美合资的动画影视公司“东方梦工厂”。

（一）建立多层次的资本市场体系

运用“资本的力量”，解决文化资源资本化、文化生产资本化、产品收效资本化、未来预期资本化等问题。运用“资本性因素驱动”，包括产权流动，企业主体多元、放松管制，解决企业没有产权、董事会，解决融资、上市、私有化、投资与并购，财政金融市场化、个性化、版权化，为民间投资营造良好的体制环境，提高文化经济的运行效率。政府通过加快制定民间投资管理体制和深化行政审批制度改革，进一步简化审批手续，减少审批环节，提高审批效率等，切实把经济决策权归还给市场主体。同时，加大监管力度，规范行业准则，认真清理和规范涉及民间投资的各种税费，化解和解决文化创新力缺乏的深层原因。化解平台管制严产生的文化企业困局，解决有产品，但创意不足、缺乏深度创意的商业新模式等缺乏创新力的深层原因。

（二）开拓国际市场，扩大市场开放力度

转移过剩产能。鼓励优势企业“走出去”，参与全球竞争，解决中国创新力缺乏的深层原因。国家政策战略调整，其中的一项重点工作，就是拓展国际市场，扩大对外投资，在全球范围内整合价值链，建立境外生产基地，拓展国际发展新空间，通过开拓国际市场，鼓励优势行业“走出去”转移过剩产能。改革开放 30 多年来，国外的很多行业用技术换我国市场，用品牌换我国渠道，转移了国外大量的过剩产能。我国政府应该积极鼓励和支持行业“走出去”，支持符合条件的行业，无论是国有还是民营的，把行业做大做强，实施“走出去”战略，转移出去过剩产能。当今，国际社会的竞争越来越表现为文化软实力的竞争，即便是“世界电影”，但故事本身、文化底蕴的本身才是电影的源泉。加快文化走出去，不仅能够转移出去过剩产能，同时，也可以增强不同国家、不同民族对中华文化的了解和认同。

六、对外开放，文化创新具有前所未有空间

如同美国组织管理专家玛格丽特·魏特利（Margaret J Wheatley）所说的，在知识经济的背景下，政府、院校、社会机构乃至个人，都要有迎接各种挑战和秩序重组的准备和能力，不仅仅是技术和标准在变化，而且整个世界资源和市场的版图都在创新中改变。提升开放层次和水平，强化多边双边及区域经济合作，放宽外商投资市场准入，强化文明成果融通，促进文化创造样式巨大变化与全方位更新，加快文化走出去，提升对外开放水平，也成为文化软实力和综合国力强化的重要组成部分。

（一）缺乏文化经济创新带动力

文化创新力相对较弱，对其他行业的带动作用不强，与所获创新成果不成比例，对比《世界数字音乐报告》所见，唱片产业联盟、新音乐引领音乐改革现象而言，中国文化经济相互拉动的效益较少出现，当今，文化创新带动技术、科学、装备、房地产等行业发展仍然不足，需要发展新的创新思路加以克服。

具体改进措施包括：

1. 强大的文化创新能力带动相关产业融合

文化创意和设计服务活动与一、二、三产业都密切相关，选择重点融合领域带动发展，包括信息业、旅游业、和体育产业等等，跨界合作的组合激发文化创新活力。欧盟智库 KEA 的报告《文化型创意的影响》指出：要发挥文化创新的活力效应，必须有良好的跨界合作制度和模式，把创意、设计、艺术、工程、信息、商贸、教育、环境、旅游等多个部门的专业人士组合起来，充分发挥各个门类的知识和智慧、方法，从多个角度共同来创造前所未有的文化成果。

《关于推进文化创意和设计服务与相关产业融合发展的若干意见》严格依据国家统计局《文化及相关产业分类（2012）》，把所涉及的“文化创意和设计服务”内容界定为文化产业大概念下的一部分，包括文化软件服务、建筑设计服务、专业设计服务和广告服务四个方面，大体涵盖国民经济涉及的文化创意和设计服务活动，这也是与欧美发达国家的文化创意产业或创意产业与

我国的文化产业概念范围大体发展方向一致，欧美提出的核心思想之一，即以强大的文化创新能力，对其他产业包括科技服务业、装备制造业、食品业等，形成良好的带动作用理念，乔布斯就认为应该“艺术引领技术”。以强大的文化创新能力，对其他产业包括装备制造业、消费品工业、建筑业、信息业、旅游业、农业和体育产业等，形成良好的带动作用。

2. 增进文化创意和设计服务与相关产业融合发展

在政策措施上，强化文化领域创新动力，2014 年 3 月 14 日，由国务院印发的《关于推进文化创意和设计服务与相关产业融合发展的若干意见》公布，这是我国第一次就文化创意和设计服务与相关产业融合发展出台的系统性文件。《意见》提出到 2020 年，文化创意和设计服务的先导产业作用更加强化，基本建立与相关产业全方位、深层次、宽领域的融合发展的格局，加快推进文化创意和设计服务与实体经济深度融合。

《关于推进文化创意和设计服务与相关产业融合发展的若干意见》以统筹协调、重点突破，市场主导、创新驱动，文化传承、科技支撑为基本原则，明确提出了文化创意和设计服务与装备制造业、消费品工业、建筑业、信息业、旅游业、和体育产业等领域融合发展任务。由于推进文化创意和设计服务等新型高端服务业发展，促进与实体经济深度融合，是提升国家文化软实力和产业竞争力的重大举措，是发展创新型经济、促进产业结构调整和发展方式转变的内在要求，针对我国当前文化创意和设计服务发展，特别是与相关产业融合发展中存在的突出困难，《意见》提出一系列扶持政策，增强创新动力，加强知识产权运用和保护，健全创新、创意和设计激励机制，活跃知识产权交易，提升企业知识产权综合能力，培育一批知识产权优势企业。壮大市场主体，支持专业化的创意和设计企业发展，支持设计、广告、文化软件工作室等各种形式小微企业发展；积极引导民间资本投资文化创意和设计服务领域。

3. 加大财税支持

在文化创意和设计服务领域开展高新技术企业认定管理办法试点，对经认定为高新技术企业的文化创意和设计服务企业给予所得税优惠，对企业的职工教育经费支出以及符合条件的创意和设计费用，给予相应的税收政策支持；加强金融服务，建立完善文化创意和设计服务企业无形资产评估体系，鼓励增加适合文化创意和设计服务企业的融资品种，切实提高我国文化创意和设计服务整体质量水平和核心竞争力，大力推进与相关产业融合发展，以改革创新和科技进步为动力，改善相关文化经济缺乏带动力现象。

4. 强化创新驱动，增强创新动力

加大联盟知识产权管理能力建设，以知识产权保护利用为核心，推行知识产权集群式管理，《关于推进文化创意和设计服务与相关产业融合发展的若干意见》从加强知识产权创造、运用、保护和管理等方面提出支持措施，针对移动互联网和新媒体时代特点，提出完善网络环境下著作权保护等法律法规，加强数据保护等创新思路。

近年来，我国文化创意和设计服务发展较快，但总体水平仍亟待提高，有利于文化创意和设计服务发展的政策环境还需进一步改善。加大政府采购力度，引导集约发展，打造区域性创新中心和成果转化中心，建立区域协调机制与合作平台；编制专项规划或行动计划，制定相关配套文件。《意见》要求各地区、各部门要加强组织领导，建立工作机制，加强地区间、部门间、行业间的协同联动，加强建设支柱产业，融合、创新、做强，鼓励企业、院校、科研机构成立战略联盟，提升核心竞争力，产生引导带动作用，开展创意服务外包，培育市场需求，激发创意产品的消费。

增强对全球化生产体系适应性，积极采取国际化战略，以市场为导向，充分调动各方面积极性，增强创新动力，打破行业和地区壁垒，为世界市场生产适销对路的产品，德国企业间的联合是地方性的产业集群，它们是开放型的，对供应链的重组比较灵活，这一产业集群往往由地区性的工商会、行业协会等组织为纽带。

七、文化领域主动创新，引领风气之先

角度新颖的感召力，主动创新增加优质产品供给，提高供给质量，好的作品才能有价值，才能有生命力和感染力，文化向国际市场的供给，需要优化供给结构，克服文化的有效供给不能满足国际受众的需求的问题。增强供给结构的有效性和灵活性，扩大有效供给，调整供给结构，使供求关系不断改善、市场活力显著增强，对不同国家、不同受众需求变化有更好的适应性和灵活

性，更好满足全球受众的需要。

（一）开掘新意境

在文化领域，掌握意识形态话语权。习近平在全国宣传思想工作会议上强调：“我们必须把意识形态工作的领导权、管理权、话语权牢牢掌握在手中，任何时候都不能旁落。”由于在世界范围的舆论场内，西强我弱的格局仍然没有改变，以前谈创新，创新总是意味着跟随和模仿欧美国家已经做过的事。在国际舆论的交流交锋交融中，增强中国主流文化的影响力和感召力，着力打造融通中外的新概念新范畴新表述，讲好中国故事，传播好中国声音，打造出民族优秀文化特质。文化自信，是一个国家、一个民族发展中更基本、更深沉、更持久的力量，加强话语体系建设，以融通中外的文化自信表述新概念新范畴，促使主流信息占领舆论制高点。

文化属于意识形态领域，作为上层建筑的重要组成，有着一系列重要规律，规律是事物之间内在的必然联系，决定着事物发展的必然趋向。规律虽然不以人的意志为转移，但却是可认知、可把握、可运用的。把握规律，有效应对国内外思想文化交流交融交锋带来的影响，提高前瞻性，树立正确的世界观、价值观，弘扬真善美，贬斥假恶丑；价值观念，使社会成员自觉调节社会生活和社会行为的规范，站在制高点上强化文化引领社会风气之先，增强正义的感召力和凝聚力，把握话语领导权。

（二）文化内容走出去

文化引领风气之先，打造原创的文化品牌和文化内容，深度挖掘文化内涵成就精品，进入“文化创造”的阶段，在 2005 年和 2006 年前后，国家先后出台一系列的鼓励措施，文化产品对外贸易出口进入新的发展阶段。提高优质内容的“阵地覆盖率”，内容引领，文化思想内容要生动地表达出来，必须大胆创新，内容生产的价值取向：

1. 作品的社会影响力；

2. 产品的经济效益。

内容要切实塑造真善美，还要善于跨界、跨业、跨行，赢得更多的受众，实现社会影响力，并且，能够与经济收益相伴而行。

八、文化新形态阵地提高质量效益

在知识经济社会，“知识水平”属于较高层次，由于知识系统的组成是复杂的，决定于高新技术的发展，也决定于社会科学和管理科学的发展，把知识经济系统理解为知识资源开发—知识生产—知识流通—知识消费的再生产系统，互联网企业是这一波创新热潮的引领者。互联网赋予文化创新更多的可能。

对文化新形态的阵地而言，提高其质量、丰富其内容，对于进入文化市场的各类媒体，包括对博客微博等网络媒体、短信微信等手机媒体以及移动电视等构成的现代信息传播的管理，对报纸、刊物、电台、电视台等构成的传统主流融媒体的管理，对构成的大众传播的管理，占领阵地制高点，把握好其意识形态属性与产业属性的关系、社会效益与经济效益的关系，把社会效益放在首位，掌控优势资源。文化引领风气之先，依靠创新方法策略、创新模式，达到引导风气“随风潜入夜，润物细无声”的境界。

由于数字文化产品的特性具备覆盖广泛、获取方便、单位产品价格低廉甚至免费、网络草根创作踊跃等，因此，发展数字文化产业，成为社会文化经济和技术发展的长期趋势，成为文化经济的主要创新点。文化经济的深化，据《洛杉矶时报》报道，电影业的老牌巨头——美国派拉蒙影业公司今后将只发行数字电影，不再发行胶片电影。一个多世纪以来，好莱坞的电影公司主要以 35 毫米胶片电影的形式播放影片，然而，随着电影数字技术的不断发展，胶片电影逐渐遭到淘汰，美国数字银幕已占到 92%。到 2014 年年底，好莱坞全面进入数字化时代。

九、缺乏文化创新力的深层原因及其解决方法

在很大程度上，文化领域作为政府主导型的产业，尽管近年来做了大量投入，但是从整体上看，仍然存在效率不高等一系列问题，中国文化创新力的欠缺，难以具有可以在全球范围内提供给人们可资借鉴的增长模式。

1. 在体制和机制的双层面上，缺乏有效的政策法规的促进作用

缺乏有持续创新力的发展机制的保障，需要清理行政审批事项，简化审批程序，清理不合理收费，充分发挥市场作用，促进资源合理配置，优化发展环境。

2. 需要促进对于艺术、文化、公民文化参与的各类投资

以开发性金融引导和组合各类社会资源，推动完善我国文化产业投融资体系；推动形成多方合力，比如文化金融合作已经成为我国文化产业发展的显著特点和迫切需要，成为我国文化产业持续快速健康发展的重要动力。在2014年6月，由中国开发性金融促进会和中国新闻文化促进会发起成立的文化与金融合作交流平台——“文化金融俱乐部”在北京成立，文化金融俱乐部是建立文化与金融的交流合作平台，促进文化和金融高效对接。

3. 建立有利于文化创意的社会环境

需要通过广泛的文化艺术的鼓励创新创意的举措，在2014年4月设立了国家艺术基金，其直接目的是探索适合我国文化艺术发展实际，以基金方式支持文化艺术发展的新的制度安排，根本目的是要通过创新公共财政支持文化发展的方式，建立基金资助机制，为激发全民族文化创造活力、增强中华文化影响力、推动社会主义文化大发展大繁荣提供良好的财政保障。按照基金制管理的特点，国家艺术基金在扶持层面上要体现国家基金高定位、高门槛的特点，真正支持具有示范性和导向性的艺术作品，真正体现国家级的艺术水准，绝不搞平均分配。比如，在音乐产业中，一台大型的音乐剧从创作到推广均需耗费大量资金，由此推算到全国，有多少个音乐剧在筹备上马，又有多少个专项研究亟须开展，国家艺术基金虽然不可能做到面面俱到，但是，国家艺术基金所能做到的，是在具有重大影响或突破的项目上集中“发力”，发挥好国家艺术基金的引导效应，引领文化艺术产业快速发展，提升文化项目的自我造血功能。

第二十五章 知识经济时代的国际创新力

随着知识经济兴起以及知识作为生产要素的地位空前提升，文化经济的非物质化、审美经济特征突出，世界知识经济创新，数字新媒体推动信息大流动、大利用，在知识经济时代，生产要素的投入以知识性投入为主，科学和技术研究开发日益成为知识经济的重要基础，创新是知识经济的灵魂，西方新成果、新理论引领作用加速，例如英国、欧盟等文化创新力凸显其地位和显著作用。

一、创新上升至国家战略

进入 21 世纪，世界上多个发达国家在其知识产权政策中，竞相确定符合本国实际和国家利益的战略目标。从西方发达国家的国情角度分析，20 世纪末以来，美国日本欧盟等发达国家，始终在追踪和研究创新的特点，不断制定和更新有关创新的国家战略。作为当今世界上的创新型国家之一，美国在知识产权体系建设上不遗余力，建立健全了体系完善的知识产权制度，扩大知识产权保护范围，不断提高知识产权保护水平，深层次地发掘与体现知识产权与经济发展的内在联系。

在国家战略方面，科技创新是提高社会生产力和综合国力的战略支撑，必须摆在国家发展全局的核心位置。作为全国首个以城市为基本单元的国家自主创新示范区，深圳市重点在科技金融领域改革、建设新型科研机构、建立深港经济科技合作新机制等方面积极探索，全力构建综合创新生态体系。

（一）创新力度加大，国际竞争力日益增强

基础研究开源筑基，支持国家级基础研究基地的创新与发展，基础研究是科技研发金字塔的塔基，为技术研发开源筑基。提升自主创新能力，瞄准国际科技前沿和国家重大需求，国家重点实验室是国家组织高水平基础研究和应用基础研究，开展高水平学术交流重要基地，是我国科技创新体系的重要组成部分，在促进重大科研成果的产生和杰出科学家的培育方面，贯彻落实《国家中长期科学和技术发展规划纲要（2006—2020 年）》，从 2007 年起，中央财政设立了国家重点实验室专项经费，从开放运行、自主选题研究和科研仪器更新三方面，加大对国家重点实验室的稳定支持。中央财政创新支持机制和管理方式，注重绩效考评，实行以 5 年为周期的定期评估机制，结合评估结果，分类分档安排预算，保障国家重点实验室的基本正常运行，在取得新发现、贡献新知识的同时，使成果转化步伐明显加快，调动其持续创新和发展的积极性。

（二）质量效益和全球竞争力

提升质量效益和竞争力，从服务形式的创新到内容建设的创新，让人们生活得更有品质。全力推进经济发展质量变革、效率变革、动力变革。引领风气之先，文化“走出去”的内容和形式是实现有效供给的关键，加强文化的话语权、领导权、管理权，具有实践指向性和现实必要性。

重视强化自主创新能力和发展自主品牌，走好中国道路、弘扬中国精神、凝聚中国力量，是国内企业的命脉所系，成长一路伴随创新，在创新推动下变得越来越强大。在电子支付领域的创新，中国已是比较领先。据权威机构对电子支付技术统计，一共 42 项技术，支付宝占 9 项，微信红包也是 9 项。创新已经发生风潮转变，中国的创新型企业携程面对的竞争对手也是美国知名旅游公司，中国原创的一种模式，晨兴创投投资刚刚投了 YY，发现硅谷甚至有一些企业开始模仿 YY，还有小米的竞争对手已是苹果、三星这样的科技巨头。如今这一轮创新，中国正在赶超。

我国已连续 8 年成为世界最大的汽车产销国，自主品牌市场占有率已超过 50%。增长质量绝对坚实，建立严格的工业标准与质量保证体系，德国通过技术创新，使制造的产品进一步呈现出专、精、特、高等特征，“德国制造”成

为专业品质、上乘质量的代名词。日本企业依靠瘦身管理和灵活的员工作业协调，在生产高质量系列消费品方面更胜一筹，日本制造业在一些领域仍然占有世界领先地位。

二、智慧创新加大竞争优势

西方发达国家的相关战略模式创新，美国的优势在于商业、金融、新兴产业，嗅觉特别灵敏，战略能力强，每一轮创新革命浪潮，美国总能占到先机，谷歌、脸谱、推特等突破性创新令人瞩目，美国经验学起来非常困难。比如硅谷，很多地方试图打造自己的硅谷，但很难成功，竞争文化是当今经济文化的主流，内部条件对于获得竞争优势有着决定性的作用，内部资源、能力的积累是解释获得超额收益和保持竞争优势的关键。各种内部资源效用发挥程度上的差别、创新能力的差别，是由现有的知识存量所决定的，创新能力是知识存量的显在表现，基础研究往往几十年一无所获。但有时一个灵感会带来大踏步前进，而这种突破往往是大的技术革新和产业变革。

强化技术创新，加大财力投入，搞好互联网等先进技术的研发，进行技术创新、手段创新、战法创新，美国从 2009 年开始颁布的多次“国家文化创新战略”，对创新包括文化创新投入了大量资源，包括大力发展基础设施，以及大数据作为国家战略资源的认识，例如，美国政策制定者们认为“数据是一项有价值的国家资本”，在信息产业发达的国家，包括美、英、德、日等国已经将大数据提升为国家层面的战略，成为国家的重要战略资源，将提升到国家战略高度来考量。

知识经济最突出的现象是信息技术广泛应用，美国国际知识产权联盟在对美国版权产业在经济中的作用与地位研究中，也出现了包括电影、电视、家庭录像、商用软件、娱乐软件、图书、音乐和唱片在内的创意产业，在经济上对美国国内生产总值、就业和贸易所做的贡献。研究报告指出，1996 年，美国核心版权产业历史性地首次成为美国出口份额最大的经济部类，尤其是其中的软件业和电影业，在对外贸易份额中贡献卓越。版权产业的核心内容产业，包含图书期刊出版业在内，为美国经济创造了 9310 亿美元的产值，约占美国国内生产总值的 6.4%，解决了近 510 万美国人的就业问题，总资产占民营企业领域整体的5%,为雇员提供的薪酬比其他产业领域平均高27%。

(一) 知识经济具有出口价值

版权产业提供的产品和服务在国际贸易和出口领域所创产值高达1340亿美元,同比超过美国其他领域。对此,美国学者坦率地表示,知识产权是美国最有价值的出口物,也是美国经济的一大支柱。在2017年9月,我国进行了一个专项行动,这个专项行动重点在于加大对外商投资企业知识产权的专项保护,随着这个行动的纵深开展,境内外知识产权权利人的权益会得到更加有效的保护,版权的秩序将得到更好的规范。保护中外知识产权权利人的合法权益,有效规范互联网的版权秩序,这个行动得到了美国电影协会、国际唱片业协会、国际标准化组织等很多境外机构的积极评价和充分肯定。

知识经济渐成支柱,在国内生产总值中突出体现知识产权对国家经济的重要贡献,就美国的情况看,过去20年间,知识产权一直是美国以及其他发达国家经济发展的首要引擎,从某种角度看,美国之所以拥有如今在全球科技、经济中较为领先的地位,是因为具有强劲的创新能力与知识产权保护力度,来自美国政府公布的2012年数据表明,"知识产权集约型"工业已经成为美国经济的支柱,仅2012年就提供了至少4000万个就业岗位,其对美国经济的贡献超过5万亿美元,占当年国内生产总值的34.8%。

(二) 资本时代过去了,创意时代来临

美国政府将知识产权与国内生产总值紧密地结合在一起,其研发支出更像是投资,在某种程度上,研发的好处可由其所有者来分配,这使得研发支出具有经济资产的属性。长期以来,经济学家力图将研究开发视为创新、增长和经济福利的源泉,并因此将研发驱动的经济称为技术驱动型经济或"知识经济"。数年之前,美国学者就认为,资本时代已经过去,创意时代已经来临。

这不仅是一个国家在全球经济竞争日趋激烈的情况下所确立的明智的选择,还将影响知识产权政策的走向,以及经济社会的发展。从政府层面制定完善的法律条文,从行业层面制定严苛的行业规则,从技术层面保证信息安全,智能中心是知识经济中心功能的最高表现。主要由经济的政治的决策中心(政府、公司总部等)、咨询中心(各类信息服务、经纪服务、展销服务、就

业服务等)、学术中心(各类创新性学术活动等)所组成,实际起着神经系统的作用,对调控和促进创新协调发展起着举足轻重的决定作用,在这方面,智能作用、质量、效率和系统性实际要求甚高。

信息时代大数据在国家经济建设与社会发展中的重要价值,在国家层面的竞争力也将集中体现为一国拥有数据的规模、活性以及解释、运用的能力,大数据已成为国家的核心竞争力。围绕大数据国家发展战略展开的系列研究包括:

1. 制定大数据国家战略的意义。大数据作为国家战略资源,将会影响国家的方方面面。

2. 大数据国家战略规划的内容,主要包括构建大数据研究平台、大数据良性生态环境、大数据产业链等。

3. 确定大数据产业发展的重点。应该通过国家层面的战略规划明确大数据产业的发展重点、空间布局和保障措施。

4. 大数据环境下的信息安全战略。大数据安全问题既包括上至国家安全战略,下至数据库、企业以及个人等的网络与信息安全问题的研究,也包括来自法律、政策、标准、技术等层面对于安全的研究。

第二十六章 文化创新提升全球城市软实力

21 世纪以来的发展实践证明，具有创新活力的文化机构或都市，能够利用当代文化产业链、价值链、服务链的重组机会，能够利用新的科技进步带来的巨大机会空间，而获得大大超过传统增长模式之超常规的发展速度和规模，能够创造海量的资源和资本。在创新领域，地理位置决定命运，跨国公司选择上海，跟地理位置、区位是密切相关的。

一、全球城市的富强

在世界城市中，设计思考是如何被用于应对特定的经济与社会的。如果汇聚起教育、人才、产学研结合、政府支持、风投、企业家和挑选出适合的未来方向等 7 个要素，创新中心之路就能走得顺畅。“世界城市”是一个新的提法。大概 30 年前没有人说有世界城市，“世界城市”也好、“全球城市”也好，提出了要建设“世界城市”的目标。世界城市就是地球村的村民喜欢去的地方。设计战略需要将设计思考内置于城市发展的方方面面，比如风投，政府要有意识培养一批有眼光的风投，因为它不仅代表的是钱，更是一种愿意承担风险的气魄，上海现在这方面人才不足。

一个国家和民族的文化竞争力的强大，表现在通过创新而积累了巨大的文化资源和文化资本。立足国际市场，国际竞争力指一个国家在世界经济的大环境下，各国的竞争力相比较，其创造增加值和国民财富持续增长的能力。国家经济实力创造增加值和国民财富，以及支持它的投资、最终需求、产业运营、生活成本和潜在发展的经济运行能力等。

(一) 积累巨大文化资源和文化资本

创造巨量财富,改革开放以来,人均 GDP 由 200 美元跃升至超过 8000 美元,到 2020 年将达到 1 万美元,国民整体素质不断提升,人们的物质与精神文化需求诉求都在日益增长。社会也由生存型社会转向发展型社会。带动文化旅游业势头发展强劲,实现文化经济新起飞,增大整体规模经济。伊斯坦布尔的 2010 年欧洲文化之都项目,其重要部分包括展现其无价资产,提高土耳其文化的价值含量。伊斯坦布尔依托其欧亚交界神秘文化的景观资源,展现其多元文明交融最为精彩的一面,深化其创新城市文化与旅游融合,伊斯坦布尔 2010 年旅游业的收入,可达 100 亿美元。奥地利的格拉茨在 2003 年担任欧洲文化之都的 12 个月中,以及阿尔卑斯山脚下的马里博尔,在迎接 2012 年"欧洲文化之都"活动中,年吸引百万游客前来观光。两所城市主要文化场所添加英文标识和中文标识,方便外国游客,品酒、登山、滑雪、泡温泉,城市旅游一枝独秀,文化规模经济效应成效明显。

(二) 全球城市文化创新传播

品牌世界的话语权竞争,建设全球城市,首先需要建设国际影响力,影响力的本质就是领导力,能够被国际社会所认可,而影响力的 ABC 理论包括:态度、行为、认知三个方面,在文化创新链条上,每个人都形成一个共同的认知—尊重,与创新创造者有心灵上情感呼应,这样就能为设计师们创造一个良好的设计环境,激发无限的智慧和创造力。

二、全球经济重心转移

全球经济重心往亚洲转移,未来亚洲出现顶级全球城市的可能性非常大,尤其是中国、印度等新兴经济体的主要城市将成为新的力量。城市基础设施上,将上海与北京、纽约、东京放在一个平面上比较,更将城市基础建设与自贸区联系在一起。全球贸易体系重构,对外开放是利用经济全球化的机遇,参与国际分工,利用参与别国开放的大平台所创造的机会,将城市基础建设与自贸区联系在一起。全球城市建设品牌强大,中国(上海)自由贸易试验区推动加快开放方案，大多以服务业开放为主要内容，包括金融服务、商贸服务、专业服务、文化服务等诸多领域，为新时代的扩大开放提供可贵的实践和探索。

（一）协同创新提升软实力

软实力是一种以吸引力为目标实现手段的“隐性资源”，包括意识形态和政治价值吸引力、文化感召力、国际影响力等，是国家综合实力的重要组成部分，而要成为真正具有文化软实力的城市，必须具备知识传播中心、思想建构中心、艺术创造中心和战略供给中心的地位，即全球城市的创新发展，处处需要文化的引领和支撑。文化至少涵盖 4 个层面：

1. 价值，包括社会的精神，道德、伦理等；
2. 思想，是否具备向世界贡献思想的能力；
3. 艺术，包括创作、建筑等；
4. 产业。

在这里，文化软实力的“软”应该突出体现在价值、思想和艺术上，全球城市创建水平主要体现在“软实力”的提升方面。

开放创新提升“软实力”是重要途径，创新并不等于发明创造，也非单纯技术上的突破，以科技创新来引领经济转型发展，仅仅工业领域的“智造”远远不够，还需要更多领域、更多模式的创新，也需要更深层次对创新的理解，把创新融入经济技术、社会与文化发展的方方面面，“科学既是文化又是生产力”，在欧美发达国家，设计一座比较大型的建筑物，会邀请工程技术人员以外的人文和社会科学专业人员，如社会学、民俗学、美学、心理学、经济学、哲学等专家，共同参与策划与设计，一些国家还专门成立艺术委员会，参与城市规划建设，当下的城市建设，非常讲究人文性、生态性、文态性，而这三性正是人文和社会科学工作者之长，加强交流互鉴，技术人员和人文科学专业人员的讨论，能取得综合性、立体性、创新性的效果。

（二）全球城市创新智慧文化

全球城市创新文化，需要重视数字技术、网络技术和软件技术等现代信息技术手段的支撑和应用，对于文化创意环节的开发和拓展，产生新的创造项目，科技、文化、艺术三方面的元素得以充分表达，形成一个光明的效果，北京奥林匹克公园的“水立方”每晚总会准时“苏醒”，在夜幕之下展现迷人的魅力。这个奥运会标志性建筑每个夜晚的“亮法”，可能取决于人们当天的情绪。当走到水立方的时候，会有一种情感上的呼应，每个人都可以参与其中，技术人员运用前沿技术采集社会情绪信息，每天搜集微博上过去 24 小时内出现的表情符号，被归纳为八大类：“爱、喜、扬、欲、惊、怒、悲、抑”，通过微博、微信采集到社会的情绪信息，数据量非常大，然后，发送给水立方的灯光控制系统，统计数字最后会变成灯光操纵信号，美轮美奂，熠熠生辉。将数字进行可视化的表达，用灯光来呈现情感状态，达到“天人合一”的效果。水立方项目所投射出来智慧，这是文化之影、科技之影和艺术之影三者互相的结合，是创造一个好项目的基础。

三、融入全球城市网络体系

要建成全球经济科技高端资源配置中心，就必须融入全球城市网络体系之中，从辐射源和辐射流的角度出发，将经济辐射力分解成经济开放程度、信息化水平、经济发展水平、科技实力层面等。知识贡献率应当就是由于技术水平提高给社会所增加财富在整个社会产出中所占比重。促进城市经济的发展，建设以知识经济为核心的城市。

在全球经济、产业分工中，在与全球城市网络体系多重交互，在信息化的时代背景下，知识系统与知识经济系统的存在、发展和完善离不开城市经济系统的建设。城市经济系统的建设首先是城市经济中心的建设，在知识经济社会则主要是知识经济中心城市的建设，再讲经济中心，上海要建成具有全球影响力的科技创新中心，才是内核，没有科技创新中心，很难在未来成为一个真正的经济中心。全球视野融会贯通，扩大对外开放，科技创新引领，增强对外经济辐射力，发挥更强大的辐射带动作用。科技创新体系事关可持续发展和综合国力竞争，对于创新体系建设，有关报告显示，上海综合科技进步水平指数连续 5 年排名全国榜首。

（一）国际交流品牌活动

在国际文化交流活动中，文化上海形象中鲜活的、丰富的、多元的当代科技、经济、文化元素，经由一系列对话国际交流活动展示。长期以来，在文化的海外传播方面，上海形成了优良的文化传统和创新发展的文化基础，国际交流品牌活动，第16届中国国际工业博览会，紧扣世界产业发展热点，聚焦自主创新，聚焦“四新”经济，汇集中外名牌企业，以“高端、智能、绿色”为主题，工博会上中国智能机器人第一品牌——小i机器人，凭借“基于领域语义库的小i机器人智能云服务平台”被授予2014年的“工博会金奖”，“连接人和服务”的新模式，这项小i机器人拥有近50项的自主知识产权及专利技术，建立起智能机器人云服务平台。作为上海市“四新”企业的代表，小i机器人跃上世界舞台，受邀出席世界IT界最大最具权威的Gartner全球峰会，在备受全球瞩目的APEC峰会的产业论坛，发表“智能机器人推动中国互联网经济的发展”主题演讲。技术研发和创新能力保持在行业主导地位的核心竞争力。

创新文化战略，作为未来可能连接一切的桥梁，互联网技术创新，给世界带来真真切切点滴变化，所有设备都会智能化，互联网，点燃了那些善于创造、敢于创新的探索者的热情，发达国家开拓性的理念，例如，电商、社交网站模式的全球发端，以及智能穿戴设备、车联网和无人汽车，这些被誉为潜在的改变世界的概念，都源自美国硅谷。以智能计算、互通互联为代表的互联网理念，为不同国家合作搭建了舞台。互联网是中国与发达国家起跑线和发展程度最接近的行业之一。

（二）上海出品的国际声誉

对于全球城市建设而言，品牌的集聚与辐射意味着城市综合实力的成长，上海出品在国际上有一定的声誉，打造具有区域特色的文化交流品牌，2014首届上海国际科普产品博览会以“智慧城市——让生活更完美”为主题，汇集美、日、韩、法、丹麦及中国港台地区的3100余件展品，智能娱乐“海上画派”著名代表人物任伯年的《群仙祝寿图》，被中国美术学院“改版”成裸眼3D画。由12块特殊电子屏幕组成，高3米、长8米，画中人物和景致动态十足，栩栩如生。《群仙祝寿图》被直接嵌入定制的LED屏中，观众在推荐位置观看能体验到3D效果。

品牌与全球城市的活力息息相关，对全球城市的可持续发展起到重要的支撑性作用。全球城市品牌的建立与形成也尤为重要，品牌具有一定的“黏滞性”特征，即一旦在一定区域内形成，便有空间上稳定存在的趋势，品牌与城市发展之间的稳定互动将在一个较长时间内保持稳定。在国际社会里，上海的城市品牌很响亮，但是产品品牌弱，虽然上海有优质品牌行销世界，但缺少能俘获人心的高端品牌。

（三）科学文艺联姻助推创新

创新文化自信，要建成具有全球影响力的国际文化和科技创新中心，在文化和科学原创方面也应有出色的表现，全球城市的文化自信从哪里来，如何激发文化创新活力，自信的底气来自文化和科技原创力，弥合科学与文化的断层问题，科文思维各有特长，宜双向互补，科学与文艺的具体思维方式还是有差异和区别的。

统筹而周密地策划内容涵盖科技、文化、经济发展总体目标的战略规划，运作创新链建设。所谓创新链，就是围绕一个或一个以上的核心主体，以创新为纽带，倡行产业集聚、产业协作，由此实现知识的经济化与创新系统优化。创新链的大规模、高品位构筑，与“软实力”相关的要素包括产业平台、产业突破、产业开发、产业核心部分和知识产权保护等，知识产权保护推动，特别是专利管理、审查、执行机制，进而落实全面完善和持续细化等任务，从环境基础设施入手，让人流、物流、信息流更加通畅，那么当智慧城市、信息港建好了，人才都会集聚过来，依靠精锐研究队伍，实施跟进性及更重大战略攻关项目，实现成果产业化，全球信息港建设就会水到渠成，对创新中心是一大助力。

四、全球城市文化创新系统工程

互联网技术创新作为未来可能连接一切的桥梁，所有设备都会智能化，给世界带来真真切切点滴变化的互联网，点燃了那些善于创造、敢于创新的探索者的热情。以智能计算、互通互联为代表的互联网理念，为不同国家合作搭建了舞台。互联网是中国与发达国家起跑线和发展程度最接近的行业之一，尤其是开拓性的理念不足。电商、社交网站模式从发达国家发端；智能穿戴设备、车联网和无人汽车，这些被誉为潜在的改变世界的概念，也都源自美国硅谷。

（一）全球创新集群：魅力源于创新

创新集群是发达国家和发展中国家价值创造的重要驱动力，也是经济增长的模范，美国硅谷，以及德国、比利时、西班牙、英国、以色列、日本、中国、中国台湾地区、哥伦比亚、墨西哥、巴西等地创新集群，集群如何出现，政府机构在其中的作用如何，瑞士打造出全球顶级的竞争力，卓尔不群，瑞士人口不足千万，人才济济，诺贝尔奖得主出了十几个。瑞士实现经济腾飞、保持竞争力长盛不衰，成为欧洲经济的“孤岛”，盖出于超强的竞争力，2009 年以来，瑞士的竞争力已经连续 6 年位列全球排行榜首。根据世界知识产权组织发布的 2014 年“全球创新指数”排名，在全球 143 个经济体的创新能力和可衡量成果评比中，瑞士连续 4 年稳居榜首。该组织称，以知识为基础的瑞士经济有很高的创新产出与投入比值，能有效地将创新能力及投入转换成为高水平的创新产出。这其中，研发投入起到了至关重要的作用。

研发投入是衡量创新的关键指标。在瑞士，研发工作受到了政府的高度重视。该国的研发投入超过欧盟平均水平，人均投入居世界前列，其中逾 2/3 的研发经费由私营部门承担，相当于瑞士国内生产总值的近 3%，约 160 亿瑞士法郎（1 瑞士法郎约合 6.30 元人民币）。良好的科研基础吸引了很多像 IBM 这样全球知名的大公司。

基础研究投入该拉上扬曲线，超前投入是发达国家的成功经验，英格兰高等教育拨款委员会研究、创新与技能处主任戴维表示，英国属于高产的研究型国家，但英国现在的成绩是基于过去的投资，对基础研究领域的超前投入是发达国家的成功经验——投资基础研究项目，虽然效益得在数十年后才能显现出来，但政府必须为“明天的收获”埋下种子。科研创新第一目标是增强国家的国际竞争力，英国的科研创新能力在世界上处于相当高的水平，英国人口仅占世界人口的 0.9%，但是英国的研发支出却占全球的 3.2%，研究人员占 4.1%，出版物占世界出版物的 6.9%，有着最大影响力的引用占 11.6%。保持在各学科领域开展世界级研究的能力，在新知识发展的过程中，成为智力的领导者。因此，英国的科研创新瞄准的第一目标，就是增强国家的国际竞争力。

(二) 用“世界标尺”度量全球创新中心

用“世界标尺”度量全球创新中心，在我国科研投入保持 20%以上高增长的十余年间，基础研究投入在全社会研发投入中所占比重，却始终在 5%左右徘徊。比对世界上 40 多个国家的创新能力。通常，一个国家的创新能力与 GDP 形成正比，中国全社会年度研发投入达 1.2 万亿元，但如与创新强国美国相比，过去 10 年间美国研发投入是中国的 4.7 倍。美、英、法等世界主要创新型国家的这一比例，大多在 15%～30%。以韩国为例，20 世纪六七十年代，韩国的创新能力并不比我国强，但因后来采取了超常规发展基础研究策略，基础研究经费在研发总投入中的比例提高到 18%以上，其综合竞争力得到强势提升，日本近年来的基础经费投入比例也提高到 10%以上。

从日本近年来的科学技术发展来看，相应的政策措施和财力投入，为日本人冲击科学技术的世界最高峰提供了有力保障。早在 20 世纪 90 年代中期，日本政府就提出了“科学技术创新立国”的战略目标及配套的政策措施。政策环境越宽松，对技术和人才的集聚力也就越强，在创新方面，日本既重视集体创新，强调团队精神与合作，也开始逐渐重视个人创新，特别强调培养年轻人的创新精神，尊重他们的创新设想。日本的科研人员数量居世界第二，仅次于美国。在财力投入方面，虽然近几年经济连续不景气，但科技领域的预算不降反升。近几年日本的科研经费也一直维持在国内生产总值的 3%以上，比例居世界发达国家首位。此外，日本企业也非常重视技术研发，据报道，日本一些企业在技术研究方面的投入甚至会高达公司利润的三成左右。充足的后勤保障令日本学界能在基础研究方面获得巨大进展，在理论物理、生物技术、信息通信等方面都属于顶尖，在纳米和新材料研究等领域也位于世界前列，并参与了国际空间站和人类基因组等重大国际合作科研计划。

(三) 营造宽松环境、激发创新意识

要提升国际影响力、竞争力，还应在营造宽松环境、激发创新意识等方面花更大力气，紧跟全球前沿技术，从 20 世纪 90 年代起，科研人员开始研发太赫兹源和检测器，使太赫兹科技成为全球科技前沿。高层次创新者喜欢集群，往往向更好的基础设施和机构集聚，2004 年，美国麻省理工学院将太赫兹科技评为“改变未来世界的十大技术”之一。美国国防部先进研究项目局

(DARPA)、美国航空航天局(NASA)等机构投入重金,把太赫兹波用于军事、太空探测项目。日本政府将其列为“国家支柱技术十大重点战略目标”之首,宣称将在2020年东京奥运会时实现太赫兹高速通信,速度为每秒100千兆,是目前LTE网络的1000倍。

多提供激励初创企业发展的政策环境,不只是给予资金和资源扶持,更重要的是把集体和个人的创新活力激发出来;2001年3月,日本政府又出台了第二个科学技术基本计划,雄心勃勃地提出要在50年内拿30个诺贝尔奖。当年10月日本科学家野依良志获得诺贝尔化学奖,日本科学家赤崎勇、天野浩和美籍日裔科学家中村修二,三人共同获得同年诺贝尔物理学奖的消息,在日本国内引起轰动。

(四) 获奖者结缘上海世博

诺贝尔奖“奖励为人类福祉作出重要贡献的发明”的初衷完全吻合。蓝光LED在照明、显示等领域应用,全球蓝光LED的应用之广,用“汹涌澎湃”形容也不为过,甚至出现了用得越多、催生出的新需求越大的“雪球效应”。现在除了照明、手机背光、电视显示、大屏幕的应用外,近年来又扩展到高档汽车的前大灯等。

2014年的诺贝尔物理学奖虽然突出蓝光LED在基本理论上的新突破,但因为这项工作对人们生活改变起的作用特别大,而且随着应用领域的扩大,也催生很多新的产业和新的需求。这个鲜明的特色使得2014年的物理奖别具意义。瑞典皇家科学院7日公布获奖者时,恰好赶在日本几大电视台播报新闻的时段,一时间各台的新闻内容全部转向获奖消息。2014年诺贝尔物理学奖揭晓。因发明“高亮度蓝色发光二极管”,日本科学家赤崎勇、天野浩和美籍日裔科学家中村修二共获殊荣。

按照诺奖评选委员会的说法,这项只有“20岁”的“年轻”发明之所以获奖,是因为这种用全新方式创造的白色光源已经“让我们所有人受益”。“他们的发明具有革命性,”声明说,“白炽灯点亮了20世纪,21世纪将由LED灯点亮。”LED能耗更低,寿命更长,而且可实现智能化操控,是节能环保的“绿色照明”。中村修二与上海科研机构有着密切合作。作为国家半导体照明应用系统工程技术研究中心顾问、复旦大学兼职教授,他推动了LED在上海世博会的应用，并在帮助上海科研团队研发半导体蓝色激光器，为新一代“激光电视”提供核心部件。我国LED产业发展的一个重要节点是2010年上海世博会。变幻莫测的夜间景观灯、上海案例馆“沪上生态家”的室内照明，让各方游客对LED留下深刻印象。而这种新型光源之所以能在上海世博会上大规模应用，此次获奖的中村修二功不可没。

上海世博会筹备期间，国家半导体照明应用系统工程技术研究中心向政府部门建言：在世博园区大规模应用LED。当时，LED在国内还是个新生事物，有关部门对它的可靠性有点担心，为了说服政府官员，中心找到“外援”中村修二。于是，中村教授推荐了他的两个朋友——日本LED产业促进会会长和日本爱知世博会灯光设计师，请他们一起去世博局“游说”。最终，世博局采纳了专家建议，使世博园区成为LED大放异彩的舞台。从1998年起，中村修二开始研究蓝色激光器，是该领域的国际权威，与他合作可以使上海科研机构紧跟国际发展方向。

(五) 诺贝尔获奖呈“井喷”速度

“日本人缘何能够频频斩获诺贝尔奖”，成为各国媒体热议的话题，主要报纸以头版头条加多个专版的组合方式，地毯式报道这一消息，日本各大媒体不遗余力地对新晋诺奖得主的事迹和成就进行深入挖掘和详细报道，让东瀛岛国因诺贝尔奖而感到无比荣耀。自1949年汤川秀树获得物理学奖以来，包括日裔学者在内，已有22名日本人获得诺贝尔奖，其中自2000年来多达14人。除川端康成、大江健三郎的文学奖和佐藤荣作的和平奖，其中10人获得物理学奖、7人获得化学奖、2人获得医学和生理学奖，无疑彰显出日本在自然科学领域领先全球、傲视亚洲的雄厚实力。

日本人近年来在诺贝尔奖项上呈“井喷”式的获奖，不能不让人认真思考其背后的原因。20世纪90年代中期，日本政府就提出了“科学技术创新立国”的战略目标及配套的政策措施，科学技术预算直线上涨，进入黄金时代。日本今天所获得的诺贝尔奖，是20世纪数十年巨额科技投入的“老本”，“二战”结束后，日本开始奉行“科技立国”之策，在科学研究领域投入之大可谓世所罕见。有数据显示，在20世纪70年代之前，日本用于科学技术的预算以年均10%～20%的速率急速增加。直至20世纪90年代，日本的科研经费仍始终保持着直线攀升的态势。充足的经费使得当时的各项科学研究得到了充分的保障，尤其是大量10年、20年后才有可能结出成果的中长期基础科学研究项目正是得益于此，如在攻克当时被公认为“20世纪内不可能完成之任务”的蓝光LED这一科学难题的过程中，赤崎勇等人才能够坚持下来并最终取得成功。

五、科技创新成就“全球性城市”

（一）全方位政策，营造创业生态

一座城市若想要在全球舞台成为关键领导者，必须通过制定全球战略来提升自己的品牌竞争力。

1. 打造创新性、数字化与无障碍的城市环境。特拉维夫市政府这些政策与活动的目的，是为了让高科技创业者身处一个开放、无障碍且资源共享的环境中，在公共平台与空间里充分发挥集聚效应、共享资源、增进思想的交流与碰撞。

2. 2010年由特拉维夫市政府成立的全球城市办公室（TelAviv Global City）为了精准提炼本市的城市DNA进行了不少尝试，最终决定将特拉维夫打造成国际领先的商业和创新中心。特拉维夫全球城市办公室为服务创新与创业的城市定位，着手从三大方面推动城市软件与硬件的建设。

日本筑波科技城曾经因其先进的管理模式和得天独厚的智力资源，而受到世界的广泛关注，被冠以“现代科技的乌托邦”称号。小城筑波，位于距离东京50多千米的筑波山西南麓，是世界最知名的科技园区之一。2011年，筑波科技新城被日本政府指定为全国七大特区之一的国际战略综合特区，政府全力支持，科技创新成就“全球性城市”，当今，筑波提出了“面向未来推进全球化创新”的口号，最为著名的就是2000年筑波大学名誉教授白川英树获得诺贝尔化学奖。这也是筑波科技园区的首个诺贝尔奖。

为了建设具有全球影响力的科技创新中心，日本政府努力朝着打造全球化创新特区的目标迈进，筑波科技城已经成为日本在先进科学技术方面向美欧挑战的重要国家谋略之地。有超过100家的跨国企业和日本大企业在筑波设立了自己的研究所。同时，大力引进西方先进技术，进行综合集成，优势互补，因而起点很高。筑波科学城由日本政府主管，并设置了"筑波研究机构联络协议会"负责协调各方工作。

（二）主导动力：政府全力支持

自20世纪80年代末以来，在日本政府的全力支持下，国家研究机构全部预算的50%左右投向筑波新城的政府研究机构。在筑波科学城建设过程中，日本政府提供了较为完善的法律法规支持，如专门针对高新技术园区制定了《高技术工业聚集地区开发促进法》等，以及与高新技术园区相关的《技术城促进税则》《增加试验研究费税额扣除制度》等优惠税收政策。此外还有一些其他优惠措施，如减免税、发补助金、低息长期贷款等，在筑波科技园区发展过程中，政府的资金投入占主导地位，为基础研究提供了很好的资金支持，也加速了城市的发展。

在园区建设初期，政府投入了1.3万亿日元。为了提升筑波科技新城的名气，1985年政府在筑波举办了国际科技博览会，并以此次大会为契机，全力打造筑波的商业设施和交通系统建设，完善了投资环境。此外，日本政府还充分调动企业和社会的财力，发挥民间的积极性，资金来源主要靠地方公开团体、财团和企业、财团与政府合建，投资渠道的多元化为筑波的发展注入了长久的发展动力。

（三）综合性政策扶持创新

政府愿为科研高投入，创新一定是综合性政策扶持，在德国，虽然政府主导的创新体系成功，但仍然习惯居安思危，不断对其进行反思和完善。中国等新兴国家明显加大对教育、科研的投入，也使德国深感投入不足。联邦教育与研究部发布《2014年德国研究与创新报告》，提出了包括推进高科技战略、促进国际化战略、推动科研体系革新、大力发展教育等一揽子应对措施。

在2014年2月，德国研究和创新专家委员会向默克尔总理提交年度报告，指出当前德国创新体系存在诸多问题，包括科研人才外流加剧；受劳动力市场等限制，引进紧缺人才难；缺少促进知识和技术转化的中介机构；信息安全受到威胁等。9月，德国联邦政府又通过新的高科技战略，其重点是促进高科技科研成果以最快速度转化为产品，将德国打造成为世界创新冠军。

六、文化管理创新保障制度坚强有力

（一）政府部门应完善多样性服务，为企业“走出去”创造良好环境

在政策扶持上，应不断加大对“走出去”企业的财政支持力度，为“走出去”企业注入鲜活血液。可探索推行多种专项基金扶持方式，重点支持对外直接投资或对外合作共建的“大、好、高”项目。同时应探索相关政策，为“走出去”企业提供更优惠的政策服务。在管理方式上，应发挥政府联动效应，联合多级政府主动探索企业国际化的审批和管理体制。在保障服务上，应不断拓宽服务范围，探索构建保障“走出去”秩序稳定的支撑平台，打造预防“走出去”环境风险的综合防控体系，做到保障服务更全面、更精准、更高效。

1. 侧重运用政府政策资源，从上往下政策性因素推动创新

国家发改委在门户网站开辟 PPP(即政府和社会资本合作)项目库专栏，公开发布 PPP 推介项目，鼓励各类社会资本通过特许经营、政府购买服务、股权合作等多种方式参与建设及运营。2015 年 4 月 18 日，国家发改委印发了《关于进一步做好政府和社会资本合作项目推介工作的通知》，要求各地发展改革部门尽快搭建信息平台，及时做好 PPP 项目的推介工作，更好地鼓励和引导社会投资。当前，我国多元化、多层次资本市场体系还未完全建立，文化企业融资模式在很大程度上仍然是通过商业银行或投资商获得发展资金，从上往下政策性因素推动创新，发挥商业银行对文化产业融资的主渠道作用。上海首家民营银行——上海华瑞银行目标为“服务小微大众、服务科技创新、服务自贸改革”专门设立了“科创金融服务中心”，积极与知名 VC 机构合作，推进投贷联动模式的探索。

侧重运用政府政策资源，金融领域创新活动，展开更多投资项目。2014 年 4 月 14 日财政部会同工信部、科技部、商务部联合发布《中小企业发展专项资金管理暂行办法》，根据办法，专项资金运用无偿资助方式，对科技型中小企业创新项目按照不超过相关研发支出 40%的比例给予资助，每个创新项目

资助额度最高可达300万元。中小企业发展专项资金，是指中央财政预算安排，用于支持中小企业特别是小微企业科技创新、改善中小企业融资环境，加强国际合作等方面的资金。专项资金综合运用无偿资助、股权投资、业务补助或奖励、代偿补偿、购买服务等支持方式，采取市场化手段，引入竞争性分配办法，鼓励创业投资机构、担保机构等支持中小企业，充分发挥财政资金的引导促进作用。

构建多层次、多元化的直接融资市场体系。在股票市场上，通过“政府鼓励、行业推动、企业主导、投资机构参与”的模式，加快文化企业在中小板、创业板或者主板的上市步伐，推动文化企业在股票市场融资的规模，例如，宋城演艺发展股份有限公司打造中国文化演艺第一股、国内最大的民营旅游投资集团，一家市值达150多亿元的上市演艺公司，旗下宋城演艺拥有23个剧院，39100个座位数，成为世界上拥有剧院和座位数最多的演艺公司。宋城演艺发展股份有限公司的千古情系列演艺作品，一台演出，18年来上演了1.6万余场，4800余万人次的观演量，一部千古情系列演艺作品所创造的年产值达4亿元。

在债券市场上，逐步放松发债企业规模限制，完善信用评级制度，鼓励文化企业通过发行企业债券、私募债、中票等方式筹集资金，或通过行业协会或文化园区组织中小文化企业发行集合票据；创新文化产业信贷产品，开发适合文化产业发展的信贷产品及贷款模式，商业银行探索联保联贷等方式向中小文化企业提供金融支持，鼓励保险机构开发适合文化产业发展需要的保险产品，分散银行对文化产业的信贷风险。

加快配套制度和中介服务体系建设。设立文化产业管理办公室，加强文化企业与政府经济管理部门、金融监管部门、创业风险投资机构、担保公司等力量的联动，建设金融支持文化产业发展的综合服务平台；出台《文化产业信贷贴息与风险补偿办法》，政府对商业银行针对文化企业发放的创新性信贷提供贴息与风险补偿金，对为文化企业提高信用担保的金融机构给予资助或政策优惠；实行文化产业内税收返还与减免政策，可对不同种类的文化产业和不同社会效应文化产品与服务实行差别税率，对民营资本设立专门投资文化产业的风险投资和私募股权机构给予一定的税收优惠，对个人和社会团体投资文化项目的给予减免一定比例的所得税优惠；推动抵押、担保、评估金融机构的发展，建立版权、著作权等无形资产的评估和交易平台，明确规定版权的抵押、担保、质押制度及版权评估制度，制定合理的版权评估标准及办法，解决文化企业的无形资产定价难的问题。

2. 文化管理创新体制和机制创新体系具有可控性和可实践性

(1) 实施专项资金建立部门共管、专家评审、项目公示、追踪问效的全过程协作管理机制，加强绩效评价及结果运用，实现资金分配的激励和约束。2014年4月14日发布的《中小企业发展专项资金管理暂行办法》明确，此前相关部门发布的《中小企业发展专项资金管理办法》《中小企业信用担保资金管理办法》《地方特色产业中小企业发展资金管理办法》《科技型中小企业创业投资引导基金管理暂行办法》等多项与中小企业发展相关专项资金管理办法同时废止。整合后的专项资金安排专门支出，支持和鼓励科技型中小企业研究开发具有良好市场前景的前沿核心关键技术，支持中小企业围绕高技术服务等领域开展科技创新活动。专项资金运用无偿资助方式，对科技型中小企业创新项目按照不超过相关研发支出40%的比例给予资助。每个创新项目资助额度最高不超过300万元。同时，引导基金运用阶段参股、风险补助和投资保障等方式，对创业投资机构及初创期科技型中小企业给予支持。引导基金给予每个项目投资前资助额度最高不超过100万元，用于补助“辅导企业”高新技术研发的费用支出。创业投资机构对“辅导企业”实施投资后，引导基金给予每个项目投资后资助额度最高不超过200万元，用于补助“辅导企业”高新技术产品产业化的费用支出。

(2) 要建立符合市场经济要求的信用体系，提升信用水平，从而使投资者和信贷金融机构看得清、有信心，文化产业可以获得想要充足的资金支持。可以借鉴国外影视的经验，由政府、影视企业共同出资，组建针对影视投资项目进行评估的公司，配套成立相应的影视担保公司，拓宽影视行业融资渠道；同时要整合、引导、完善金融机构加快形成对影视项目进行资信评估和投资咨询的业务能力，进而建立完整的金融引导和控制链，配套以多种融资渠道和税收、利率等方面的优惠，整合各方面的资金资源，保证影视企业的正常运作。

(二) 信贷支持文创产品

多部正能量影视作品能够如约上映，金融“推手”至关重要。《战狼2》《湄公河行动》等影视作品的出品方、发行方的金融支持者，恰是北京银行。2008年5月，北京银行、华谊兄弟传媒股份有限公司支持文化创意产业发展战略合作协议签字仪式举行。北京银行以电视剧电影版权质押方式为华谊兄弟提供1亿元“打包贷款”，用于华谊兄弟制作的14部电视剧。银行对“打包”贷款范围内的影片和电视剧进行全面评议，选取不同类型、不同档期、不同成本的影片打包，通过分散风险提高贷款资金的保险系数。这是国内首家以版权质押方式推出影视剧的经典案例，开创国内版权质押先河。如今市值已超150亿元的博纳影业，创业初期即与北京银行开展合作。北京银行对博纳影业的贷款已从最初的几百万元，增长到目前累计发放贷款超过8亿元，打造票房口碑俱佳的优秀影片。

（三）多元化的文创服务体系

侧重从下往上全局统筹，普惠政策、各类金融政策推动创新作用。见证优质出版企业的成长，扶持优质影视企业壮大，运用国际通行运作模式“完片担保”方式，提供相应的金融服务，担保一部影片能够在预算内完成，“完片担保”并不保证一部影片的盈利能力，而且对电影工业标准化要求极高。有关“完片担保——影视金融产品本土探索”，在2014第17届上海国际电影节举办论坛，认为“完片担保”签约项目被视为补上中国电影走向工业化的重要一环。

可以建立创业担保基金，用来满足影视企业不同发展层次的需要。由于我国文化产业产值较小，传统金融机构对其缺乏足够的重视，且手续繁杂、周期过长很难满足文化企业融资时效性要求，建立专营文化产业金融服务的中小型金融机构，为文化企业提供专业化金融服务，能够提高文化企业融资效率。利用互联网技术创新文化产业融资方式，带动整个产业快速发展。在2014首届上海互联网金融博览会上，互联网金融企业包括P2P、小额贷款、融资担保、典当、第三方支付、融资租赁、保理等，近百家金融企业参展，博览会上的上海互联网金融论坛，围绕“互联网金融如何更好、更强、更有力地支持中小微企业以及文化影视艺术品”主题展开，侧重推动文化创新发展。

新兴融资模式鼓励文化创新，例如，众筹模式(Subscribing)适用于音乐、电影、漫画等，艺术银行、基金会(财团)、文博会展基金、小微企业、民办机构，非营利性机构、社会企业、专业管理机构、公益机构、商业机构等，运用众筹模式(Subscribing)的众筹网站近来风生水起，在国外，众筹已被正式界定为互联网金融的新模式，2009年在美国成立的Kickstarter，被誉为“众筹网站的鼻祖”，成立至今，已有逾5万个项目通过该网站获得资助，资助者超过500万人次。2012年4月，美国总统奥巴马签署了《创业企业融资法案》，该法案增加了对众筹的豁免条款，使创业公司可以通过众筹方式向大众进行股权融资。由于门槛较低，众筹逐渐成为初创企业和个人创业者的融资渠道，比如梦立方就设有专员到上海各大孵化器收集襁褓中的创业梦。

面对互联网对经济环境的改变，中国电影应该拥抱互联网的声音此起彼伏，包括娱乐宝、众筹等在内的新兴电影融资方式受到市场关注，具有创新精神和专业素质的年轻人制作的一些小成本电影，由于在票房和院线资源上的优势不明显，在融资方面很难给出资方可靠的保障，有的中小影视企业为了筹集影视拍摄所需要的资金，不惜冒险去办理高利率借贷甚至是民间借贷，融资难成为中国电影产业持续良性发展的一大屏障。所以，电影投融资模式主打“众筹电影”概念，电影消费和盈利模式都将发生变化。众筹思维就是人人都可做投资人，一群欣赏这款遥控器的普通人，既有投资2万元的超级粉丝，也有花10元“意思一下”的围观者，在这个平台上，投资者并不需要腰缠万贯，也不一定要有专业眼光，唯一需要的，就是和项目发起人“气味相投”。众筹是一种思维方式，即“几个人、凑点钱、干票大事”，通过众筹，个体行为可以变成一件大事，有了特别的意义。新兴融资模式告知影迷粉丝，可以通过互联网的方式投资到他们看好的影视作品中。

作为网络时代新兴的投融资平台，任何人只要有个足以打动别人的想法，放到网上一吆喝，往往就能筹到钱。国内知名众筹网站“点名时间”，在首页的21个项目中，未达到预定筹资目标的只有1个，其中一款原本只计划筹资1万元的无线遥控器，短短13天就收获27万元。由于尚无相关法律出台，在现阶段，国内众筹项目很大程度上依赖于诚信和自律，当务之急，需要解决电影互联网融资领域信息不透明、风险提示不到位等问题，确保投资者风险和收益的对等。众筹网站采取更加慎重的操作模式。例如点名时间并没有像Kickstarter那样，在第一时间把筹集到的全部款项支付给项目发起人，而是先付50%，待项目完成并确认所有出资人均已收到回报后，才会补付余下的筹款。

在中国电影市场，阿里巴巴、腾讯为代表的互联网公司入局电影业，阿里巴巴推出娱乐宝，主打“众筹电影”概念，分别于 2014 年 3 月 26 日、6 月 13 日发行了 2 期，总规模达 1.64 亿元，有近 50 万人参与抢购。娱乐宝不仅改变了电影融资模式，也从前期投资捆绑了老百姓的后期消费，电影传统的消费和盈利模式都将发生变化。众筹模式的兴起让电影市场对融资的便利性充满期待。这种看似理想的电影融资模式，归根结底还是一款金融理财产品，只是变了一种“玩法”，例如，“娱乐宝”投资者不管电影票房如何，都将得到 7% 的预期收益，产品的购买者并非真正投资人，因而没有机会分享到优质影视项目超额投资回报。国外成功的经验证明，如果产品没有新意，在众筹平台上很难吸引注意。尽管国内众筹平台“点名时间”上出现过《十万个冷笑话》、《大鱼·海棠》影视类“众筹”人气项目，但绝大多数项目感兴趣的人并不多。何况，影视行业投资属于高风险投资业务，有很高概率给投资者带来损失，并不适合追求低风险固定收益的普通投资者。目前，要改变国产电影的融资环境，革新传统模式，成为电影融资的主流方式，“众筹”方式还有很长的路要走。

（四）直接融资与间接融资

拓宽直接融资渠道，加强间接融资支持力度，打破社会资源无法进入文化项目瓶颈，允许和鼓励多种形态创新主体，包括融资、投资、捐助等方式，以及基金、创业项目等，例如，福特、洛克菲勒基金和罗伯特·博世基金会，助推文化领域创新发展。在 2014 年 6 月，魔方游戏投资基金在上海成立，主要合作者包括上海联创永宣创业投资基金与上海海通创意资本管理有限公司，主要管理者为著名手游发行公司上海晨之科信息技术有限公司。魔方游戏投资基金首期规模预计达 2 亿元人民币，主要致力于手游产业各环节深度合作。上海晨之科公司是专注于在移动互联网游戏产品发行及新技术开发的科技企业，由上海文化产业基金投资，是上海最大的游戏代理发行公司之一；在运营商发行和渠道发行方面兼具雄厚实力，运营发行的国内外大型单机和网络游戏超过 50 款，其核心团队精通运营商业务体系，与各大移动渠道有着深入的战略合作关系。

(五)创新投资运营机制

2014年国务院印发《关于创新重点领域投融资机制鼓励社会投资的指导意见》部署激发市场主体活力和发展潜力,稳定有效投资,创新投资运营机制、推进投资主体多元化、创新投融资方式。建立健全政府和社会资本合作(PPP)机制,引入社会资本,增强公共产品供给能力。充分发挥政府投资的引导带动作用,优化政府投资方向,改进投资使用方式,通过投资补助、基金注资、担保补贴、贷款贴息等方式支持社会资本参与重点领域建设。

运用"服务+投资"模式增加手游企业的创业成功率。网络游戏产业开拓者、艾蒲谷(上海)网络科技有限公司则采取"服务+投资"的模式,建立"最强投资圈",具有影响力的游戏企业包括游族、盛大、乐逗等,作为导师团成员和核心投资者,同时,联合50家最活跃的天使基金和风险投资基金,组成投资联盟;还由普陀区创造"最佳孵化条件",为每家入住创业者提供免费"拎包入住"条件,免费提供软硬件设备与网络,并提供不少于10万元的创业扶持资金;创新基地汇聚"最佳产业资源",与世界第二大游戏展ChinaJoy全面合作,被孵化企业可以免费参加"游戏开发者大会"、获得商务推广机会。微软搭建平台,为游戏开发创意人才和创新型企业提供技术指导和资金支持;在开发测试、市场推广到最终盈利的全过程中,微软公司为游戏开发企业提供多层次服务,微软平台整体优势在于为用户打造跨平台、跨设备的无缝应用体验。

针对手游行业的并购热潮,上海普陀区借助于政策先行、制度创新、平台建设等手段,打造并购金融集聚区,依托新落户的上海联合产权交易所和长风金融港,集聚各种并购金融要素,包括提供中介服务的并购投资顾问、包括证券公司并购金融部、会计师事务所、律师事务所、资产评估机构等并购专业服务机构,以及并购基金、股权投资、风险投资、产业投资基金等,这些金融相关机构有能力服务于移动游戏类的新兴行业。在风险投资方面,发展迅猛的手机游戏,是风险投资追捧的香饽饽。由微软(中国)有限公司、艾蒲谷(上海)网络科技有限公司和普陀区共同建设的"天地应用谷——全球移动游戏创新基地"已在天地软件园启动。作为中国第一个移动游戏创业孵化器,它将为创业者提供跨平台、跨系统、全链条、全方位的孵化和投资服务。

创新应该尽可能地降低风险但又不至于显得保守,才能进一步提高创业和产品创新的有效性和成功率,鼓励民营资本成立风险投资,风险投资支持中小企业创新，资金来源结构多元化。例如，发达的风险投资，促进中国台湾地区科技创新和高新技术产业发展上独领风骚，例如，当前中国台湾地区有200多家风险投资公司，在中国大台北地区拥有近100家创投企业。台湾当局于1994年开放保险公司和民间银行的资金，以开办创业投资公司，使风险资金来源结构多元化，同时，还对风险资本的提供者实行较大程度的税收优惠。在深圳、北京、上海的风险投资规模均已超过百亿元，且主要以外资和民间资本为主。

但是，风险投资不足仍然是创新软环境重要“瓶颈”，例如，电影是一个高风险行业，这种投资的盲目性往往伴随着较高的失败率。数据显示，每年院线公映的影片只占生产影片总量的不足1/3，相当部分电影的出路是被电影频道低价收购，或无声无息地被市场所淹没。当前我国电影业的风险投资，主要以股本融资为主，即投资者出资制作电影，投资者来自各行各业，他们聘请电影创作和经营管理人员，负责监制、导演、发行影片。一般来说，聘用人员不承担投资经营风险，由投资者对影片的风险负责并享有影片利润。这种模式更容易青睐大制作、名演员，有些并不专业的投资者片面地认为这些因素会带来电影票房的成功。

其他融资方式，包括可以成立私募股权公司，直接投资文化项目；成立文化项目信托产品，以稳定的收益预期吸引社会资金购买，创新文化产业信贷产品；利用金融衍生品市场获得资金，鼓励文化产业重大项目资产证券化，延长融资链条；支持文化企业以版权、著作权等在产权交易所进行知识产权交易；利用新三板扩容的契机，促进文化企业在新三板的挂牌和交易。

另外，支撑对外开放，境外资本投资体育产业，开发体育文化领域新产品和创新服务，满足经济社会发展的需要，建设全球著名体育城市，实现集群化、高端化、融合化、特色化和品质化发展，以体育文化及相关产业融合发展为支撑，打造体育产业集聚区，加快聚集体育资源，通过调整吸引外资的政策来促使外资更多投向体育文化产业。

在吸引社会投资方面，拓宽体育产业投融资渠道，各类金融机构在风险可控、商业可持续的基础上积极开发新产品，开拓新业务，推广和运用政府和社会资本合作等多种模式，吸引社会资本参与体育文化产业发展。政府引导，设立由社会资本筹资的体育产业投资基金。有条件的地方可设立体育发展专项资金。支撑符合条件的体育文化产品、服务等企业上市，支撑符合条件的企业发行企业债券、公司债、短期融资券、中期票据、中小企业集合票据和中小企业私募债等非金融企业债务融资工具，鼓励增加适合中小微体育企业的信贷品种。

第二十七章
深化国际贸易投资和国际金融合作

促进文化与金融的对接与合作，有关部委协同攻坚，通过科学制度安排，让金融成为一池活水，更好地浇灌文化产业，促进融合发展。金融市场功能创新，文化创新与金融的对接，在2014年3月，文化部、中国人民银行、财政部三家联合发布关于深入推进文化金融合作的意见，中南传媒旗下财务公司获得国内上市文化传媒行业的首个金融牌照，开“产融结合”之先河；同时，把财政政策和产业、行业、金融政策结合起来，建立多部门联动机制，形成政策合力。

一、多边金融机构设立

亚洲基础设施投资银行的设立，获得国际社会的广泛欢迎，亚洲基础设施投资银行是首个由中方倡议设立的多边金融机构，重点支持基础设施建设，促进亚洲区域的建设互联互通化和经济一体化的进程，并加强中国及其他亚洲国家和地区的合作，法定资本1000亿美元。亚投行的成立为不同区域间的合作、发达国家和发展中国家的合作提供了新的平台。在2013年10月提出筹建倡议，已经拥有80个正式成员，它是以发展中国家为主体、包括大量发达国家成员的机构，成为推进南南合作和南北合作的桥梁和纽带。

（一）建设全球人民币交易主平台

推动金融改革，在经济全球化，人民币国际化的进程中贡献力量。建设国际金融中心，在上海自贸区，很多金融功逐步落地，上海的金融服务处于国际领先城市，世界几大洲的156家外资金融机构进入上海，看似“亚洲华尔街”，迹象表明，人民币国际化加速前行，步入快车道，全球人民币付款价值实现增长。外汇交易中心陆续推出人民币对日元、澳元、英镑和新西兰元等外币的直接交易。对欧元的直接交易开闸，意味着人民币对主要经济区域的货币都实现了直接交易。

虽然人民币不可能完全取代美元而成为国际货币中的主导货币，但肯定会成为国际货币当中的重要组成部分，国际货币体系从“美元独霸”向美元、欧元、人民币等多元货币体系过渡。直接推动人民币的国际化进程。人民币的国际地位重要，建全球人民币交易主平台，创新服务人民币的国际化项目，走好国际化道路，人民币可直接交易的外币多了，对外贸易中使用人民币计价、结算的比重上升，对大规模贸易往来合作提供便利。

（二）全球贸易投资便利、自由化

上海区域内的名牌企业中国外汇交易中心等金融市场和机构在沪加快创新和发展，推动上海各金融要素市场、自贸试验区国际金融服务平台建设，推进自贸试验区金融开放创新和上海国际金融中心建设。以建成全球“人民币交易主平台和定价中心”为目标，中国外汇交易中心服务对象达2000多家法人机构、7000多家交易账户、2万多家信息和监管用户，日均交易量已超过1万亿元。SWIFT数据显示，人民币在全球主要支付货币中排名第7位，占有全球付款率的1.64%；全球超过1/3的金融机构已采用人民币作为中国内地及香港地区的付款货币，表明人民币作为支付货币已经在全球范围内得到广泛支持。

德意志银行发布的一份关于中欧经贸关系的研究报告称，当下在欧盟与中国双边贸易中，人民币结算所占比例不足10%，报告认为10年后欧盟与中国双边贸易中人民币结算所占比例将达到40%。人民币与欧元实现直接交易的意义非常大，欧元是除美元以外最大的货币，直接交易可以降低经济主体汇兑成本，促进人民币与欧元在双边贸易和投资中的使用，有利于贸易投资便利、自由化，深化贸易投资和金融合作。

二、赋予国际金融话语权

人民币“入篮”，进一步赋予了中国在国际金融、经济体系中更大的话语权。人民币“入篮”背后是中国作为世界第二大经济体的全球影响力与日俱增。人民币影响力扩大与中国经济实力相匹配。人民币“入篮”也进一步提升了人民币国际化程度。随着经济发展和更加开放，中国经济与世界经济逐渐融为一体，人民币在国际市场的贸易结算、金融流通、储备货币等方面功能逐步拓展，国际市场对人民币需求得以提升。

(一) 人民币“入篮”

人民币“入篮”还推动了 IMF 改革和国际货币体系改革。以前从未有新兴经济体货币被纳入 SDR，中国作为新兴经济体代表，其货币“入篮”具有重要历史意义，加强了新兴经济体在国际金融体系中的地位，也将对建立更为公正的国际金融秩序作出贡献。2015 年 11 月 30 日，IMF 宣布将人民币纳入 SDR，与美元、欧元、日元和英镑共同构成新的一篮子。人民币现已正式加入 SDR，使得人民币国际适用范围扩大。据环球同业银行金融电讯协会统计，截至 2017 年 6 月，全球有超过 1900 家金融机构使用人民币作为支付货币。新加坡、俄罗斯等 60 多个国家和地区将人民币纳入外汇储备。

(二) 深化全球贸易投资和金融合作

以简化流程、跨境使用便捷化为宗旨的相关政策不断完善和落实，跨境人民币贸易和投资结算业务规模平稳增长，结构有序改进，人民币国际化进程向纵深推进，2014 年以来，人民币全球清算网络建设进展迅速，先后签署了人民币清算安排合作备忘录，涵盖了欧洲的伦敦、法兰克福、巴黎、卢森堡等地，同时在韩国首尔也建立起了人民币清算系统。人民币国际清算初步形成全球网络，人民币清算系统目前覆盖亚洲、欧洲、澳洲等主要地区，提供 24 小时不间断服务，人民币清算全球网络初步建立。

将人民币稳步推向国际货币舞台中心的是中国的贸易规模和人民币的全球贸易结算份额。从中国目前的情况看，发展最快的是跨境贸易结算，成为支持人民币国际化最主要的渠道。什么是人民币国际化？有一种定义认为，人民币能够跨越国界，在境外流通，成为国际上普遍认可的计价、结算及储备货币，这一现象就是人民币国际化。这个定义说明了人民币执行货币职能的范围从境内走向境外，可持续的人民币国际化进程，要求中国在国际分工网络中具有强势地位，以此为基础，在货币交易网络中实现人民币的广泛使用。

人民币跨境支付清算系统落沪，上海市政府与中国人民银行签署《关于加快上海金融市场基础设施建设的务实合作备忘录》，备受各方关注的人民币跨境支付清算系统(CIPS)最终花落上海。根据《备忘录》，中国人民银行积极支持上海金融市场基础设施建设，决定将以人民币全球支付清算为主要功能的CIPS系统落户上海。人民币交易网络在全球范围内确立。全球主要的金融中心都在角逐人民币离岸中心的地位。无论是先行的香港、新加坡，还是后来居上的伦敦，抑或是令人充满期待的上海，都将极大地促进人民币国际化。

第二十八章
鼓励和包容创新主体多样性

鼓励和包容创新主体多样性，是文化创新的基础之一。在西方发达国家，国家创新体系形成政府、研究机构和私人企业多方参与、统筹协调的复杂系统，培育多元创新主体，提升创新能力。公立非高校研发机构的特殊地位，私人企业仍然是研发的主要力量，大约占有 67.8%份额。对于萌芽中的小型民营企业创新来说，德国国家创新系统也有一系列机制协助中小企业提高技术水平和创新能力。在德国，中小企业研发能力不容小觑，创新主体规模不很大，但是在国际细分市场上占领先地位，中小企业的研发投入平均达到总收入的 6%。

一、创新体系主体多元化

创新是欧盟经济增长与竞争力的关键，也是欧盟“2020 战略”的核心。欧盟预计追加 830 亿欧元投入创新研究以及中小企业的发展，欧盟呼吁各成员国加大对于科研创新经费的投入，将平均仅占国内生产总值 2%的研究投入比例增加至 3%。欧盟还发布了一系列针对各成员国改革创新政策的具体建议。德国政府和企业及时调整产业结构，加强经济增长的可持续性，机械制造领域优秀的中小企业是德国制造的中流砥柱，它们在全球范围内都是所在行业细分市场上的佼佼者。善于对自身产品和流程工艺进行持续的革新，德国机械制造领域出口产品虽然份额不大，但是种类非常多。强调竞争，极大推动德国中小制造企业的进步。

保持和拥有全球最强的科技研发与应用能力，着力推动国家创新体系主体多元化，美国联邦政府实验室、大学、非营利性研究机构、私营企业共同参与科技研发。美国政府的研发预算高居世界各国榜首，占国内生产总值的比重也始终居于发达国家前列。英国成立商业、创新和技能部战略建议部，创新体系主体多元，在未来的全球竞争中，科技创新将是英国取得优势地位的核心因素，是提振生产力和吸引商业投资的关键所在，对解决和应对诸多社会问题具有决定性意义。在科研领域的学术实力、高校科研机构和商业环境方面，英国目前居于世界领先地位。

借鉴西方发达国家经验，提高文化强力主体规模化、集约化、专业化水平，克服我国文化发展的多元主体缺乏，许多领域存在国有文化结构一家独大的情形，在文化科研开发中存在不同程度的不平等现象。注重文化与科技融通，建设整体文化实力，包括培育大批科技型文化机构，克服许多政策相互不配套，减少损害多元文化主体成长的积极性等问题。

二、协同创新，助推建设对外开放新体系

加快转型升级，深化结构调整，实施创新驱动发展战略，着力推进“产业链工程”，用技术创新促进传统产业优化升级，服务器能在全球应用中重要的作用。发挥全球前五位的服务器企业中，有一半以上是中国企业，服务器产业实现了从跟随到并行再到领先的跨越式发展，注入科学基因，带动行业整体技术和能力的提升。

（一）协同发展，瞩目新经济气质

新兴经济蓬勃发展，互联网成为推动国家创新的重中之重，移动互联网、云计算、大数据、物联网、人工智能等新一代信息技术加速向经济社会各领域渗透，与实体经济深度融合，信息技术已成为科技创新和产业变革的核心驱动，满足人民日益增长的美好生活需要，必须持续不断加大创新力度，重视强化自主创新能力、发展自主品牌，建造全球规模最大的光纤宽带网络和4G网络，使实践创新享受到信息化应用。

“互联网＋”激发创客活力，在鼓励互联网人才创新创业的大环境下，大众创业、万众创新，探索取得更多引领性成果，成为互联网时代鲜明的印记，国

家加大对创新创业平台的扶持力度，在国家层面推进各行各业各类创新、创业平台的整合和利用。加快进行智能网络的研发和顶层设计，为抢占未来全球人工智能的制高点，加快推进新一代人工智能技术的发展，提供可靠的网络基础。

技术创新的突破是国际竞争力提升的根本所在，坚持创新，对信息技术、信息产业的快速发展起到关键的支撑作用，以互联网为代表的数字经济，加强应用基础研究，拓展实施国家重大科技项目，突出关键共性技术、前沿引领技术、现代工程技术、颠覆性技术创新，建设科技强国、质量强国，重视创新带来了产业技术的变革，提升了企业竞争力，促进了经济结构的转型。信息化深刻改变着我国行业，前沿科技的发展对于促进共享经济的繁荣至关重要。金砖国家领导人厦门会晤上提到，智能制造、数字经济、共享经济等带来了创新发展浪潮，成为人工智能等前沿科技方面的领导者。

（二）乘着信息化、新技术的春风，努力培育新产业

有了网络强国、数字中国、智慧社会等政策的有力支撑，科技含量更高了，在互联网的驱动之下，一批企业跻身全球性高成长、高估值企业，成为这波科技革命浪潮中的弄潮儿。与网络平台进行合作，用高科技手段表现丰富文化创意，能极大促进产业升级换代，拓展融合新领域、新范围，使得行业开始有了加速度，科技进步对文化经济增长的贡献率增强。

三、全球新浪潮，文化与科技的协同创新

科学技术推动文化创新，改变着对外传播方式，新闻传播的生态环境发生了深刻的变化，文化信息传输服务业发展迅猛，文化与科技融合成为推动文化产业快速发展的强大引擎，以“互联网＋”为主要形式，在更广范围、更高层次、更深程度上融合发展，网络文学、网络音乐、网络电影、网络演出、网络动漫等新兴文化业态快速发展，为文化产业发展集聚新动能。

（一）全球传播力，打造强势网络话语平台

科技发展对经济社会发展的影响是全局性、根本性的，有些地方还是突破性的，甚至是颠覆性的，不仅带来文化领域的新变化，而且使文化与科技发

展深度融合，以科技创新为核心，引领产品、产业、商业模式等创新。加快重大项目的实施，放大文化产业的裂变效应，使博物馆展陈、舞美设计、电影装备、印刷出版等文化行业插上科技的翅膀，借科技创新“蜕变”，从娱乐渗透到生产生活的方方面面，实现产业升级，为社会经济注入新动能。

传播手段的创新，使文化服务业快速增长，信息与通信技术在知识经济的发展过程中处于中心地位，进一步发展文化生产力，让国内传播与国际传播相互融合，升级为更具想象力和创新潜力的“全球传播”。要在世界范围内提高本国文化的知名度，必须起而行之，要“走出去”，通过扩大和提升文化的影响力和感染力，让其广泛传播，传播愈广则传承愈久，各国都注重文化交流。

（二）“新四大发明”全球推广

跟国际同行站在同等对话的高度，众多传统文化利用科技手段创新和推广，让“中国故事”“中国精神”快速有力地传播。而随着交流频率的提高，文化产业呈现竞争态势——谁的创意新，互动好，谁的胜算就大，就能扩容文化国际市场。互联网科技丰富文化消费的渠道，能更好地满足日益增长的精神文化需求，作为中国“新四大发明”之一，共享单车借助于数字技术和商业模式创新，创造性地满足了用户出行“最后一公里”的需求。短短几年，用户数就飙升过亿，并走出国门，成为“中国创造”的新标签。

国际文化贸易与科技信息融合发展战略，创新不等同于发明创造，也不仅仅是针对技术，它是将新产品、新技术应用推广的一种新的模式。国务院2016年12月印发的《“十三五”国家战略性新兴产业发展规划》中，第一次将“数字创意产业”列为要重点培育的5个产值规模达10万亿元级的新支柱产业之一。高新技术的应用，从企业角度来看，精准创新，选择什么样的技术很关键，在“文化科技融合”这一战略思想的主导下，打造基于数字技术的全产业链系统，通过与实体经济融合发展，助力经济发展方式的转型。

四、持续创新，培育向世界扩展的“桥梁”

行业创新路径新模式多管齐下，驱动发展战略加速度，高科技含量的包括网络信息业、软件业、网络视听业、数字出版、动漫游戏业等，改变了文化产业的生产方式，产业边界就不断拓展，高新技术广泛应用改变文化贸易产品赢利模式，建立国家级示范区，其文化贸易领域高新技术运用。文化贸易高新数据库营销与管理、战略绩效管理信息系统建设，营销网络体系辐射国内外。

（一）创新路径和模式多管齐下

在经济辐射中，先进区域存在着辐射，传递先进的科学技术、资本、管理经验、信息等，传递了先进的思想观念、思维习惯，能够缩小与落后者在经济发展水平上的差距，辐射的速度和程度与其距离有关。培育向世界扩展的“桥梁”，美国麻省理工学院的创新氛围浓厚，同时又非常国际化，从教师到学生再到研究团队、管理人员，都来自世界各地，很多研究中心是跨学科的，跨学科可以让创新研究容易取得突破，合作可以打破壁垒沟通交流，学习最前沿的思维。

全球的经济与文化一体化趋势加强，建成具有全球领导力、辐射力和竞争力的科技创新中心、在经济发达的国家或城市，辐射距离越近、其辐射越充分、辐射的速度越快，辐射的程度越高，例如，中国（东莞）国际科技合作周，对接独联体、北美、中韩、意大利等科技合作项目，东莞国际科技合作周始办于2004年，促成各类科技和人才合作项目2000多项，与20多个国家和地区建立合作关系。

（二）移动性与连接性

跨界创新成功注重新技术应用，模式足够新意，新的经济增长点就可能形成。风起云涌的互联网经济，扮演一种引领发展的新角色，已经给传统产业和商业模式带来了很大的挑战和影响，对于国际社会来说，互联网这个“加湿器”正逐步深入社会生活更深层次、更广领域，使群体的聚合变成可能。克莱·舍基以互联网渗透度来考量，认为未来中国的渗透度会达到46%～47%。在当前情况下，还有非常大的市场增长潜力。市场的需求，正是支撑企业创新的最大动力。

（三）“湿世界”赋予创新更多可能

克莱·舍基（Clay Shirky），研究互联网技术社会和经济影响的美国知名作家，2009 年曾出版《未来是湿的》一书，在全球范围内引发人们关注。他对互联网时代有着独到见解：这是一个“湿”的世界，他所著的《未来是湿的》，是指借由 QQ、博客、维基百科这样的社会性软件，使人与人之间充满了人情味，变得“湿乎乎的”。

在你所属的社会群体中，如果每个人都在网上，你就可以确定使用在线工具协调这一群体的社会和商业生活。不仅是因为技术上可行，更是因为互联网上的社会密度终于赶上了技术的步伐。这种借由“湿件”（也就是 Wetware）和网络技术所聚合的力量，已经从量变走向质变，从线上跨越到现实世界。未来，全球——无论是虚拟世界还是现实，都将是一个全新的“湿世界”在任何一个行业，把信息嫁接到互联网平台之后，就会发生奇妙的变化，催生出各种各样的形态，而创新的萌芽就在其中。这种影响还在进一步加深。知识贡献率应当就是由于技术水平提高给社会所增加财富在整个社会产出中所占比重，科学和技术研究开发日益成为知识经济的重要基础，信息与通信技术在知识经济的发展过程中处于中心地位，在总体上以智慧科技为重要基础，以智慧管理为主体形态，以智慧文化为理想目标的战略定位。

（四）文化智慧集成化创新

智慧知识是知识经济的“神经元”；智慧知识系统，是知识经济的“基础构件”。到底什么是知识，现有的源于国外的“4 个 W”（即 know—what，know—why，know—how，know—who）以及国人所加的几个 W 的认识，对知识的形态与分类作了表述，从不同角度说明了知识的属性。广义上，知识是人类通过社会实践对自然界、人类社会和精神领域的现象和本质所获得的认识的总和，是一种聪明智慧，能够用以指导人类再实践的感性认识和理性认识。知识的重要特点在于能够循环利用，不会消耗和枯竭，知识与智慧相伴，因而是一种极好的可再生资源。

借助于发达的社交平台，文化智慧需要包装“走出去”，还需设计好的互动载体“走出去”，要顺应时代潮流，设计得越有创意，越生动，就越有吸引力，其效果也就越好。互联网经济是未来发展的趋势，兼容物联网、云计算、互联网等关键技术的集成化主平台，社会发展水平决定于其高层次知识水平如何，文化载体设计对于各类高层次知识的引进、消化和吸收具有重要意义。

知识经济系统理解为精神财富的再生产过程与物质资料再生产过程相耦合的系统，其主要特征是能动性、创造性和无限性。在知识经济社会，交叉融合加速，打出“融合”牌——文化与科技、旅游、金融、创意融合的内容，应对新技术革命突飞猛进带来的文化产业发展，“融合”创新助力文化产业二次腾飞，创意产业和创意工业就可以和全球市场连接，加强新技术在人文科学领域的发展和运用，新兴媒体已经成为非常重要的话语平台。

（五）全球市场体系空间

在大数据时代，信息开放是主流和大趋势，互联网和手机短信等新兴媒体具有分散、多点、互动、海量、无界等特点，为话语权的辐射提供了十分巨大的空间，由于互联网和手机网络科技含量高，又能为扩大话语权提供快捷的平台，许多发达国家都制定了互联网和手机网络发展战略。在加强话语权平台建设时，瞄准新兴媒体业态的发展前沿，以确保话语权平台能不断占领技术制高点，互联网和手机网络发展都比较快，如何整合政府部门网站、商业网站和民间网站，打造强势网络话语平台，成为当前需要解决的重大问题。

五、文化科技融合，激发创新活力

互联网和传统产业融合发展，提高竞争力，科技创新能力，如以熊彼特理论为基础的技术创新理论，认为竞争力优势主要是以技术及组织的不断创新为依托；以波特为代表的系统准竞争力优势理论，认为竞争力在于技术创新，进入 21 世纪以来，全球科技创新呈现出新的发展态势和特征，各方面经济资源和要素分工协作的体系化，科技创新活动不断突破技术、组织、地域的界限，演化为创新体系的竞争。

（一）创新顶层设计

在尖端科技以及未来领域，例如 ICT 技术、生物工程等领域，德国联邦政府于 2006 年推出了历史上第一个《德国高科技战略》(2006—2009 年)，就对科技创新促进政策进行统领、集中和协调，加强在一些有未来前途的科技领域对企业研发的直接支持(17 个领域)。而后，德国政府又进一步制定了更加全面系统的《2020 年高科技战略》。政府对社会经济发展的一种主动性促进能量，被誉为文化建设顶层设计层面的“大手笔”，国务院出台关于推进文化创意和设计服务与相关产业融合发展的若干意见，标志着文化创意和设计服务，以及与相关产业融合发展成为国家战略。

（二）联系感性讲理性，能够打动人

知识经济和城市经济的高级阶段实质是指一个崭新时代的经济，知识经济和城市经济高级阶段的到来，知识经济时代的生产要素的投入以知识性投入为主，知识经济时代的环境发展为可持续发展的条件，抓文化和科技融合示范基地建设机遇，提升文化创新能力和产业竞争力，创新驱动、转型发展摆在城市发展的首要位置，以创新为城市灵魂和发展引擎，以科技创新为核心推动城市全面创新。

南京市深入落实《国家文化科技创新工程纲要》，强化规划引领，邀请 12 位全国知名专家组建指导委员会，出台《全市文化科技融合发展规划》，明确发展四大融合产业和 12 个重点方向。在文化科技融合共性技术方面取得一批重大成果。知识经济是社会发展的高级阶段，南京云锦研究所依托国家科技支撑计划“织锦文化遗产数字化示范”，建设技术研发中心，突破工艺关键技术。创新金融服务，成立全国第一家具备综合功能的文化金融服务中心，率先研发小微文化企业大数据信用服务系统。

（三）创新价值：创新成果和市场需求

实施创新发展战略，它是一个系统工程，创新成果完成需要从科学研究、实验开发、推广应用的三级跳，把协调作为转型升级的基本要求，在美国，一般性的研究以及将研究成果转化成产品与服务的任务由企业主导。当人们谈到苹果、戴尔、脸谱等许多知名企业时，总会发现它们不是诞生在车库，就是学生宿舍，由于市场准入和退出的门槛都很低，企业必须全力推出人无我有、人有我优的产品与服务，将科技成果转化成商品的动力十分充沛，企业之间存在激烈的市场竞争，美国企业对先进技术的研发和应用意识居于世界前列。

只有同国家需要和市场需求相结合，才能实现真正的创新价值，实现创

新驱动发展目标。科技创新有一条长长的链，哪里断了都不行，国内有很多新专利，每年获奖科研成果也有很多，但是，大量技术和产品依然需要进口，其中很重要的一个原因，是国内高校、科研院所的研究与市场隔绝，科研项目水平较低。在两院院士大会上，习近平指出："多年来，我国一直存在着科技成果向现实生产力转化不力、不顺、不畅的痼疾。就像接力赛一样，第一棒跑到了，下一棒没有人接，或者接了不知道往哪儿跑。"如何加快"接棒"、避免"断链"，解决产学研合作出现科技、经济"两张皮"问题，创新体制机制，打破条块分割，加强协同，科研体制需要进一步改革，在西方国家，高校和企业建立更多的联合实验室，在英国帝国理工大学，与企业联合建立的实验室里，有教授、企业人员、外国访问学者等各类研究人员，他们的跨界合作非常有利于科技成果产业化。

(四) 文化与科技的协同创新

科学界和经济界的紧密结合，文化与科技的协同创新，文化创意与科技创新产生"化学反应"，在科技创新和成果转化上，将新发明、新创意转化成新产品、新服务的能力强大，建立创新网络，较好地把握政府、研究机构、文化企业界之间的关系，三者之间既有密切合作，又发挥各自主动性，从软件到互联网，美国硅谷每一代科技创新产品都与斯坦福大学、加州大学伯克利分校等周边研究机构的技术支持分不开。依托大学或科研机构，使科研与生产高度结合，实现研发成果迅速转化为产品，被人们称为"硅谷模式"。

德国研发环境的一大特点，就是德国 400 多所大学和高等专科学院形成了密集的发散状网络，为研发环境构筑起坚实基础；英国各地区、大学都会设置相应的机构，扶持尚待起步的创新项目和技术发明。比利时在新鲁汶大学的科技园区推动中比高科技孵化园项目。建设面积 10 万平方米的孵化园可以"拎着技术入驻"，一切只为把高科技成果"孵化"好。比利时主要大学都有自己的科技园区，孵化园与新鲁汶大学合作共同孵化科技成果，以市场和客户需求为导向，孵化出成熟的研发成果，大大缩短开发、应用新技术的时间周期。

(五) 专利构建克服"国际差距"

我国的科研机构和企业拥有的知识产权多是碎片化的，只有众多专利构建起来的知识产权系统，才能确保高科技产品的国际竞争力，建设具有全球影响力的科技创新中心目标定位，上海建立“知识产权加工厂”，可将各单位的专利进行加工、组合，提高专利转化率，克服体制机制上的“拖延症”，“互联网+”触角伸向更多领域和层面的过程中，新的商业形态、商业模式、商业方法不断涌现，而涉及知识产权的内容也大量地进入互联网。“互联网+”新生态下的知识产权保护问题，互联网运营者已经形成了保护知识产权就是保护核心竞争力的共识。

很多自主创新的成果审批过程很缓慢，造成创新的“国际差距”。根据中央对上海科技创新工作部署，牵住科技创新这只牛鼻子，以只争朝夕的紧迫感和使命感，加快科技创新协同建设步伐。中介机构应发挥特色优势，为“走出去”企业排忧解难。要综合研究“走出去”企业重点对外投资环境的变化情况，为本土企业的国际化发展提供更加科学的咨询服务。要主动强化与国外先进咨询机构等中介机构的合作与联系，不断吸收国外先进的咨询服务理念和方式，为发挥自身特色优势提供更多有利条件。同时，中介机构要更多地了解国际市场竞争环境，从而尽可能地为本土企业提供决策咨询，排忧解难。

（六）自主创新，掌握核心科技

文化科技融合创新，推动文化与科技融合，建设创新强国，创新决定了发展的速度、规模、结构、质量和效益，创新驱动是一个国家谋求竞争优势的核心战略，寻找、发掘、创造自身在全球经济链上的新优势，并将这一优势转化为新的价值，建设创新型国家，把创新摆在国家发展全局的核心位置，是顺应全球发展大势、破解发展瓶颈、引领经济社会发展的战略选择，加强国家创新体系建设，强化战略科技力量，在新一轮全球增长面前，唯改革者进，唯创新者强，唯改革创新者胜。”随着创新驱动战略的深入实施，科技创新这一发展新引擎必将催生更强劲的动力源，我国 PCT 国际专利申请量快速增长，反映了近年来我国自主创新能力大幅提高，更多的国内企业走向国际市场，加快科技创新，运用高新技术创新生产方式，培育新的文化业态，加快构建传输快捷、覆盖广泛的企业对外文化传播体系，显著增强国内外传播覆盖力。

第二十九章
强盛之基，国家创新体系建构

国家创新系统方面，科技是国家强盛之基，创新是民族进步之魂，在科技创新政策实施的方式上，改革国家科技创新战略规划和资源配置体制机制，加强科技创新统筹协调，加快建立健全各主体、各方面、各环节有机互动、协同高效的国家创新体系，德国政府改变了以往的申请方式，采取竞争方式，使最符合创新要求的企业和联合体脱颖而出，强调科技创新是提高社会生产力和综合国力的战略支撑，来帮助人们获得更多的红利。

一、国家创新体系制度保障

在国际社会，制度创新集中力量和资源推动系统创新，完善的国家创新体系是以色列保持持久动力的制度保障。国家创新体系多而不乱，例如，以色列在国会下，有科技政策理事会；在内阁，有政府的部际科技委员会(内阁的参谋决策机构)，以色列的 13 个主要政府部门分别设有首席科学家，并成立首席科学家论坛。科技部长亲自担任论坛主席，商讨科技政策的重大问题，以避免科技项目的重复投入或遗漏；此外，政府通过各种计划鼓励或支持开展知识或技术创新，通过设立技术孵化器、技术转移机构、设立风险基金等形式，充分调动企业、大学、研究机构及中介各要素，有力地推动技术的扩散，形成高效的产学研合作创新体系。

优良的制度和环境，聚集优势创新资源，并可将其转换成创新能力和实力。2011 年，奥巴马总统推出旨在确保经济增长与繁荣的新版的《美国创新战略》。新版的《美国创新战略》指出，美国未来的经济增长和国际竞争力取决于其创新能力。在迈向创新型国家的过程中，中国的高科技令世人刮目相看，中国的高铁、航空航天技术处于世界领先地位。在引领和支撑经济社会发展中，制订各项资金规划，进行结构性改革，以配合新的科技进步成果。

原始创新，是一个艰难的系统工程，例如，在2013—2014财年的预算报告中，奥巴马提出开启小行星捕捉和登陆项目的有关工作，项目的启动资金达到7800万美元，使美国成为全球首个将目光真正投向小行星的国家。美国联邦政府全额资助下一代载人航天器“奥赖恩”和大推力火箭项目的研发，确保“奥赖恩”在2014年试飞、大推力火箭在2017年发射；支持詹姆斯·韦布太空望远镜项目，力争在2018年发射升空，替代目前的哈勃太空望远镜……值得注意的是，美国联邦政府还支持商业载人飞行项目，使美国涌现出太空探索、轨道科技等私营航天公司，

党的十八大作出实施创新驱动发展战略的重大部署，将科技创新的战略地位提到前所未有的高度，着力加快制订创新驱动发展战略的顶层设计，必须将其摆在国家发展全局的核心位置，围绕创新驱动发展战略，国家出台了一系列法律和政策，主要包括：《中华人民共和国促进科技成果转化法》《中共中央国务院关于深化体制机制改革加快实施创新驱动发展战略的若干意见》《国务院关于大力推进大众创业万众创新若干政策措施的意见》《深化科技体制改革实施方案》《关于国家重大科研基础设施和大型科研仪器向社会开放的意见》《关于改进加强中央财政科研项目和资金管理的若干意见》《关于深化中央财政科技计划（专项、基金等）管理改革的方案》《关于深化人才发展体制机制改革的意见》《国务院关于新形势下加快知识产权强国建设的若干意见》等。

这些政策对于实施创新驱动发展战略、破除体制机制障碍、创新人才培育和使用机制完善发挥很好的效果。为了更好地贯彻中国特色社会主义创新发展理念、实施创新驱动战略，我国未来创新发展的政策制定应注意把握和处理好创新驱动与投资驱动的关系、前沿技术突破和先进适用技术推进的关系、创新发展中制造业和服务业的关系、技术能力形成和技术创新成果形成的关系、创新发展中产业政策和竞争政策的关系、创新发展中大型国有企业和中小民营企业的关系。

二、走创新驱动发展之路

科技实力决定着世界政治经济力量对比的变化，也决定着各国各民族的前途命运。2012年中共中央、国务院印发的《关于深化科技体制改革加快国家创新体系建设的意见》指出，目前我国企业创新能力依然薄弱，许多领域缺乏具有自主知识产权的核心技术；以科技创新为核心，力争在新一轮科技竞争中后来居上，攻坚克难，全面推进科技、产品、文化和管理创新，推进科技创新，更加锐意进取，积极建设国家科技重大工程，培育具有国际竞争力的创新型企业和创新平台。

（一）增强自主创新能力，掌握核心技术

在信息时代，新观念的介入，在思维的引导和情感的表达上，以简约化、符号化的形式表现最为丰富的内容。2012年，由于看到3D技术可能改变美国制造业成本较高的劣势，美国政府联合私人机构，组建附加制造创新研究所。推进协同创新，建立科技成果转化联动机制，美国政府联合密歇根大学等50多家高校、研究机构和企业，共同出资在底特律、芝加哥建造"先进制造中心"，旨在保持美国高端制造业的领先地位，与当年的互联网技术一样，这些重大项目皆由美国防部牵头，既强调创新与国家安全的内在关系，也是为了保障成果的初期顺利转化。

增强自主创新能力，掌握核心技术，实施创新驱动发展战略，习近平在出席两院院士大会并发表重要讲话时强调，必须坚定不移贯彻创新驱动发展战略，坚定不移走科技强国之路。我国科技发展的方向就是创新、创新、再创新。面对科技创新发展新趋势，中国必须迎头赶上、奋起直追、力争超越。只有把核心技术掌握在自己手中，才能真正掌握国际竞争发展的主动权。

（二）创新能力激发经济潜能

在软环境方面由"高原"迈向"高峰"，国家科技投入的增加来提升创新能力，持续的科学投资为新发现和新技术打下基础，投资将有助于国家在科学与工程等领域的领先地位，2016年我国研发经费投入总量，超过了日本，成为

仅次于美国的世界第二大研发经费投入国家。十八大以来，我国在科技领域推出了100多项重大改革举措，建立创新体系，要深化科技体制改革，建立以企业为主体、市场为导向、需要地方政府、科研院所和高校的共同努力。产学研深度融合的技术创新体系。

不仅开发科技含量高的创新产品，而且开发有助于提升国家文化软实力的核心技术、关键技术和通用技术，质量的提升，瞄准世界科技前沿，强化基础研究，实现前瞻性基础研究、引领性原创成果重大突破，要持续发展，必须走上新的创新道路。掌握文化科技融合发展的主动权，将核心技术掌握在自己手中，核心技术是攀登的阶梯、竞技的本领。“掌握核心技术，才能紧追前沿。”在技术研发方面取得了爆发式增长。格力电器多项关键技术达到世界领先水平，逐渐跻身世界一流品牌行列。

（三）“不设上限”的科研投入政策

经济增长与投入有关，2015年全社会研发投入1.4万亿元，77%来自企业，已成为世界第二大研发经费投入国家，核心技术是最大的“命门”，在增长方式上，技术进步才是改变命运的关键，持续发展离不开技术创新和专利研发，提出“掌握核心科技”的核心理念，不断加大研发力度，指标就是专利，这是很重要的一个创新成果载体，世界知识产权组织总干事弗朗西斯·高锐说到，2016年，在世界知识产权组织专利合作条约框架内的中国国际专利申请为4.31万余件，表明中国在从“中国制造”到“中国创造”进程中取得了长足进展。

基础研究是战略科技力量的重要储备，如今，基础研究到产业化的周期越来越短，一些基本科学问题的重大突破，很快就会引发颠覆性技术的产生，进而引发世界经济格局和产业分工的重大深刻调整。创造引领世界潮流的科技成果，为了加强专利综合实力，加大对联邦资助的研究的支持力度，美国不断为三个主要基础研究机构（国家科学基金会、能源部科学局以及国家标准与技术研究院）的投资翻番而努力。

依靠知识产权参与国际创新竞争，《2017年全球创新指数》报告显示：中国在全球创新指数的排名再次提升，刷新了高度——成功跻身全球创新领导者行列，2015年底，《国务院关于新形势下加快知识产权强国建设的若干意

见》出台,提出要提升知识产权附加值和国际影响力;

(四) 减轻创新生态环境压力

世界多次科技革命,每一次都深刻影响了世界力量格局,面临创新压力,企业的研发能力、自主品牌、核心竞争力,产学研体制、科研投入的效应等方面,都有许多瓶颈和问题有待化解。历史地看,这种“以量取胜”,赚廉价“加工费”的制造业模式,为我国的高速发展做出了贡献。但是,随着经济发展到新阶段,“人口红利”、资源消耗都亮起红灯,生态环境压力越来越大,以质的提升取代量的扩张越来越迫在眉睫。在国际分工中,发达国家往往将附加值最小的装配、粗加工等低端技术转移到劳动力资源丰富的国家,而将核心技术牢牢控制在自己的手中。跨国公司通过核心技术和关键产品把大部分的利润拿走了,留下的只有在装配和资源消耗中实现的可怜的一点增值利润,依靠这点增值利润,经济规模再大,也难以摆脱“打工”的尴尬。

着力围绕产业链部署创新链、围绕创新链完善资金链,聚焦国家战略目标,不仅要加强原创性研究,还要关注到实用性和产业化的问题,不仅要能做得出来,还要用得上、用得好。核心技术受制于人是最大的隐患。在核心技术上受制于人的困局,几乎渗透在各个领域。例如,在我国世界最大的某圆珠笔生产基地,每年生产加工圆珠笔 62 亿支,然而,每支圆珠笔只有两三分钱的微利,而且,圆珠笔笔尖那一颗小小的珠芯居然要进口。“空芯”的结果,加上原材料和劳动力成本,利润就只有几分钱了。

“一带一路”建设的推进,加快我国企业走出去步伐,需要一系列开拓性的协调政策与实施举措,准确把握重点领域科技发展的战略机遇,选准关系全局和长远发展的战略必争领域和优先方向,通过高效合理配置,深入推进协同创新和开放创新,构建高效强大的共性关键技术供给体系,努力实现关键技术重大突破,把关键技术掌握在自己手里,创造引领世界潮流的新科技成果,建设创新强国。

三、前瞻性,发掘先机

瞄准发展趋势,部署智能装备,自主创新、自主研发,在某些领域的研究迎头赶上,像人工智能、无人机和互联网技术。中国正努力重现历史辉煌,在科技创新上重回世界之巅。“复兴号”动车组的知识产权完全为中国自己所有,技术达到世界先进水平,天宫、蛟龙、天眼等重大工程中,几乎全部的国产化高端合金材料都是中铝公司提供的。科技创新,不仅让我国有色金属产业实现了跨越式发展,更打破了国外的技术垄断和封锁。中铝公司通过大力推动科技创新和加快成果落地,实现了“乘数效应”,加快了行业从初级产品向高附加值终端产品转型的坚实步伐。

(一) 创新,惊艳全球

超级计算是世界各国抢占的技术前沿。通过加速赶超,中国的超级计算应用已处于世界领先水平。以前在超算领域,我们受制于人,一些国家有时甚至会“漫天要价”,而随着中国的超级计算速度走向世界第一,国外还经常派专家来参观学习。中国向西门子等西方巨头学习技术的时代已经过去。不能做其他国家的技术附庸,绝不能做国外重复的东西或者跟着别人走,不能总是用别人的昨天来装扮自己的明天,不能总是指望依赖他人的科技成果来提高自己的科技水平,永远跟在别人的后面亦步亦趋。

(二) 大力建设众创空间

众创空间作为针对早期创业的重要服务载体,为创业者提供低成本的工作空间、网络空间、社交空间和资源共享空间,与科技企业孵化器、加速器、产业园区等共同组成创业孵化链条,在双创服务体系中占据重要位置。科技创业的竞争越来越激烈,在众创空间的基础上,建立一批公共实训平台和科研设备共享平台,向创客开放,降低创业者的科研投入门槛,让更多创业者参与到更高层次的竞争中来,助力创业企业向更高层次发展,全国纳入科技部火炬计划统计的众创空间有 4298 家。

四、创新生态建设

创新环境创新政策,制度创新的优劣影响创新力的强弱,包括管理体制、运行机制在内的制度框架,直接影响着创新的效率;与创新能力与创新活力相关的，还包括体制机制等制度安排、创新政策等环境因素，应加速推进行政审批制度改革，打破阻碍创新的条条框框，促进知识产权交易和成果转化，推动创新生态建设。

加快实施创新驱动发展战略，营造宽松适宜的创新环境，探索创新之路，增添创新活力和动力。制度创新是创新的重点和难点，越是规模和影响大的创新活动，越是把制度创新作为重点。大力推进国企改革、金融改革等，努力做到政府既不缺位也不越位，更好地发挥政府作用，中央密集出台关于文化体制改革中经营性文化事业单位转制为企业，和进一步支持文化企业发展两个规定的通知，关于加快发展对外文化贸易的意见等文化领域改革发展的重要政策，在政策引导下，创新生态正在聚集发展合力。

（一）简政放权，释放文化创造活力

制度创新突破，简政放权鼓励成为创新关键，我国现有体制往往存在束缚创新弊端，改革运行机制，改进管理模式，才能有利于深入创新成效，冲破制约文化创新深层次体制机制障碍，释放文化创造活力，全国各地、各部门都在“瘦身”，党的十八大以来，新一届党中央、国务院始终高度重视政府“自我革命”，截至 2014 年 6 月 25 日，计取消下放行政审批等事项 468 项。在 2014 年 6 月 25 日，国务院常务会议目光聚焦于“放权”，取消下放计 52 项行政审批事项，将 36 项工商登记前置审批事项改为后置审批，激发创新活力，工信部取消基础电信和跨地区增值电信业务经营许可证备案核准，工商登记制度改革的大幕也已经拉开。

（二）简化审批的政务环境

营造廉洁高效的政务环境，加大行政审批事项“减、转、放、免”力度，简化审批程序，提高审批效率，切实转变政府职能。在 2014 年 6 月，对应国务院精简事项，北京市结合实际取消和下放了 359 项行政审批事项。行政审批事项主要由两部分组成：

1. 对应国务院取消的事项，如商务部取消外国商会审批，北京市对应取消外国商会初审；工信部取消计算机信息系统集成企业资质认定，北京市经信委取消计算机信息系统集成企业资质认定初审等。

2. 北京市进一步取消的事项。如从事出版物连锁经营单位批准、确需迁建广播电视设施审核专业审查等共5项。精简行政审批事项，在2014年5月20日，天津滨海新区行政审批局挂牌成立。行政审批局启用行政审批专用章，实现滨海新区范围内"一颗印章管审批"，改善接收了滨海新区18个部门18颗印章管理的216项审批职责。党中央、国务院三令五申，要求推行权力清单制度，并公开全部行政审批事项清单，防止边减边增、明减暗增。浙江宁波建立一套行政审批的地方标准化体系，"把'抽屉''口袋''脑袋'里的标准与要求放到桌面上，规范审批权力。

（三）"管"要管好，"放"是放活

科学地划分市场与政府在现代经济中的作用和职能，为市场经济的发展创造更宽松的环境。推动市场在资源配置中的决定性作用，要更好发挥政府作用，尊重市场主体，政府应把市场能做得好的事情交给市场去做，把由市场承担的功能完全交给市场，切实减少对微观经济活动的干预，政府对市场的监督和调控职能通过财税改革等经济手段予以实现，确保文化经济创新发展、优化资源配置健康有序。

政府不放手，文化难有活力。每一个产品，题材样式风格的突破，都需要政府来批。文化企业做一个选题，先得让领导通过，甚至还要得到更高层面的认可。"活力不足"制约文化创新发展，政府需要从习以为常的办文化的思维方式解放出来，在2014年，上海政府工作报告用一页半篇幅阐述"促进文化繁荣发展，增强文化创造活力"，文化体制改革成为2014年上海五大重点改革任务之一，上海怎样挖掘创造源泉，用以概括的是两个词：放开、开放，激活文化创造活力背后，是政府职能转变。"改"，比如行政审批制度、海关监管制度、企业登记制度的改革，等等。

五、创新驱动发展的特色新路

探索创新驱动发展的特色新路，要有创新思维，知识经济的内涵不宜简单地理解为就是以某种某类知识为主的经济，也决定于管理创新的发展，"立"，即制度创新。以开放促进我国服务贸易发展，打造中国境内的离岸金

融中心，扩大服务业开放、积累服务业开放的经验……，试验区在投资、贸易、金融、法制等方面积极进行制度创新；而负面清单管理模式的推出，则以简政放权、转变政府职能的方式回应全面深化改革的根本任务，也与国际通行规则接轨。

（一）给机制松绑，促创新发力

开放型经济发展取得积极成效，区位是最大的优势，将区位优势和政策红利转换为发展优势，跨境经济合作区、综合保税区建设要实现顺利推进。活力是创造的源泉。中国（上海）自由贸易试验区作为改革的试验田、推进器，自贸区的制度建设循先行先试的准则，致力于成为制度创新的高地，不断探索新途径，培育面向全球竞争的新优势。

（二）创新、开放和竞争的市场

推动建立创新、开放和竞争的市场，营造公平透明的环境，美国总统奥巴马一直通过改进管理和加强国内外市场准入来鼓励创新。2010 年 8 月，美国政府发布又一新版《横向合并指南》，将创新问题有力地纳入反垄断评估。另外，通过与韩国签订自由贸易协定等做法，《国家出口计划》对为美国生产商保障公平、开放的出口市场做出了持续的严格的承诺，使得创新型企业可以把业务扩大到全球，实现到 2014 年出口翻番的目标。催生在国家优先领域的重大突破，奥巴马总统致力于对创新的投资，美国确保继续处于技术革命的前沿。美国政府希望美国经济引领全球。观念、体制创新，提升创新效率，形成创新力，创新型国家系统建设必然成就创新力强国。

（三）商业创新与基础科学突破

加强和扩大在基础研究领域的领先地位。推动经济进步的商业创新往往要靠基础科学的突破。科学家发现了新的中微子振荡模式，获得了全球最高的基础物理学突破奖；在重大工程方面，载人航天、探月工程、大飞机、蛟龙、超算等重大成果相继取得突破，有许多科技成果贴近老百姓生活，比如共享单车，集成应用了智能芯片、射频识别、位置服务、电子围栏、移动支付等先进技术。

对于科学创新突破，美国制定了全面的战略。发展先进的信息技术生态系统。为创建21世纪创新所需的信息技术生态系统，这个"虚拟基础设施"包括关键信息、计算和网络平台。美国政府一直在努力扩大高速互联网的接入，推动电网现代化，提高无线频谱的可利用性，以支持高价值的应用，加强竞争和创新。

（四）企业是创新引擎

《美国创新战略》指出，美国企业是创新的引擎，应推动全美有利于创新和创业的环境的成熟，使美国企业能够推动未来的经济增长，并继续引领全球市场。奥巴马总统呼吁简化研究和试验税收减免政策，并使之永久化，从而为美国企业创新提供持续的动力。2011财年预算承诺未来10年投入1000亿美元，以撬动更多的研发投资。奥巴马总统扩大了对小企业贷款的支持和税收减免，并支持面向不同规模企业的完善的资本市场。除专利改革和"创业美国"计划以外，《负担得起的医疗法案》旨在消除创业的障碍，使美国人自行创业和加入新企业不会失去医疗保障。奥巴马总统一直重视"创新中心"的潜力，以寻找新机遇把有才华的科学家和创业者联系起来，支持前沿领域的创新。这种理念支撑着美国能源部的能源创新中心计划，也推动"创业美国"计划建立新老企业家之间的联系。通过这些做法，奥巴马政府正在努力推动一种新的经济发展模式。

六、吸引社会资源投入和优化配置

经营转型释放新活力，持续推进经营模式转型创新，在香港、伦敦等国际金融中心，建立起资产托管等境外分中心，同时，瞄准优质客户、特色业务和新兴市场，分行全面推广大客户准事业部制改革，实施"分行制＋事业部制"双轮驱动发展新模式。

（一）"银行的互联网金融"

把握金融科技和互联网金融发展趋势，致力于打造"银行的互联网金融"，在智慧金融、全融资业务、现金管理及账户服务、国际化和综合化合作等领域展开，重点打造线上版“新三位一体”互联网金融发展格局：手机银行侧重银行现有业务的数字化转型，“买单吧”APP 聚焦以信用卡为媒介的“衣食住行娱”，而互联网中心的金融平台则以跨界合作联合贷为抓手，构建“零售业务、批发处理”的互联网金融盈利新模式，三个渠道互相联通、互相支撑，推动线上版“新三位一体”建设。

（二）充分吸引社会资源投入

资金来源上不拘一格，创新动力的源泉。为文化的可持续创新提供必要的资源和条件。通过提供“一带一路”倡议、亚投行、丝路基金、新开发银行《金砖国家工商理事会与新开发银行关于开展战略合作的谅解备忘录》合作文件的签署等公共产品来做大世界经济蛋糕，引导经济全球化走向，促进国际分工体系和全球价值链优化重塑。

放开很多行业领域允许民间资本进入，行政审批权限的下放取消等，使整个社会环境改善。文化创新活动最大的特点，是在资金来源上不拘一格，多渠道地借助于社会各方多元主体的力量，形成合力共同打造优秀的中国原创歌剧作品，充分吸引社会资源投入，予以不同程度的资助。歌剧是一门集大成的艺术，当然，能够充分展现国内歌剧艺术水平的优秀原创作品还不多。

利用社会资源打造中国原创歌剧，上海音乐学院创作的原创歌剧“上海三部曲”，其中，《一江春水向东流》在 2014 年 10 月率先公演；在 2015 年和 2016 年将推出《家》和《日出》。首部原创歌剧《一江春水向东流》的资金，除了校方投入，还得到上海文化发展基金会的大力资助和浦东新区宣传文化发展基金、周小燕专项艺术基金等支持；原创歌剧《家》采取的投资方式，由上海国际艺术节和上海音乐学院联合委约推出。多元的资金注入方式、多种形式并存的创作模式，打破以往一个院团支撑排演一个戏的单线格局，助推潜在的市场活力以及艺术创作活力。为观众呈现一部高品质的歌剧作品，成本不小，《一江春水向东流》预算约 800 万元，有了社会的专项资助，压力减轻不少，有了资金保障，才能最终走向市场。

在 2014 年 3 月底，《一江春水向东流》演出团队进行第一幕的试演，组织专家和海外演出经纪公司到现场观摩评点，通过边排边改模式，让这部歌剧尽可能地贴近市场，面世后能真正经得起市场的检验，成为反复演出、走向世界的经典作品。影视戏剧作品改编成歌剧,有深厚的艺术价值和巨大的社会影响力,如《一江春水向东流》电影原作,在20世纪40年代上海放映时,票房甚至超过同档期好莱坞的《出水芙蓉》。它是中国艺术史上的经典,改编后的歌剧,力图反映原作的思想精髓,在服饰、舞台布景方面,也还原上海滩风情。

七、竞争文化与市场资源配置的决定性作用

竞争文化的基本内涵是市场竞争意识。培育竞争文化在很大程度上归结于对人们的市场竞争意识培育。有效的竞争是市场秩序健康运行的保障,让竞争来活跃市场,竞争文化与市场经济紧密联系在一起,经济运行的每一个细节都潜移默化地作用于竞争文化的形成。竞争文化是市场不可缺少的因素,它同市场相伴而生。

(一) 市场决定要素分配,促进资源配置的机制

在文化经济发展中,市场的资源配置起决定性作用,充分发挥市场在创新资源配置中的决定性作用,用竞争促进资源的优化配置,在竞争的压力下竞争者不断革新技术、改进产品、改善服务、提高质量、降低价格,这种竞争是公平竞争、正当竞争。建立符合市场经济规律的市场规则,尊重市场主体,遵守市场规则,维护市场环境:1. 公平公正,市场主体平等、机会均等;2. 自由竞争。

市场主体按照同一市场规则参与竞争,是保持市场创新活力的关键。由于维护市场经济的竞争秩序的目标是效率,通过市场机制的正常运作来达到社会资源的最优配置,市场中各竞争主体之间的竞争状态发生了很大的变化,企业为了生存发展,注重自身的竞争能力建设,会慎重研究企业实际、发展趋势、市场前景等因素,依据市场信号做出创新决策,培养竞争意识和形成竞争文化。

(二) 市场主体自我约束、自我发展

尊重市场主体,是使市场在资源配置中起决定性作用的前提。市场的存在依赖于市场主体的活动,市场主体是创造活力的载体和源泉。激发各类创

新主体活力，着力构建市场机制有效、微观主体有活力、宏观调控有度的经济体制，不断增强我国经济创新力和竞争力。党的十八届三中全会重大理论创新，是使市场在资源配置中起决定性作用。在市场经济活动中，维护企业的自主经营权，尊重企业的市场主体地位，使企业真正成为自主经营、自负盈亏、自我约束、自我发展的市场主体。

平等的市场准入是市场主体焕发创新的生机和活力的根本保证。市场经济实行“非禁即入、平等对待”原则，开放投资领域，培育、吸引多元投资主体或运营主体；在投资领域方面，除了法律和“负面清单”明令禁止的领域，每个企业都可以自由进入；扩大金融业对内对外开放，允许民间资本设立中小型银行，开放更多经济部门等。

在现代经济中的作用，“市场之手”与“政府之手”合力引导文化市场，遵守市场规则，只有充分竞争，才能优化资源配置，提高文化经济发展的质量和效益。营造公平正义的法治环境，坚持依法行政，着力规范各类市场主体依法经营和竞争；加强市场监管，维护市场秩序，解决市场外部性问题；健全和完善诚信市场信用体系，维护市场环境，保障各类文化市场主体创新活动健康发展。

第三十章
大力营造文化创新的社会生态

创新能力的竞争，以及创新成果运用和保护，都与知识产权相关，文化法治保驾护航，改善市场环境，让企业之间的竞争有更好的法制环境，使创新企业受到法律的严格保护。在创新的背后，加强知识产权保护，构建重视科技创新法律环境，注重知识产权的保护、新主体之间协作、新商业模式纠纷的解决，比如说，加强知识产权的保护，打击盗版等行为，保证创新企业能够通过市场竞争获得经济收益，同时积累资金进行下一轮创新，否则，文字作品、音像制品等盗版普遍存在，就会严重地损害创作者和投资者的利益。

一、形成鼓励创新的政策环境

形成鼓励创新的政策环境、法制环境和市场环境，使得社会资源、智慧和力量更多地投入到创新活动之中，党的十八大报告提出“实施创新驱动发展战略”重大部署，强调“实施知识产权战略，加强知识产权保护，促进创新资源高效配置和综合集成，把全社会智慧和力量凝聚到创新发展上来。”知识产权对创新驱动发展的支撑，体现在对于社会创新活力的激发，文化创意产业以知识产权为突破口实现快速发展，知识产权质押金额年均增长近70%，为解决中小企业融资难问题开辟了新途径；专利实施许可合同备案申请登记数量和企业专利实施比例不断提高；改善知识产权保护环境，推进专利、商标、版权“三合一”的知识产权体制改革，行政执法部门处理知识产权案件数量与战略实施前相比大幅增加，专利、商标、版权等行政执法工作成效显著。

当今，文化法治建设存在着文化领域的立法数量总体偏少、文化立法层次较低、文化建设各领域立法不平衡、文化知识产权保护工作开展力度不够等问题，更打击创作动力，文化企业就会丧失了创新的积极性。由于文化市场的飞速繁荣，催生了很多新兴的媒体平台、创新手段、创意模式和创作成果。它们为整个文化市场带来生机，同时也带来了一些问题。比如，电视节目模式的版权保护问题、网络言论侵权问题、新媒体传播的著作权侵权问题、技术革新过程中的专利侵权问题、知识产权侵权与不正当竞争交织的问题，等等。

党的十八届三中全会明确提出，要加强知识产权运用和保护，健全技术创新激励机制。实施创新驱动发展战略与加快经济发展方式转变一脉相承，要实现从要素驱动向创新驱动转变，推动知识产权成为增长要素，战略实施带动知识产权应用和交易活动日益活跃，提升知识产权运用水平，知识产权对创新驱动发展的支撑，体现在对创新效益的提升，知识产权战略实施进一步优化政策导向，使知识产权创造由求量向求质转变。

二、鼓励开发和保护知识产权

知识产权是指人类智力劳动产生的智力劳动成果所有权。它是各国法律赋予符合条件的著作者、发明者或成果拥有者在一定期限内享有的独占权利，一般认为它包括版权和工业产权。版权是指著作权人对其文学作品享有的署名、发表、使用以及许可他人使用和获得报酬等的权利；工业产权则是包括实用新型专利、发明专利、商标等的独占权利。知识产权的权利范围包括：文学、艺术和科学作品；表演艺术家的表演及唱片和广播节目；人类一切活动领域的发明；科学发现；工业品外观设计；商标、服务标记以及商业名称和标志；制止不正当竞争以及在工业、科学、文学或艺术领域内由于智力活动而产生的一切其他权利。在开放条件下，面对国际上知识产权保护发展趋势，制定和实施知识产权战略，增强文化经济发展自主创新能力，知识产权保护成为国际经济秩序的战略制高点。

（一）知识产权保护提升为国家发展战略

习惯的创新，往往是指新的产品和生产方法，这种看法所着重强调的，实际上是人类社会的知识体系不断扩张的过程。美国的机制,能够让了解知识的人,把自己的知识运用到实际的经济生活中去,为社会创造实际的价值,而且收益本身又能够提供继续进行研究积累更多知识的资源,这就是一个良性循环。

有关知识产权的保护,首先要做好顶层设计,制定和实施知识产权战略,将知识产权保护提升为国家发展战略,纳入国家经济、科技发展总体战略之中。为推动投资型经济向知识型经济转变,西方各国政府制定和实施一系列政策措施,鼓励和保护本国企业技术创新和自主知识产权的开发。例如,在2004年,爱尔兰政府专门成立企业战略专家小组,对企业的研发和创新及企业竞争力现状进行分析,对爱尔兰产业政策进行评估,并向政府提交题为"Ireland's Place in the Global Economy — Ahead of the Curve"的报告。

爱尔兰政府成立了由知名企业家、金融机构、大学、公共和私营咨询机构代表组成的高级专家小组,专门分析和评估欧盟第六框架计划和欧洲研究领域(ERA)的政策措施对爱尔兰的影响。根据欧洲研发目标,针对爱尔兰优先发展领域制订出本国的研发目标和实施计划。2004年7月,该小组向爱尔兰科技创新跨部门委员会提交了题为《建造爱尔兰的知识经济——至2010年促进R&D投入的爱尔兰行动计划》的综合分析报告。据此报告,爱尔兰政府出台了新的政策措施,扶植知识型企业等,进行创新竞争。

(二) 知识产权政策变革,创新战略实施完善

美国创新战略的实施不断完善,以及知识产权政策的变革,将直接推动技术的进步,确保美国继续处于技术革命的前沿。美国如此重视以知识产权为重点的国家创新战略,体现了政府在知识产权战略中的作用十分突出,奥巴马再次将美国的资源投向前沿技术领域和知识产权保护,凸显其强烈的创新意识。可见,知识产权已成为世界各国激烈竞争的焦点之一,国际社会从来没有像现在这样如此热衷于运用专利等知识产权来维护自身利益。知识产权被作为衡量指标已经与综合国力、科技竞争、经济贸易直接挂钩,成为提高国家科技经济竞争力的重要武器,也是跨国公司在国际投资与贸易中的"杀手锏",更是发达国家处理国与国之间政治、经济、贸易问题的一个重要手段。

在全球范围内，美国的知识产权政策主张为其他国家所瞩目，而且国际知识产权制度的很多规则也是出自美国的要求和主张，美国等西方发达国家创建知识产权制度，推行知识产权政策以及现在倡导全球化高水平的知识产权保护，其基础是国情，其出发点是国家利益。仅仅研制出了高新技术还不足以拥有市场竞争优势，只有拥有有效的知识产权战略才能最终形成自己独特的市场竞争优势。美国是技术输出大国，拥有世界各国中最多的高科技专利，但是每年仍然还要花巨资引进别国的专利技术。战后的日本，在 20 多年的时间里，先后引进 2 万多件专利技术，经过不断地消化、吸收、再创新，一跃而成为仅次于美国的技术经济强国。20 世纪末到 21 世纪初的日本，其经济发展被称为“失落的 20 年”，但是，日本的文化创意产业，特别是日本的动漫产业，在全球依然处于领先地位。

（三）提升国家发展的核心竞争力

知识经济是一个很有意义的新经济学名词，它概括深刻、理论性强、意义重大。知识经济既是一种新的经济形态，又是一个新的时代。说知识经济是一个时代，是就全球范围而言。少数先进国家的知识经济形态率先成为其经济主导，标志着世界进入了知识经济时代。伴随着中国加入世界贸易组织，知识经济时代来临，尽快使中国经济走上创新和可持续发展道路，在这一过程中，知识产权作为开发利用知识资源的基本制度在经济社会发展中的地位和作用更加举足轻重。

从国家层面对知识产权工作做出总体长远部署，提升国家发展内在动力和核心竞争力，2005 年初，国务院成立了国家知识产权战略制定工作领导小组，启动了战略的研究制定工作。2007 年，党的十七大报告首次提出“实施知识产权战略”。在多方征求意见和反复论证后，《国家知识产权战略纲要》通过了国务院常务会议审议，于 2008 年 6 月 5 日正式印发实施，国务院颁布实施的《国家知识产权战略纲要》推进战略实施，为建设创新型国家发挥重要支撑作用。

《纲要》的颁布实施，将知识产权工作上升至国家战略层面，按照“激励创造、有效运用、依法保护、科学管理”的方针统筹部署和整体推进，《纲要》颁布后，国务院批复成立了由国家知识产权局牵头，28 个成员部门所组成的国家知识产权战略实施工作部际联席会议，统筹协调全国战略实施工作，在28个部门中，既有专利、商标、版权等知识产权管理部门，也有分别承担知识产权创造、运用和保护各环节的相关职能部门，以及各行业、领域的主管部门。在联席会议协调下，建立起逐级负责、横向联动的工作机制，制定本部门实施战略的纲领性文件。各省、区、市也陆续建立地方战略实施领导机构，结合本地区发展特色出台相应政策，战略实施的工作体系向全国铺开。

由国务院统一领导，联席会议统筹部署，各地各部门分工协作的战略实施推进平台构建完成。涵盖不同层面和多个领域的知识产权战略实施政策体系初步形成。战略实施工作自上而下全面部署推进，逐步融入经济、科技、社会、教育等各领域。为确保战略实施按进度、分阶段推进，联席会议每年制定和发布《国家知识产权战略实施推进计划》，推进计划逐年衔接，推动了各部门实施战略工作开展。与战略实施前相比，全社会知识产权总体水平取得长足进步，知识产权对于国家经济社会发展的促进作用日益显现。

三、知识经济与知识产权特征

知识经济是可持续发展的经济，是资源节约型和环境保护型经济。知识产业不仅仅是信息产业，它应是生产、传播知识及其软载体的产业的总称。信息咨询、新闻传媒、文化交流等应属于知识传播产业；书本、报刊、电子软件等属于知识软载体。对这些载体进行生产与传播的产业自然上应属于知识产业。狭义知识经济的基本特征，知识产权是文化创意和设计服务产业健康可持续发展的基础和保障，知识产权保护要融入文化创意和设计服务产业，促进产业创新发展。在我国，党的十八大报告强调“实施知识产权战略”。

战略实施为社会创新活动注入新的活力，知识产权创造能力快速提高。从法律上讲，知识产权具有以下特征：

（一）地域性，即除签有国际公约或多边协定外，根据一国法律取得的权利只能在该国境内有效，受该国法律保护。

（二）时间性，各国法律对知识产权分别规定了一定期限，期满后则权利自动终止。

（三）独占性或专有性，即只有权利人才能享有，他人不经权利人许可不得行使其权利。

2012年，我国发明专利年申请量已居世界首位，每万人口发明专利拥有量已接近“十二五”目标，PCT国际专利申请数量升至世界第4位。我国年受理商标注册申请量和商标累计有效注册量继续保持世界第一，作品著作权登记量和软件著作权登记量双双达到历史新高。一些关键技术领域取得突破，形成了一批拥有核心技术的自主知识产权和标准。战略实施使得知识产权意识深入人心，崇尚创新、尊重知识产权的社会氛围浓厚。建设崇尚创新，尊重知识产权的文化环境。调查显示，目前我国公众对专利、著作权等知识产权的认知程度已超过90%，体现社会知识产权意识和素养的提高。

（一）知识产权制度建立

与文化市场关系最密切的法律制度就是知识产权制度，2014年，北京、上海、广州相继设立知识产权法院；同年，“文化法制专家委员会”制度建立，专家学者成为协助提升文化立法科学性、合理性的重要力量；2015年4月22日，国家版权局发布《关于规范网络转载版权秩序的通知》，就规范网络转载行为出台了9条新规；5月8日，国家新闻出版广电总局召开了全国新闻出版广播影视法治工作电视电话会议；此后，总局再次下发了《关于贯彻〈中共中央关于全面推进依法治国若干重大问题的决定〉的实施意见》；5月19日，文化部在京召开全国文化法治工作会议，明确了当前和今后一段时期文化法治工作的思路和重点任务，对于文化市场的法律规制，近些年来是在逐步进步的，规范力度是逐步强化的，并适度地兼顾了立法的前瞻性。

（二）版权产业与版权政策

在知识经济时代，世界各国特别是创新型国家，都将版权政策的运作与文化产业的发展放在重要的战略地位。世界知识产权体系仍由欧盟、美国、日本等技术先进的发达国家主导，广大新兴国家如中国、印度、巴西等，尽管日益成为创新主体，却仍处于被支配地位，版权的政策作用和制度价值主要体现在对国家发展战略的影响和国家文化软实力的竞争上面。版权体现文化实力优势。国家的科技、文化和经济实力在法律层面表现为知识产权的数量、规模、质量和水平，文化实力集中表现为版权的拥有量。数据显示，在国际文化市场份额构成中，美国占总量的 43%，欧洲国家占到 34%，亚洲占有量最大的日本是 10%，我国与其他亚洲国家在国际文化市场上的份额总量却不足 4%。我国在国际文化市场中的地位有限，影响力不够，20 世纪 20 年代出现全球经济大萧条时，美国的电影业通过制度创新和技术创新实现逆流而上。

韩国在经历亚洲金融危机重创之后，提出“创意韩国”发展战略，并于 1999 年颁布《文化产业促进法》，终成为全球第五大文化产业大国。除韩国外，美国和英国现在都将创意经济作为核心国家战略来扩大出口。以英国为例，英国前首相布莱尔就职后将创意经济作为提升国家形象和促进经济发展的中心任务。2008 年，戈登·布朗政府力图引导世界创意经济，提出“创意英国”口号。美国在 2009 年和 2011 年的战略报告中，强调通过支持国家创造力扩大就业机会。

在美国，版权产业被当之无愧地认为是该国的“朝阳产业”。美国生产的软件占据全球市场的 2/3，全球 80%的电影票房收入和全球 20%的唱片量来自美国，版权产业的高度发展已让美国成为国际文化市场贸易中的佼佼者。美国创新战略突出知识产权，当今世界，从技术、财力、综合国力上看，美国是首屈一指的强国。始终将创新战略作为保持国家强盛的法宝。奥巴马政府先后于 2009 年和 2011 年两次发布国家创新战略，并且将知识产权政策作为其中的重点，期盼以技术创新的先发优势继续保持领先地位。美国的创新战略，政策调整面向未来。“改革专利审批制度，将美国的专利审查周期从目前的 35 个月缩短至 20 个月，在缩短审查周期的同时提高专利质量。”2011 年新版《美国创新战略：确保我们的经济增长与繁荣》，是对 2009 年版《美国创新战略：推动可持续增长和高质量就业》的深化与升级。其中包含大量的关于知识产权政策的阐述及具体目标，体现出美国创新战略注重知识产权的原则和价值观。

四、知识产权作为国际竞争的利器

2009 年版的美国创新战略试图以创新和发展新产业来解决金融危机之后就业问题，2011 年新版美国创新战略已经将重心转移到如何促进经济增长与繁荣上，美国以创新赢得未来，明确地阐明美国创新战略的重心所在，即把知识产权作为国际竞争的利器。2011 年 1 月 25 日，美国总统奥巴马在国会发表国情咨文，其中 9 次提到“赢得未来”，强调要保持美国的长期竞争力，并提出鼓励创新、改革教育体制、改善基础设施、减轻企业负担和削减财政赤字等五大政策支柱目标。2011 年新版美国创新战略围绕为创新保驾护航的目标，提出了改革专利审查制度，加强知识产权执法，积极参与国际知识产权合作等原则与具体目标。该战略将专利作为技术创新法制化的重要依托，其中明确提出，要改革专利审批制度，将美国的专利审查周期从目前的 35 个月缩短至 20 个月，在缩短审查周期的同时提高专利质量。美国专利商标局设计的三轨审查制一旦实行，申请人可提出优先审查申请，从而使最有价值的发明专利投入市场的时间缩短至 12 个月以内。

(一) 针对专利政策

针对专利政策，该战略在“通过实行有效的知识产权政策，鼓励独创性”有关章节中指出，要优化专利质量和有效性。在奥巴马政府的支持下，美国专利商标局实施了一系列旨在提高审查质量、加快审查速度、增强美国知识产权制度价值的重要措施，其中包括修改专利审查员计件奖励制度；采用一套更为复杂的新质检标准；改造信息技术基础设施；大量增加在网上免费发布的美国专利信息。在基础工作配套政策上，2010 年，美国专利商标局出台了《2010—2015 战略计划》，提出例如旨在增强申请人对审查过程的控制，同时加强各国知识产权管理机构之间工作共享的“三轨审查制”项目，力争达到 2011 年新版美国创新战略提出的将审查周期由现在的 35 个月缩短至 20 个月的目标。

在强化知识产权执法方面，美国政府根据 2008 年颁布实施的《知识产权资源和组织优化法》，设立了知识产权执法协调员这一职位，隶属于美国总统行政办公室。2010 年 6 月，执法协调员公布奥巴马政府首个以打击知识产权侵权为目的、包括 33 项行动的《知识产权执法联合战略计划》。美国在强调保护知识产权的同时也强调对滥用专利战略的限制，而不断完善的专利制度成为美国实施创新战略的重要依靠。美国政府表示，奥巴马政府将不断改善知识产权执法，通过加强知识产权保护来支持美国的企业和消费者。

(二) 知识产权国际合作

在知识产权国际合作方面,在美国的积极参与下,一部新的国际知识产权协议《反假冒贸易协议》结束谈判,尽管尚未最终签字生效,尽管该协议将发展中国家排斥在外引起广泛争议,但参与该协议谈判的包括欧盟成员国和美国在内的近 40 个国家的代表已就主要原则达成初步协议。美国专利制度 200 多年演变的历史中,始终贯穿着方便保护创新的精神。美国现行的专利法于 1952 年制定,一方面在结构上重新编排了原有法规;另一方面明确界定了直接侵权、引诱侵权等概念,将法院的判例与专利管理机构的决定所认可的原则,包括"非显而易见性"标准纳入了新法。

1984 年 11 月,美国国会又对专利法做了一次较大的修订,规定了对药品和有关产品的专利保护期可适当延长,同时修订了《联邦法规汇编》第 37 编第一部分《专利法实施细则》。1994 年底,美国国会通过了《乌拉圭回合协议法》,将原有的自授权之日起 17 年的保护期改为自申请日起 20 年。1999 年 11 月 29 日,时任美国总统的克林顿签署了《美国发明人保护法》,2000 年 3 月 29 日该法生效。其中许多重要的条款都被直接列入专利法,包括将不公开审查制改为早期公开延迟审查制,保证发明人专利保护期等规定,这是自 1952 年美国现行专利法颁布以来美国专利制度发生的一次重大变化。

(三) 专利权"申请优先"原则

2011 年 3 月 8 日,美国参议院以 95 票对 5 票通过一项法案,对现行专利制度实施重大改革,旨在提高专利审批效率、更好地保护发明创造者权益。该法案还有待于经国会批准后由总统签署才能生效。根据该法案,美国专利制度将采用"申请优先"原则,放弃"发明优先"原则。前者按申请专利时间界定,就同一发明说,先申请者得到专利权;后者以发明时间为准,不问申请专利时间。"发明优先"难点在于确定首名发明人。该法案提出人之一、美国参议院议员奥林.哈奇表示,在"发明优先"原则下,一旦就发明时间产生纠纷,相关法律费用可达 50 万美元。在新制度下,发明人只需付 100 美元,就可提出临时申请以保护发明。

目前,世界大多数国家和地区都采用的是"申请优先"原则。"申请优先"原则支持者认为,这一原则程序简便,费用低廉。"申请优先"原则"确保专利制度的效率和确定性,使美国在发明创造方面处于领先”。

专利制度改革法案在美国得到广泛支持,美国企业界表示,该法案“将提高美国国际竞争力”。美国急于改革专利制度,其最大的目的是为了保护创新、实现市场价值、突出竞争优势的需要。据世界知识产权组织统计,2010年在该组织通过《专利合作条约》(PCT)途径提交的国际专利申请中,美国仍然以4.4855万件专利的申请量连续多年保持着第一地位。同时,研究表明,目前美国科技研发支出占全球的40%,70%的诺贝尔奖得主在美国工作,这些条件决定了美国仍是全球科技创新领域的领导者。

(四) 版权制度与相关政策配合,促进文化活动的创新

通过版权的管理和运用,将版权制度与相关政策互相配合,促进文化活动的创新。以版权为导向的政策包括科技政策、贸易政策和文化交易政策等,加强对文化经济项目创新成果的专利保护,使知识产权保护成为促进文化经济项目创新创造激励机制,也是市场经济条件下促进文化经济创新发展的动力机制。对知识产权的保护主要包括:

1. 保护工业产权,指对发明、商标和工业设计的保护,制止不当的竞争。

2. 保护版权,主要指对文学、艺术、音乐、摄影等作品版权的保护;随着新技术、新知识的不断涌现,知识产权的新类别相继出现,现代知识产权的保护范围还涉及版权创新,尊重创造性劳动和激励创意经济创新,例如《哈里.波特》玩具卖出,图书作者可以分成。

知识产权是从事智力创造性活动取得成果后依法享有的权利,它是一种无形财产权,推动知识产权保护,美国、新加坡是全球推出知识产权融资计划的国家。新加坡政府2014年4月推出一项总值1亿新元(约合5亿元人民币)的知识产权融资计划。该计划通过政府与银行共同承担部分债务风险,帮助新加坡企业使用知识产权获得银行贷款。新加坡知识产权局委任3家专业机构评估企业的专利,企业可以把专利作为抵押资产,向新加坡的大华、华侨和星展银行申请贷款。

新加坡知识产权局将在今后两年拨款1亿新元,一旦企业无法偿还贷款,这笔钱将用于承担银行的部分亏损。新加坡知识产权局表示,“该计划的贷款对象是拥有大量专利和少量固定资产的科技领域创新型企业,将为这些企业提供一个新的融资渠道”。据了解，目前已有一些新加坡企业参与到该计划的试验阶段：进行专利权估价，银行将在未来一两个月内正式接受贷款申请，并于第三季度发放贷款。越来越多的企业开始重视知识产权，知识产权将成为企业资产负债表上的重要部分。因此，通过评估企业知识产权的价值发放商业贷款，可能成为新加坡银行业未来的通行做法。知识产权融资表明知识产权在商业活动中的价值被更多人所认可，这将鼓励企业提高创新能力。

（五）知识产权融资

不同于抵押房产或设备，知识产权融资是新的融资方式。在知识产权保护机制健全的国家，这种融资方式是可行的。评估机构可以通过对知识产权的评估，估算出企业的价值。如果不重视知识产权保护，企业的创新成果很快被模仿、复制的话，估算出企业的价值就非常困难。知识产权融资与知识产权保护的大环境关系密切。新加坡土地资源有限，劳动力资源不足，发展制造业有诸多制约因素。因此，新加坡政府非常重视创新，希望通过创新提高产品附加值，拉动经济增长。

“知识产权融资是通过评估知识产权的价值，套现企业未来的资金流”。知识产权融资体现出一个大趋势——创新是企业发展的活力之源。企业的价值不仅体现在地产、厂房、设备、银行存款这些有形资产上，知识产权等无形资产同样代表着企业的价值。知识产权融资计划符合新加坡打造知识产权中心的产业政策。顾清扬认为，新加坡尝试知识产权融资的目的之一，就是要在这个全新的领域积累经验，为今后向东南亚国家推广此类商业贷款模式做准备。

对既达不到上市标准，又不希望出售股权的创新型企业，通过评估知识产权的价值，套现企业未来的资金流。创新型企业获得资金的途径主要有 3 个：1. 银行贷款；2. 上市；3. 向风险投资基金融资。这 3 个途径中，银行贷款的门槛较高。为控制风险，银行通常不太愿意向创新型企业贷款。而上市融资耗费时间长，证券交易所对申请上市企业的审查非常严格，想通过上市融资并非易事。风险投资基金可以向企业提供资金，但代价是获得企业的股权，这是很多创业者所不愿意接受的。知识产权融资既不需要企业出让股权，又不需要耗费很长时间，这对既达不到上市标准，又不希望出售股权的创新型企业来说是个福音。知识产权融资能解决创新型企业的资金缺乏的问题。如果能用知识产权从银行贷款，企业将迅速发展壮大。创新型企业很多都处于创业阶段。创业阶段的企业非常重视股权。从风险投资基金获得资金的前提是出售股权，这意味着交出企业的控制权，很多创业者不愿意这么做。如果能通过银行贷款的方式获得资金，创业者就可以保留对企业的控制权。

(六) 风险投资基金

由于新加坡的风险投资基金不如美国活跃，创新型企业融资有一定困难。因此，新加坡政府引导银行通过评估知识产权向企业贷款的做法很有必要。这样做既鼓励企业创新，又降低了企业融资的门槛。当然，知识产权融资也存在风险。专利并不代表一切，摩托罗拉移动在被谷歌收购前拥有1.7万个已授权、7500个申请中的专利，但最终还是难逃被收购的命运，研发不能和市场脱节，摩托罗拉的专利并没有转换成市场价值，知识产权融资有很大的不确定性，有些看起来很炫的知识产权未必有商业价值。银行向企业放贷时单独评估知识产权的做法有一定风险，新加坡政府与银行共同承担风险的做法值得关注。

五、实施知识产权战略制度创新

实施知识产权战略是发展中大国进行的一项制度创新实践，我国的做法引起国际社会广泛关注。在世界知识产权组织召开的国家知识产权战略区域论坛上，总干事弗朗西斯·高锐指出："中国颁布实施《国家知识产权战略纲要》，将知识产权战略发展上升为国家战略的做法值得推广，取得的经验也值得其他国家学习。"知识产权战略实施，进一步推动知识产权融入国家、地方和各项文化经济科技创新活动，在2012年，世界知识产权组织185个成员国及组织在北京缔结了《视听表演条约》，体现国际社会对中国近年来知识产权保护工作进步的认可。

(一) 企业作为知识产权创造运用的主体地位

企业作为知识产权创造运用主体的地位不断提升，涌现出一批以华为、中兴通讯等为代表的依靠知识产权实现国际发展的成功典型，使创新活动和创新成果有效转化为生产力和核心竞争力，进一步提高创新主体运用知识产权的能力，国家知识产权战略实施，加强文化创新能力建设，对创新驱动发展提供更加有力的支撑。部署推进文化创意和设计服务与相关产业融合发展的政策措施，2014 年伊始，国务院常务会议的 5 项政策措施中，第一项就是“加强创意、设计知识产权保护，健全激励机制，推进产学研用结合，活跃知识产权交易”，这是十八届三中全会决议中“加强知识产权运用和保护”在创意设计产业中的具体体现。依靠知识产权制度，用市场手段进行创新资源有效配置，激发创新活力、推动创新成果应用，发挥创新对经济社会发展的促进作用。

从国外文化的立法经验来看，有几点值得借鉴：

1. 政府应当为社会提供一个市场先行、技术中立的法制环境。政府的知识产权政策和文化促进政策只能是辅助性的，真正为社会提供文化发展和技术创新的是市场主体，因此，编制战略和制定政策时应当明确政府与市场的关系，为市场提供一个技术中立的法制环境，让市场主体自己去形成竞争力。

2. 在知识产权法制建设中应该重视司法中的指导性案例，如腾讯诉 360 案件，对于即时通讯以及互联网产业中垄断的判断标准必然产生直接而深远的影响。

（二）软创新是对外传播的动力之源、活力之源

面对日益激烈的国际竞争，必须把创新摆在国家发展全局的核心位置，奋进创新，服务于国家开放战略，推进制度创新、科技创新、文化创新等各方面创新，融入全球竞争与合作。新丝路定位于发展式开放，坚持创新开放发展，解决好内外联动问题，作为全球格局中的重要力量，在国际区域合作中，特别是与非洲和中东地区的合作，扮演了重要角色，对接“新丝路”推动“走出去”，发展同周边国家的关系，以实际行动诠释睦邻友好。

在全球治理机制中，“主动为世界创造机遇”，以大国担当凝聚起广泛的国际共识。长期以来，新兴市场和发展中国家的发言权，尚不能与欧美发达国家相提并论，发达的欧美经济体，因为拥有七国集团，这一代表自身利益的国家集团，在很多议题上，他们往往要进行内部沟通，形成共同的立场和主

张，从而最大限度地维护自身利益。

对于新兴市场和发展中国家而言，由于缺少相应的沟通和协调机制，导致部分国家之间分歧较大而无法形成合力，因此在与发达国家的博弈中，也处于劣势。为此，中国积极推动南南合作，始终与广大新兴市场和发展中国家一起，在全球治理平台上协调立场，形成共同声音，不断扩大新兴市场和发展中国家在全球治理中的话语权，在国际新秩序的建设中彰显出更多的中国贡献。

（三）立足南南合作，构建公平合理新秩序

区域性的经济合作和知识合作，南南知识合作致力于提高发展中国家政府的政策制定和执行能力，强调各国平等自主选择和设计适合本国国情的发展道路，鼓励发展中国家间开展平等多向政策交流，使创新文化的硬件建设更加完善，国际战略协作伙伴关系《金砖国家创新合作行动计划》。

深耕细植与广大发展中国家的合作，在全球治理框架下，共同发展经济，中国发挥了积极引导作用，利用以金砖国家为代表的新兴市场国家合作机制的聚合作用，不断让构建公平合理新秩序的理念和主张得到更多支持。中国不断加强以南南合作为基础的国际发展合作框架，发展新型多边开发机构，提出全球治理的中国方案。

在积极推进多边经济外交的同时，中国积极倡导和建构具有平等性、和平性和包容性的全球伙伴关系网络，在某种程度上，可以转化西方主导的世界文化输出形式。新兴市场国家和发展中国家，已经贡献了世界经济增长的一半以上，然而，这些国家发言权过低，金砖国家会晤，可以使他们在国际事务上更好地发出声音，作为金砖国家的领头羊，为金砖国家的发展提供中国智慧，深化同各国务实合作，推动引领国际秩序朝着更加公正合理方向发展，为推动各国打造携手并进的发展格局发挥关键作用。

图书在版编目(CIP)数据

软创新与全球竞争力 / 汪幼海著. —上海：上海社会科学院出版社，2017
ISBN 978-7-5520-2204-9

Ⅰ.①软… Ⅱ.①汪… Ⅲ.①文化产业—企业创新—研究—中国 Ⅳ.①G124

中国版本图书馆 CIP 数据核字(2017)第 317526 号

软创新与全球竞争力

著　　者：汪幼海
责任编辑：霍　覃
封面设计：周清华
出版发行：上海社会科学院出版社
上海顺昌路 622 号　邮编 200025
电话总机 021-63315900　销售热线 021-53063735
http://www.sassp.org.cn　E-mail：sassp@sass.org.cn
照　　排：南京前锦排版服务有限公司
印　　刷：上海天地海设计印刷有限公司
开　　本：720×1020 毫米　1/16 开
印　　张：18.25
字　　数：273 千字
版　　次：2019 年 5 月第 1 版　　2019 年 5 月第 1 次印刷

ISBN 978-7-5520-2204-9/G·712　　定价：78.00 元